P. REMY

1870-1871

LE 3ᵉ BATAILLON DE LA MOBILE DES VOSGES

1914-1915

LA GUERRE AU JOUR LE JOUR

ÉPINAL
IMPRIMERIE VOSGIENNE, 15, RUE DES MINIMES
1915

1870-1871

LE 3ᵉ BATAILLON DE LA MOBILE DES VOSGES

1914-1915

LA GUERRE AU JOUR LE JOUR

P. REMY

1870 - 1871

LE 3ᵉ BATAILLON DE LA MOBILE DES VOSGES

1914 - 1915

LA GUERRE AU JOUR LE JOUR

ÉPINAL

IMPRIMERIE VOSGIENNE, 15, RUE DES MINIMES

1915

PRÉFACE

Plus de 40 ans se sont écoulés depuis la néfaste guerre de 1870. Avant que les Français qui l'ont subie ne disparaissent, il est nécessaire de rappeler leur dévouement et de parler de leurs souffrances.

L'histoire se renouvelle. L'oubli amènerait de terribles catastrophes. Voulant pour ma part, les empêcher dans la mesure de mes forces, je publie ces notes. Et je les publie surtout pour mes compatriotes de l'Est. Ce sont nos populations d'Alsace, de Lorraine, des Vosges, de Franche-Comté qui ont particulièrement souffert de l'invasion.

Une nouvelle guerre mal préparée, entreprise dans les mêmes conditions que celle de 1870, exposerait nos braves populations à de grands dangers.

Pour l'éviter, cette guerre, dans la mesure du possible, nous devons être forts, nous devons être prêts, nous devons être unis.

La Prusse respecte les forts, elle ne s'attaque qu'aux faibles. Elle attend que nous soyons affaiblis, comme nous l'étions en 1870, pour se ruer sur notre pays. Depuis 1870, à cinq reprises différentes, la Prusse a voulu nous effrayer. Les premières attaques étaient espacées, les suivantes se sont succédées d'année en année. Le dernier geste allemand, c'est en 1911 l'occupation d'Agadir, il nous vaut la perte d'une de nos belles colonies, le Congo.

Récemment encore l'Empereur Allemand faisait entendre à nos frères d'Alsace et de Lorraine qu'Il les annexerait purement et simplement à la Prusse !

Puis en 1913, l'Allemagne augmente son armée, principalement sur notre frontière, nous obligeant à revenir au service de trois ans et à renforcer nos troupes de l'Est. Quelle sera la menace brutale de demain ?

Quand viendra-t-elle ?

Attendons. Mais préparons-nous.

Originaire du Val-d'Ajol, où j'habite une partie de l'année, ayant rempli pendant un certain temps en 1870 les fonctions de médecin aide-major près du 3ᵉ bataillon de la Mobile des Vosges, en l'absence de M. le Dʳ Wittmann, j'ai tenu à écrire l'historique de ce bataillon. Je l'écris non seulement pour rendre justice aux braves mobiles Vosgiens, qui ont su faire leur devoir dans des circonstances difficiles, mais surtout pour les jeunes Français qui doivent savoir ce que leurs aînés ont souffert, et se tenir prêts à repousser l'ennemi quand il nous imposera la guerre.

N'ayant pas toujours appartenu au 3ᵉ bataillon, j'ai dû m'adresser aux Anciens, aux municipalités, à de nombreux correspondants.

Je remercie très vivement tous ces collaborateurs.

Au ministère de la Guerre, grâce à l'obligeance d'un aimable bibliothécaire, j'ai pu consulter de nombreux ouvrages, j'en donne des extraits dans le cours de ce livre et dans les notes finales.

Les historiens Français rendent justice au dévouement et au patriotisme de nos mobiles. Les ouvrages allemands reconnaissent leur bon vouloir. Les historiens allemands ne sont pas toujours exacts, à les entendre tout était prévu de leur côté, alors que presque toujours les Allemands n'ont été vainqueurs que grâce à leur nombre et à leur organisation. Malheureusement, aux archives historiques du ministère, malgré mes recherches, je n'ai découvert aucun document sur notre Bataillon.

M. le Commandant Euvrard, dans son remarquable travail sur la guerre de 1870 : « La Première Armée de l'Est », (Paris, Lavauzelle, 1895) cite le rapport du commandant

Brachet sur le combat de Cussey et l'historique du 3ᵉ bataillon.

J'ai le regret de n'avoir pu trouver ces documents au ministère.

Aux archives administratives, j'ai pris connaissance du contrôle des officiers des mobiles des Vosges, à ce registre est annexé un cahier contenant les noms des officiers des francs-tireurs Vosgiens. Ces francs-tireurs se sont distingués en différentes circonstances. Le nom de Mademoiselle Lix, lieutenant, n'y figure pas.

Le dimanche 20 octobre 1895 un certain nombre d'anciens combattants s'étaient réunis à Remiremont pour célébrer l'anniversaire de Cussey. Une couronne fut déposée sur la tombe du lieutenant Delang, tué à Cussey et réinhumé à Remiremont. D'autres couronnes furent envoyées pour être placées sur les tombes des camarades tombés sur le Doubs et sur l'Ognon.

De loin je m'étais associé à cette manifestation.

Il fut décidé à cette réunion qu'une commission serait chargée de réunir les documents nécessaires à l'histoire du Bataillon.

MM. François, de Remiremont, et Curien, de Cornimont, recueillirent de nombreux renseignements.

Ce sont les renseignements que M. Curien m'a confiés qui ont surtout facilité ma tâche.

Ces documents sont particulièrement intéressants pour la 5ᵉ compagnie (canton de Saulxures), compagnie à laquelle avaient appartenu MM. Curien et François. MM. Parisse et Méline m'ont également documenté sur la 1ʳᵉ compagnie (celle du Val-d'Ajol), MM. Germain et Bégel sur la 6ᵉ.

J'ai fait mon travail aussi complet que possible.

Enfin le bon accueil fait par la presse, mes amis, les anciens combattants, le public, à une brochure de moi : « Souvenirs d'un ambulancier » m'engage à reproduire dans ce *livre une partie de cette brochure qui traite surtout du combat de Cussey (ce que j'écris sur l'ambulance de Cussey et les journées des 21, 22, 23, 24 octobre 1870, je l'ai vécu).*

Si dans mon travail il existe des lacunes, des omissions, je prie les lecteurs, les anciens de 1870, de m'excuser. J'ai fait pour le mieux.

Ce travail, du reste, je le retoucherai ultérieurement s'il y a lieu.

Mais peu importe quelques détails oubliés. Ce que je veux c'est rendre hommage à mes camarades de 1870, c'est encourager mes jeunes compatriotes, c'est empêcher, selon mes moyens, de nouveaux désastres à notre chère patrie.

Notre Gaule, du Rhin à la Méditerrannée, des Alpes aux Pyrénées, notre chère France, pays de progrès et de lumière, nous devons la conserver libre, forte. indépendante, maîtresse de ses destinées.

Nous le devons non seulement pour nous Français, mais pour le plus grand bien de l'Humanité.

Morte la France, morte la République, ce serait pour de longues années l'asservissement de l'Europe au régime impérial prussien.

Il existe en Allemagne des esprits généreux et clair-voyants qui n'admettent pas que l'Europe, le Monde, soient soumis à l'Allemagne et opprimés par la Prusse. Tous les Allemands ne clament pas :

Deutschland über alles.
L'Allemagne au-dessus de tout.

Mais ces Allemands, vraiment dignes du nom d'hommes, ne forment pas la majorité.

Gardons-nous au nom du Droit, pour nous, pour l'Europe, pour l'Humanité. Nous le devons.

P. REMY,
Ancien infirmier,
Ancien chef d'ambulance en 1870.

Paris, février 1914.

PREMIÈRE PARTIE

ORGANISATION DE LA GARDE MOBILE

CHAPITRE I.

La Déclaration de Guerre

Dans les dernières années de l'Empire, la France se trouvait épuisée par une longue suite de guerres. Elle manquait de soldats. L'organisation militaire était déplorable.

L'empereur Napoléon III était malade, déprimé, somnolent, indécis, sans énergie, sans volonté.

Sentant le pouvoir lui échapper, Napoléon III avait fait le plébiscite, ce plébiscite qui aurait appris à la Prusse, si elle ne l'eût déjà su, que nous n'avions pas 250.000 combattants! Malgré le succès de ce plébiscite, la France n'avait pas confiance. Elle se sentait mal gouvernée. Si le peuple Français avait voté contre l'Empire, l'Empire tombait, il était remplacé par la République. Autour de l'Empereur des conseillers ambitieux, sans autorité, sans initiative, incapables, faibles, parfois corrompus.

Le gouvernement impérial avait froissé l'Angleterre, l'Espagne, la Belgique, la Suisse, battu et mécontenté la Russie, puis l'Autriche.

La France avait fait l'unité Italienne, mais l'Italie ne nous pardonnait pas l'occupation de Rome.

La France était isolée. Elle n'était pas prête. La France était à la merci d'une agression. La Prusse le savait et depuis un demi-siècle se préparait non seulement à abaisser la France, mais à l'anéantir.

C'est toujours son but!

La Prusse venait de battre le Danemark, puis l'Autriche. A la tête du Gouvernement Prussien le comte de **Bismarck**, l'ennemi le plus implacable de notre pays, de notre race, l'homme féroce, sans conscience, dénué de scrupules, le « monstre » comme l'a appelé si justement Gambetta, cherchait l'occasion d'amener le Gouvernement Français à déclarer la guerre à son pays. Il voulait ne pas passer pour l'agresseur afin de ménager et d'entraîner à la suite de la Prusse, les Allemands du Sud qui hésitaient avec juste raison à faire cause commune avec la Prusse. Aussi Bismarck falsifiait la fameuse dépêche d'Ems et le Gouvernement Français pour un motif futile déclarait la guerre le 18 juillet 1870 (note nᵒ 1).

Bismarck savait l'Empire malade. Il n'ignorait pas que l'Empereur tombé, la France se donnait un gouvernement républicain qui eût promptement relevé le pays. L'Allemagne était prête. Bismarck voulait la guerre. Il l'eut. Il voulait nous anéantir, il n'y parvint pas, grâce au dévouement des hommes qui acceptèrent, au 1 septembre 1870, de se mettre à la tête de la défense nationale. Ces hommes : De Freycinet, Gambetta, surtout, ne les oublions pas. Ils ont sauvé l'honneur du pays et une partie du territoire que convoitait la Prusse. Autour d'eux se sont groupés tous les Français, tous les bons Français. S'il y a eu des défaillances, des erreurs, pensons-y pour en éviter le retour, mais souvenons-nous du geste fait par le Gouvernement de la Défense Nationale et par le peuple Français pendant la terrible campagne de France de 1870-1871.

CHAPITRE II.

Organisation de la Garde Nationale Mobile

Le gouvernement impérial, malgré les avertissements de patriotes éclairés, notamment du colonel Stoffel, attaché militaire à Berlin, de 1866 à 1870, ne voyait rien, n'entendait rien, ne faisait rien, ne voulait pas voir le danger (notes n°s 2. 3, 4, 5, 6, 7, 8).

En 1868, le maréchal Niel, ministre de la Guerre, se rendant compte de la situation avait voulu réorganiser l'armée et créer la garde nationale mobile.

La loi du 1er février 1868 sur le recrutement de l'armée et l'organisation de la garde nationale mobile porte :.

Art. 3. — Une garde nationale mobile sera constituée à l'effet de concourir à la défense des places fortes, des côtes et frontières de l'Empire et au maintien de l'ordre dans l'intérieur. Elle ne peut être appelée à l'activité que par une loi spéciale.

Art. 4. — La garde nationale mobile se compose : 1° des jeunes gens des classes des années 1867 et suivantes qui n'ont pas été compris dans le contingent, en raison de leur numéro de tirage.....

Art. 8. — La garde nationale mobile est organisée par départements, en bataillons, en compagnies et batteries. Les officiers sont nommés par l'Empereur et les sous-officiers et caporaux par l'autorité militaire. Ils ne reçoivent de traitement que si la garde nationale mobile est appelée à l'activité.

Sont seuls exceptés de cette disposition l'officier chargé spécialement de l'administration et les officiers et sous-officiers instructeurs.

Art. 9. — Les jeunes gens de la garde nationale mobile sont soumis, à moins d'absence légitime :

1° A des exercices qui ont lieu dans le canton de la résidence ou du domicile.

2° A des réunions par compagnie ou par bataillon qui ont lieu dans la circonscription de la compagnie ou du bataillon.

Art. 11. — A dater de la promulgation de la loi de mise en activité de la garde nationale mobile, les officiers, sous-officiers, caporaux et soldats qui la composent sont soumis à la discipline et aux lois militaires.

A la date du 27 mai 1869 parut une note du maréchal Niel portant instruction pour la formation territoriale des compagnies.

Le cadre instructeur se composait d'un officier, du sergent-major, d'un sergent-fourrier pris parmi les anciens officiers et sous-officiers de l'armée active, retraités ou renvoyés dans leurs foyers après leur temps de service.

Puis au décès du maréchal Niel l'organisation de la mobile fut abandonnée.

A la date du 17 juillet 1870 est promulguée la loi suivante :

Article unique. — La garde nationale mobile est appelée à l'activité.

C'est le 2 août 1870 que la garde mobile est convoquée. Les cadres sont complétés.

La loi du 18 août 1870 incorpore dans la garde nationale mobile les jeunes gens des classes 1865 et 1866 célibataires et veufs sans enfants.

Par décret du 17 septembre 1870 le Gouvernement de la Défense Nationale décide que les bataillons de la garde mobile éliront leurs officiers.

Le décret du 16 octobre 1870 crée un emploi d'adjudant-major dans chacun des bataillons de la Garde nationale mobile.

Le lieutenant devenu adjudant-major pourra être nommé capitaine après trois mois de fonctions.

La guerre avait été déclarée le 18 juillet 1870, notifiée à Berlin le lendemain, et ce n'est que le 2 août 1870 sous la pression des événements que la Garde nationale mobile est appelée à l'activité.

Aux 600.000 hommes de l'armée active allemande qui devaient envahir la France peu de temps après la déclaration de guerre, nous n'avions à opposer qu'un peu plus de 200.000 combattants de l'armée active. Nos soldats étaient braves et disciplinés. Leurs officiers, en général, étaient capables, mais beaucoup n'avaient plus confiance. La tête manquait. Les chefs militaires ne s'entendaient pas. Nous n'avions pas le nombre. Nous n'étions pas prêts. Les approvisionnements faisaient défaut. Le service de renseignements était déplorable. Nous ignorions ce qui se passait à la frontière, non seulement au-delà, mais chez nous, alors que les Allemands entretenaient depuis des années dans les provinces de l'Est et ailleurs des espions qui les renseignaient utilement et connaissaient admirablement le pays.

J'en ai connu de ces hommes aimables, se disant libéraux, républicains, partisans du désarmement, mais omettant de déclarer qu'ils étaient des espions allemands. Nous les avons revus à la tête des premières patrouilles allemandes. Nous verrons demain leurs successeurs, si demain nous ne sommes pas assez forts pour les repousser.

Les écrivains français et allemands sont d'accord pour reconnaître notre état d'infériorité, de faiblesse, de désorganisation.

Ce n'est qu'en regardant courageusement, froidement le passé, en osant dire et entendre la vérité, que nous éviterons le retour de nouveaux désastres.

Devant le danger, le Français de 1870 fait tout son devoir. Il est brave, résistant, franc, honnête.

Peu de jeunes Français ont fui à l'étranger devant le vainqueur. Les populations de l'Est se sont admirablement conduites.

Les Allemands le reconnaissent.

Nous lisons en effet dans l'ouvrage du grand état-major prussien, pages 1305 et 1307, Administration du territoire occupé : « On s'opposa aux levées ordonnées par le gouvernement français en établissant les listes des hommes en état de porter les armes, en exerçant sur ceux-ci une surveillance active. Ce fut surtout nécessaire pour le territoire alsacien limitrophe de la Suisse ».

Quant à l'envahisseur il était pillard, incendiaire, cruel, féroce, sans pitié. Il se croit supérieur au Français et se conduit en brute.

Pour l'écrivain teuton, tout ce que l'Allemand fait est beau, grand, généreux, prévu, arrêté. Il en est rarement ainsi.

L'auteur français écrit avec sincérité, comme il pense, parfois l'esprit de parti perce dans ses récits. Mais il cherche toujours le relèvement du pays.

Appelés à l'activité par la loi du 17 juillet 1870, les officiers et sous-officiers du 3e bataillon de la mobile des Vosges sont convoqués à Remiremont le 2 août 1870. Le lendemain 3 août, les gardes mobiles arrivent à leur tour à Remiremont. A défaut d'anciens soldats les cadres sont complétés avec des jeunes gens du pays, instruits, influents, connus.

CHAPITRE III.

Début de la Campagne

Les Cadres du 3ᵉ Bataillon des Vosges

Chef de bataillon : Dyonnet, Louis-Grégoire-Firmin, né à Rome le 5 mars 1814. Engagé volontaire 22 mai 1832.

Chef de bataillon 16 septembre 1860. Retraité 15 octobre 1868. Officier de la Légion d'honneur.

Chef du 3ᵉ batailon de la mobile des Vosges.

Puis lieutenant-colonel commandant le **régiment des Vosges**, 58ᵉ de marche, le 3 septembre 1870.

Le colonel Dyonnet a fait son devoir dans des circonstances difficiles. Personnellement, je garde de lui le meilleur souvenir.

Le colonel Dyonnet est remplacé par le capitaine Brachet, du 74ᵉ de ligne détaché au 3ᵉ bataillon des Vosges par décision ministérielle du 20 juillet 1870 pour prendre le commandement de la 8ᵉ compagnie.

Le commandant Brachet s'est bravement conduit lors de la retraite des Vosges, puis à Cussey où il fut fait prisonnier.

Le docteur Wittmann, né à Phalsbourg, nommé aide-major le 12 août 1870.

Première compagnie. — Le Val-d'Ajol.

Capitaine : Thiéry Jules, né au Val-dAjol le 30 août 1827, brasseur, officier de pompiers, nommé capitaine à la 1ʳᵉ compagnie du 3ᵉ bataillon des Vosges le 24 avril 1869.

Arrivé au corps le 2 août 1870.

Consciencieux, brave, dévoué, le commandant Thiéry était aimé de ses hommes avec lesquels il partageait argent et vivres.

Lieutenant : Parisse François-Nicolas, né le 15 novembre 1848, manufacturier au Val-d'Ajol, lieutenant le 18 juillet 1870.

Arrivé au corps le 2 août 1870. Lui aussi, Parisse, fut un brave, aimé de ses mobiles.

Sous-lieutenant : Méline Louis-Julien, né au Val-d'Ajol le 13 juin 1848, négociant, sous-lieutenant le 18 juillet 1870, blessé et amputé à Cussey le 22 octobre 1870. Chevalier de la Légion d'honneur.

Julien Méline a toujours et partout fait son devoir.

Sergent-major : Gérôme Justin, ancien sous-officier à Bellefontaine, puis après Cussey, Rouillon Oscar, de Saint-Nabord.

Sergent-fourrier : Résal Paul, négociant à Plombières.

Sergents : André François-Eugène, industriel au Val-d'Ajol ;

Feivet Jules-Constant, cultivateur au Val-d'Ajol ;

Grandcolas Joseph-Auguste, cultivateur au Val-d'Ajol (d'abord caporal) ;

Fleurot Adolphe, cultivateur au Val-d'Ajol.

Caporaux : Richard Joseph-Emile, cultivateur au Val-d'Ajol; Mathey Valentin-Eugène; Landsperger Henri; Mathiot Lucien-Auguste (puis sergent); Babel Laurent-Elie; Méline Marie-Alphonse; Courroy Joseph-Eugène; Fleurot

Emile, négociant au Villerin (Val-d'Ajol); **Gury Jules-An-toine**, cultivateur au Girmont-Val-d'Ajol.

Caporal-tambour : Fouchécourt.

2ᵉ compagnie. — Plombières.

Capitaine : Baudouin Jean-Nicolas, né à **Bellefontaine**, le 30 octobre 1813, soldat le 22 septembre 1832, lieutenant le 14 juin 1861, nombreuses campagnes, chevalier de la Légion d'honneur, capitaine de mobiles le 24 avril 1869. Arrivé au corps le 2 août 1870, démissionne à Raon-l'Etape avant le combat de la Bourgonce, laissant le commandement au lieutenant.

Lieutenant : Monnin François-Virgile, né à **Esprels** le 9 novembre 1848. Lieutenant le 2 août 1870. Prisonnier de guerre à Cussey le 22 octobre 1870.

Sous-lieutenant : Daubié Louis-Marie-Nestor-Constant, né à Plombières le 20 octobre 1848. Sous-lieutenant le 2 août 1870, prisonnier de guerre à Nompatelize le 6 octobre 1870.

Sergent-major : Jourd'hui, de Plombières.

Sergent-fourrier : Demange Jules.

Sergent instructeur : Cornu, de Plombières, ancien sous-officier ;

Sergents : Valentin Charles-Edouard; Leyval Eugène; Daubié Emile-Louis.

Caporaux : Dumondel Amand; Pernot Fernand-Prosper-Stanislas; Lhôte Firmin; Vançon François; Beaumont Joseph-Albert; Jeanroy Emile; Henry Emile.

3ᵉ compagnie. — Remiremont.

Capitaine : Dumont Charles-François, né à Remiremont le 4 octobre 1831. Engagé volontaire à la mairie de Colmar le 24 janvier 1852, au 8e cuirassiers, maréchal-des-logis le 19 novembre 1860, capitaine de mobiles le 24 avril 1869.

Arrivé au corps le 2 août 1870 et appelé aux fonctions de capitaine-major.

Lieutenant : Hanus Pierre-Louis-Edmond, né à Remiremont le 21 juillet 1846. Lieutenant de mobiles le 2 août 1870, appelé aux fonctions d'officier-payeur.

Sous-lieutenant : Kinsbourg Henri, né à Remiremont le 9 mai 1850. Sous-lieutenant le 2 août 1870.

Sergent-major : Picot, ancien sous-officier, employé d'octroi à Remiremont.

Sergent-fourrier : Leduc Henri-Lucien (puis sergent-major).

Sergents : Dufour Georges-Charles-Sébastien; Hauberdon Joseph-Thimothé; Villig Nicolas-Louis.

Caporaux : Thiriet Antoine; Marin Jean-Joseph; Burgunder Thiébaut (remplacé le 18 août par Grandemange Joseph-Jules); Berguer Joseph-Emile; Grégoire Louis-Célestin; Ferry Bazile; Picard Gustave (nommé le 18 août 1870 sergent-fourrier à la 6e compagnie et remplacé par Bitsche Joseph-Jules); Sidre Emile-Eugène; Remy Charles-Jules; Viand Jean-Joseph; Duchêne Nicolas-Auguste; Demangel Jean-Dominique.

4e compagnie. — Remiremont.

Capitaine : Ostertag Georges-Adolphe, né à Bouxwiller le 11 février 1813, engagé le 17 juillet 1851. Maréchal-des-logis-chef de dragons le 6 novembre 1862. Capitaine de mobiles le 24 avril 1869. Prisonnier de guerre à Cussey le 22 octobre 1870. Chevalier de la Légion d'honneur.

Le nom d'Ostertag est cité souvent par différents auteurs et dans cet ouvrage.

Lieutenant : Grandjean Paul, né à Remiremont le

19 mars 1849. Etudiant. Lieutenant le 2 août 1870. Fait prisonnier de guerre à Cussey le 22 octobre 1870.

Sous-lieutenant : Delang Charles, né à Remiremont le 30 novembre 1849. Etudiant en droit. Sous-lieutenant le 2 août 1870. Tué à Cussey, le 22 octobre 1870.

Sergent-major : Barbier Charles (nommé adjudant le 30 juillet 1870, remplacé à la même date par Détray Constant).

Sergent-fourrier : Febvay Nicolas-Théophile.

Sergents : Pétronnin Félix-Michel; Claudel Jean-Prosper; Duchesne Nicolas -Blaise.

Caporaux : Blaud Auguste; Rouillon Oscar; Marotel Joseph-François.

5e compagnie. — Saulxures-sur-Moselotte.

Capitaine : Laurent Louis-Edouard, né à la Bresse le 10 décembre 1838. Engagé le 18 mai 1857. Sergent le 12 avril 1861. Capitaine de mobiles le 4 avril 1869. Capitaine-trésorier, est resté à Langres où il a été licencié le 31 décembre 1872.

Lieutenant : Blaison Charles-Adrien, né à Saulxures, le 5 août 1834. Greffier de paix à Saulxures. Lieutenant le 18 juillet 1870. Prisonnier de guerre à Cussey le 22 octobre 1870. Décédé juge de paix.

Le capitaine Blaison a fait tout son devoir à la Salle, le 6 octobre, puis à Cussey.

Sous-lieutenant : Remy Nestor-Olympe, né à Cornimont le 19 juin 1849. Sous-lieutenant de mobiles le 18 juillet 1870.

Sergent-major : Curien Gilles-Alphonse, ancien sous-officier.

Sergent-fourrier : Frey Henri-Léon, ancien brigadier de hussards, puis Colin, de Saulxures.

Sergent instructeur : Gehin Prosper.

Sergents : Perrin Louis-Albert, industriel à Cornimont; Aubert Victor (Saulxures); Robert Marie-Pierre-Alphonse, hôtelier à Vagney.

Caporaux : Géhin Oscar, négociant à Ventron; Rouillon Emile (Saulxures); Aubert Victor-Marie-Etienne, ancien caporal à la Bresse; Géhin Emile (Cornimont); Valroff Henry (Vagney); Pétin Jean-Baptiste (Sapois); Marion Camille-Edouard (Rochesson); Parvé Marie-Jean-Paul (Thiéfosse); François Charles-Louis, nommé caporal le 1er novembre 1870, sergent-fourrier fin décembre; Choffel Gérasime, après Cussey.

Clairon : Gstalder Emile, de Cornimont.

<h2 style="text-align:center">6e compagnie. — Le Thillot.</h2>

Capitaine : Colle Honoré-Henry, né à Bussang le 21 décembre 1839. Sergent-major le 31 décembre 1864. Capitaine de mobiles le 24 avril 1869.

Lieutenant : Pottecher Charles, né à Bussang le 26 septembre 1849. Etudiant en droit. Lieutenant de mobiles le 2 août 1870.

Sous-lieutenant : Germain Constant-Joseph, né au Thillot-Ramonchamp le 10 novembre 1848, boulanger. Sous-lieutenant de mobiles le 2 août 1870. Appelé familièrement « le Capitaine Zouzou ». Constant Germain s'est bravement conduit partout et toujours.

Sergent-major : Valdenaire, ancien sous-officier de cavalerie, remplacé le 18 août 1870 par Colle Lucien-Joseph-Adolphe, ancien sous-officier, enfin après Cussey remplacé par Bougel.

Sergent-fourrier : Arnoul Jean-Xaxier-Auguste, remplacé après Cussey par Pierrel Henri.

Sergents : Valroff Henri-Paul-Ernest; Lévy Jules; Antoine Henri-Auguste.

Caporaux : Berquand Auguste-Alexandre; Godel Jean-Benoni; Bonzon Emile; Géhin Nicolas-Adolphe; Valroff Emile; Pfhil Vital-Joseph; Laurent Jean-Charles.

Tambour : Lévêque Jean-Nicolas, ex-tambour au 27e de ligne.

7e compagnie. — Corcieux.

Capitaine : Puny Louis-Alphonse, né à Remiremont le 21 mai 1839. Engagé le 31 juillet 1856. Sergent le 12 août 1861. Capitaine de mobiles le 14 août 1869. Chevalier de la Légion d'honneur.

Lieutenant : Grombach Léon, né à Luxeuil le 2 avril 1846. Lieutenant de mobiles le 2 août 1870.

Sous-lieutenant : Gœury Jean-Constant, né à Gerbépal le 14 décembre 1840. Arrivé au corps le 2 août 1870. Sous-lieutenant le 4 août 1870.

Sergent-major : Humbert Joseph-Louis-Julien, né à Granges le 5 novembre 1845. Employé industriel à Granges.

Sergents : Villaumé Jean-Baptiste-Célestin; Lecomte Eugène; Ferry Léopold-Jean-Joseph; Valentin Jean-Baptiste.

Caporaux : Villaumé Emile (puis sergent); Mangeolle Victor ; Fleurence Jean-Baptiste-Célestin ; Cuny Emile ; Michel Emile; Claudel Prosper (mort vers Suisse); Houot Jean - Baptiste - Auguste; Collé Constant - Jean - Baptiste; Georges Jean-Baptiste; Noël Jean-Baptiste.

8e compagnie. — Gérardmer.

Capitaine : Brachet (puis chef du 3e bataillon).

Lieutenant : Didierlaurent Jules-Anatole, négociant, né à Gérardmer le 13 avril 1840. Lieutenant de mobiles le 18 juillet 1870.

Sous-lieutenant : Guenot Jules-Théodore-Alfred, né à Bavilliers le 12 avril 1847. Sous-lieutenant de mobiles le 2 août 1870.

Sergent-fourrier : Garnier Jules-Benjamin-Philibert.

Sergents : Cuny Henri-César; Lalevée Germain.

Caporaux : Morel Jean-Baptiste; Simon Eugène; Netter Marc; Délon Jean-Pierre-Emile; Bédel Lucien-Emile; Cuny Victor-Louis.

Promotions

Promotion du 20 octobre 1870.

Le lieutenant Monnin (2ᵉ compagnie) est promu capitaine à la même compagnie.

Le sous-lieutenant Méline (1ʳᵉ compagnie) est promu lieutenant à la 2ᵉ compagnie.

Le lieutenant Hanus (3ᵉ compagnie) est promu capitaine.

Le lieutenant Blaison (5ᵉ compagnie) est promu capitaine à la même compagnie.

Le sous-lieutenant Remy (5ᵉ compagnie) est promu lieutenant.

Le sous-lieutenant Gœury est promu lieutenant.

Le sous-lieutenant Guenot est promu lieutenant.

Leduc Henri-Lucien, né à Remiremont le 18 juin 1848, sergent-fourrier, puis sergent-major, est nommé sous-lieutenant.

Pierre Charles-François, né à Remiremont le 31 mai 1837, soldat au 76ᵉ de ligne le 10 janvier 1859, sergent-fourrier le 31 décembre 1867, sergent instructeur le 19 juin 1869, sergent-major le 21 août, puis adjudant, est nommé sous-lieutenant.

Demange Jules, né à Plombières le 13 décembre 1847,

sergent de mobiles le 19 juin 1869, est nommé sous-lieutenant.

Gérôme Justin-Léandre, né à Bellefontaine le 23 novembre 1839, engagé le 7 mars 1860, sergent-fourrier le 7 mars 1867, sergent-major de mobiles le 19 juin 1869 est nommé sous-lieutenant.

Promotion du 27 octobre 1870.

Le capitaine Thiéry, commandant la 1re compaggnie, est promu chef du 3e bataillon des Vosges en remplacement du commandant Brachet fait prisonnier à Cussey le 22 octobre 1870.

Le lieutenant Parisse est nommé capitaine à la 1re compagnie en remplacement du capitaine Thiéry promu chef de bataillon.

Le lieutenant Grombach est promu capitaine.

Le lieutenant Didierlaurent est promu capitaine.

Le lieutenant Germain est promu capitaine.

Le lieutenant Gœury est promu capitaine.

Le sous-lieutenant Demange est promu lieutenant.

Le sous-lieutenant Leduc est promu lieutenant.

Cornu Jules-Félicien, né à Bellefontaine le 15 juillet 1832, soldat au 28e de ligne le 7 août 1853, sergent de voltigeurs le 31 décembre 1866, sergent instructeur à la 2e compagnie du 3e bataillon de mobiles des Vosges le 4 août 1869, est nommé sous-lieutenant.

Valroff Henri-Paul-Ernest, né à Bussang le 16 janvier 1845, sergent le 19 juin 1869, blessé à Nompatelize, est nommé sous-lieutenant.

Clasquin Marie-Louis-Emile, né à Paris le 25 juin 1849, sergent de mobiles le 2 août 1870, est nommé sous-lieutenant

Curien Gilles-Alphonse, né à Cornimont le 1er septembre 1848, incorporé au 95e le 9 septembre 1862, sergent le

31 décembre 1868, sergent-major de mobiles le 19 juin 1869, est nommé lieutenant.

Mathieu Jean-Baptiste-Louis, né au Val-d'Ajol le 16 avril 1847, sergent de mobiles le 2 août 1870, est nommé sous-lieutenant.

Arnoul Jean-Xavier-Auguste, né à Bussang le 30 janvier 1847, fils de Arnoul Jean-Louis et de Collé Marie-Anne, sergent-fourrier à la 6e compagnie, est nommé sous-lieutenant à la même compagnie.

Humbert Joseph-Louis-Julien, né à Granges le 5 novembre 1845, sergent-major à la 7e compagnie, est nommé sous-lieutenant à la 4e compagnie.

Promotion du 28 novembre 1870.

Le sous-lieutenant Cornu est promu lieutenant.

Promotion du 30 novembre 1870.

Le sous-lieutenant Gérôme est promu lieutenant.

Barbier Charles, né à Remiremont le 18 décembre 1832, engagé le 18 novembre 1852, sergent le 13 novembre 1866, sergent-major de mobiles le 19 juin 1869, puis adjudant le 30 juillet 1870, est nommé sous-lieutenant.

Promotion du 1er décembre 1870.

Le sous-lieutenant Kinsbourg est promu lieutenant.

Frey Henri-Léon, né à Ventron le 29 février 1848, ancien brigadier de hussards, sergent de mobiles le 2 août 1870, est nommé sous-lieutenant.

Febvay Nicolas-Théophile, né à Saint-Etienne le 27 décembre 1847, sergent de mobiles le 2 août 1870, est nommé sous-lieutenant.

Promotion du 2 décembre 1870.

Le lieutenant Curien est promu lieutenant adjudant-major.

Promotion du 19 décembre 1870.

En remplacement du commandant Thiéry, démissionnaire, Pougnet Louis-Michel-Charles-Ulisse, né le 26 août 1825, à Saint-Jean d'Angle (Charente-Inférieure), engagé volontaire en septembre 1843, ancien sergent-major, 14 ans de services, capitaine aux mobiles du Doubs le 14 août 1869, est promu chef du 3ᵉ bataillon des Vosges le 19 décembre 1870. Chevalier de la Légion d'honneur.

Promotions du 25 décembre 1870.

Jeandel Marie-Henri, né à Remiremont le 19 août 1845, est nommé sous-lieutenant.

Ordres du Jour du Bataillon :

Sont nommés aux différents grades ci-après :

Sergents-majors :

A la 6ᵉ compagnie : Bougel, nommé sergent-major à la place de Valroff, nommé officier;

André Ernest, sergent-fourrier, nommé en remplacement de Frey, nommé officier.

Sergents :

A la 1ʳᵉ compagnie : Protoit, sergent à la suite, en subsistance déjà à la 1ʳᵉ compagnie;

A la 4ᵉ compagnie : Friesenhauser, sergent-fourrier à la 3ᵉ compagnie, en remplacement de Joly Arthur ex-caporal au 96ᵉ ;

Fleurance, en remplacement de Claudel blessé à Cussey.

Sergents-fourriers :

A la 2ᵉ compagnie : Valentin Jean-Baptiste, caporal à la 3ᵉ compagnie, en remplacement de Masson;

A la 3e compagnie : Bitsch Jules-Joseph, sergent, en remplacement de Friesenhauser, passé sergent;

A la 5e compagnie : François Charles-Louis, caporal à la 5e compagnie, en remplacement d'André, nommé sergent-major;

A la 6e compagnie : Pierrel Louis, caporal à la compagnie, en remplacement de M. Arnoul, nommé officier.

Caporaux :

A la 1re compagnie : Vuidard, caporal à la suite, passé titulaire.

A la 2e compagnie : Noël Modeste, garde à cette compagnie, en remplacement de Beaumont, passé sergent;

Antoine Emile, en remplacement de Valentin, passé fourrier.

A la 4e compagnie : Bontemps Camille, garde à la compagnie en remplacement de Demangel réformé;

Rouillon, garde à la compagnie, en remplacement d'Aubel réformé.

A la 5e compagnie : Colin Denis-Ernest, garde à la compagnie, en remplacement de François, nommé fourrier;

Valdenaire Charles-Cyrille, en remplacement de Valroff, passé à la 8e.

A la 6e compagnie : Gehin Jean-Thomas, garde à la compagnie, en remplacement de Charles Alfred, disparu à Cussey;

Laroche Charles, en remplacement de Berquand (tué à Cussey);

Andreux Emile, en remplacement de Pfhil Victor (prisonnier à Cussey);

Guingot Alphonse, en remplacement de Pierre, nommé fourrier;

Aubert Alphonse, emploi vacant.

Au petit Etat-major :

Dolmaire Ch.-Alphonse, caporal clairon.

Sont nommés clairons dans les compagnies ci-après :

1re compagnie : Zivy Lucien, garde 1re, emploi vacant.

2e compagnie : Fouchécourt, garde 2e, emploi vacant.

3e compagnie : Rappebach, garde 3e, emploi vacant.

4e compagnie : Florent. garde 4e, emploi vacant.

5e compagnie : Didierlaurent, garde 5e, emploi vacant.

6e compagnie : Colin Alfred, garde 6e, emploi vacant.

7e compagnie : Gstalder Gustave, garde 7e, emploi vacant.

8e compagnie : Roth Alphonse, garde 2e, emploi vacant.

Ces nominations et promotions dateront du 1er janvier 1871.

A Chalezeule, le 31 décembre 1870.

Le chef de bataillon commandant :

Signé : POUGNET.

* * *

Chalezeule, le 1er janvier 1871.

Conformément à la décision ministérielle du 3 décembre 1870 qui crée des premières classes dans les bataillons de Garde mobile, sont nommés à la 1re classe à leurs grades, les *sous-officiers et caporaux* dont les noms suivent :

Valroff Emile, sergent-major à la 4e compagnie.

Godel Bénoni, sergent-major à la 7e compagnie.

Protois Adolphe, sergent à la 1re compagnie.

Mathiot Lucien, sergent à la 1re compagnie.

Witt Jules, sergent à la 3e compagnie.

Hauberdon Joseph, sergent à la 3e compagnie.

Viant Jean-Joseph, sergent à la 4e compagnie.

Bagin Nicolas, sergent à la 6e compagnie.

Hiélin François, sergent à la 5e compagnie.

Fremiot Jean-Baptiste, sergent à la 6e compagnie.

Vanony Ferdinand, sergent-fourrier à la 1re compagnie.

Laguerre Eugène-Emile, sergent-fourrier à la 7e compagnie.

Vuidard Charles-Marie, Fleurot Eugène, caporaux à la 1re compagnie.

Arnould Firmin-Valentin, caporal à la 2e compagnie.

Ferry Basile, Kempf Napoléon, caporaux à la 3e compagnie.

Marotel Joseph, Cidre Emile, caporaux à la 4e Compagnie.

Rouillon Joseph-Aubin, Pierrel Louis, caporaux à la 5e compagnie.

Sigvarte Napoléon, Géhin Joseph-Thomas, caporaux à la 6e compagnie.

Mougelle Victor, Fleurot Célestin, caporaux à la 7e compagnie.

Sont nommés gardes mobiles de 1re classe :

A la 1re compagnie : Durand Charles-Joseph; Hocquaux Antoine; Daval Emile; Barbier Paul; Gavoye Félix; Haouy Jean-Baptiste.

A la 2e compagnie : Marchal Louis; Vançon Emile; Jeanvoine Baptiste; Demange Antoine; Louis Auguste; Calot Jules.

A la 3e compagnie : Petitjenet Philippe; Gérard Claude; Couval Louis; Jacques Adolphe; Antoine François.

A la 4e compagnie : Aubel Nabord; Philippe Alphonse; Petitdemange Jean-Claude ; Choffe Antoine ; Ballet Louis-Félix.

A la 5e compagnie : Antoine Julien; Saint-Dizier Nicolas-Eugène; Leclerc Jean-Baptiste; Géhin Axtant; Léonard Lucien; Colin Emile.

A la 6e compagnie : Laurent Joseph; Bresson Maurice; Cariet Félix; Claudel Charles; Claude Jules; Petitjean Jean.

A la 7ᵉ compagnie : Remy Charles; Noël Désiré; Bartholey Emile; Boileau Eugène.

Le nommé Fandre Charles, caporal à la 7ᵉ compagnie, est passé caporal armurier, grade créé le 4 novembre 1870.

Ces mutations dateront du 1ᵉʳ janvier 1871.

Le Chef de Bataillon,

Signé : POUGNET.

Les Cadres à la fin de la Campagne

(Ministère de la Guerre)

Chef de bataillon : Pougnet.

Capitaines : 1ʳᵉ compagnie : Parisse ; 2ᵉ compagnie : Gœury ; 3ᵉ compagnie : Dumont ; 4ᵉ compagnie : Grombach ; 5ᵉ compagnie : Didierlaurent ; 6ᵉ compagnie : Germain ; 7ᵉ compagnie : Puny ; 8ᵉ compagnie : Hanus. — A la suite : Ostertag; Laurent; Monnin; Colle; Blaison.

Lieutenants : 1ʳᵉ compagnie : Curien, adjudant-major ; 2ᵉ compagnie : Demange; 3ᵉ compagnie : Gérôme; 4ᵉ compagnie : Leduc; 5ᵉ compagnie : Remy; 6ᵉ compagnie : Cornu; 7ᵉ compagnie : Guenot; 8ᵉ compagnie : Kinsbourg. — A la suite : Grandjean Paul; Pottecher Charles.

Sous-lieutenants : 1ʳᵉ compagnie : Barbier ; 2ᵉ compagnie : Valroff Henri; 3ᵉ compagnie : Clasquin; 4ᵉ compagnie : Pierre; 5ᵉ compagnie : Frey Léon; 6ᵉ compagnie : Jeandel; 7ᵉ compagnie : Mathieu; 8ᵉ compagnie : Febvay. — A la suite : Daubié.

CHAPITRE IV.

Remiremont, Epinal, Langres.

Pendant cette longue et pénible campagne, il n'y eut pas de défections.

Le 3e bataillon comptait quelques volontaires. Entre autres Gustave Picard, 17 ans, employé de commerce à Remiremont, caporal, puis sergent-fourrier, fait prisonnier à Cussey, plus tard capitaine territorial de cavalerie, promu chevalier de la Légion d'honneur à ce dernier titre;

Hennequin, 16 ans, de Plombières, élève du lycée de Charleville, où il rentra après 1870 avec des galons de caporal ;

Dérivaux, de Saint-Dié, sergent-fourrier.

J'ai moi-même à 19 ans, remplacé comme médecin, pendant une partie du mois d'octobre, M. le Dr Wittmann, absent.

Le bataillon comptait également quelques anciens sousofficiers, caporaux et soldats âgés, engagés pour la durée de la guerre.

Le 3 août 1870, pour la première fois, les mobiles du 3e bataillon se trouvent réunis sur la place Maxonrupt, à Remiremont. Les compagnies formées par cantons autant que possible. La tâche était ardue pour les officiers, les instructeurs et les comptables.

Rien n'était préparé.

Les mobiles sont logés chez l'habitant.

Du 3 au 5 août, le lieutenant Blaison et le sergent-major de la 5ᵉ compagnie font faire aux gradés de leur compagnie une théorie pratique pour les initier à leurs devoirs. Il en est de même des autres compagnies.

Du 3 au 10 août, les exercices commencent. Les pelotons par compagnie sont formés. On exécute des marches sur la place. Les gardes, vêtus de leurs habits civils comprennent ce qu'on attend d'eux. Ils réclament des armes. Des officiers vont à Lunéville commander des uniformes.

Le 11 août le bataillon reçoit l'ordre de partir immédiatement pour Epinal.

A l'arrivée du bataillon à Epinal quelques compagnies sont logées à la caserne. Les 1ʳᵉ 2ᵉ et 3ᵉ sont envoyées à Dogneville, chez l'habitant. Une section de la 5ᵉ compagnie va à Saint-Laurent, l'autre à Deyvillers.

Les exercices continuent sous les ordres du capitaine pour chaque compagnie, dirigés par les sergents-majors, les sergents instructeurs, quelques rares mobiles ayant servi.

La tâche, pour les officiers chefs de compagnie n'ayant pas servi était lourde. Il en était ainsi à la 1ʳᵉ compagnie dont aucun des trois officiers n'avait été militaire. De même à la 3ᵉ compagnie dont le capitaine avait pris le service de capitaine-major. Et encore à la 5ᵉ compagnie dont le capitaine remplissait les fonctions de capitaine-trésorier. A cette compagnie le lieutenant Blaison a beaucoup à faire, mais il est bien secondé par son sergent-major, Curien, qui doit faire en outre de son service les fonctions d'instructeur, le sergent instructeur Géhin, décédé peu après, n'ayant pu rejoindre la compagnie pour cause de maladie grave. Il en était encore de même à la 8ᵉ compagnie. Chacun fait son devoir.

L'effectif de la 1re compagnie (Le Val-d'Ajol), était en 1868 de 61 hommes puis en 1870 de 90 hommes.

Au début la compagnie de Saulxures (5e compagnie) comptait 214 hommes. Mais 7 furent versés à la 4e compagnie et 39 à la 7^e

D'Epinal les gardes exerçant les professions de bouchers et de boulangers furent expédiés à Metz, les hommes mariés et pères de trois enfants renvoyés dans leurs foyers.

Les classes de 1868 et antérieures de l'arrondissement de Saint-Dié, formant le 4e bataillon des Vosges ayant été envoyées à Metz, les hommes des autres classes de l'arrondissement furent, en partie, versés plus tard au 3e bataillon.

L'effectif de chacune des huit compagnies atteignit environ 150 hommes, soit en totalité 1.300 hommes. Sur lesquels on peut compter au plus 1.200 combattants lors du départ de Langres pour les Vosges.

Pendant le séjour à Epinal les hommes continuent à réclamer des armes, mais en vain, il n'y en avait pas dans les magasins !

A Epinal les mobiles reçoivent des blouses blanches, quelques-uns des chemises. Le lieutenant Blaison peut s'emparer de quelques sacs pour les sous-officiers.

C'est avec ces blouses que beaucoup de mobiles ont fait la campagne en hiver, sous la neige et par un froid terrible.

Les sous-officiers touchent des tuniques. Notamment des tuniques du 63e de ligne. Provisoirement il fallut pour reconnaître les grades, coudre sur les manches de la tresse blanche ou jaune.

Le 14 août 1870 le bataillon arrive à Vesoul en chemin de fer et couche aux Halles. Le lendemain le bataillon part pour Langres où il arrive vers 4 heures du soir. Les hommes sont logés à la Citadelle. On continue les exercices de peloton, comme à Remiremont et à Epinal. Mais toujours sans armes.

Puis à la suite d'une revue, après la capitulation de

Sedan, des fusils à tabatière sont distribués, mais pour beaucoup d'armes il faut attacher la baïonnette avec une ficelle et faire une bretelle avec une lanière quelconque. Les trois cinquièmes de ces armes avaient besoin de réparations. Une faible partie put être remise en ordre. Force fut de se servir des autres dans l'état où elles se trouvaient. C'était une faible satisfaction donnée aux braves Vosgiens qui depuis Remiremont demandaient à être armés.

C'est avec ces fusils en mauvais état, reçus quelques jours avant de partir pour les Vosges, fusils dont ils ne purent apprendre le maniement que sur le champ de bataille, que nos courageux montagnards tinrent tête à un ennemi beaucoup plus nombreux, pourvu d'artillerie, bien armé, à la Bourgonce, à Cussey, sur le Doubs. « En descendant du « Haut-Jacques, vers la Bourgonce, dans la nuit du 5 au « 6 octobre, écrit un garde de la 3ᵉ compagnie, j'essayai « mon fusil pour la première fois! »

A Langres il y eut également distribution d'effets d'habillement et d'équipement.

Jusqu'au 21 septembre les mobiles travaillèrent surtout aux fortifications. Ils vécurent à l'ordinaire. Les compagnies qui surent se faire du boni furent heureuses de le retrouver plus tard.

Il n'y eut à Langres, ni exercices de tir, ni école de tirailleurs, mais seulement quelques leçons d'escrime à la baïonnette.

DEUXIÈME PARTIE

LA CAMPAGNE DES VOSGES

CHAPITRE V.

Les Vosges.

Le 22 septembre le bataillon quitte Langres en chemin de fer à 10 heures du matin et arrive à Epinal vers 8 heures du soir. Puis il part immédiatement à pied pour Rambervillers. Halte de 2 heures à Girecourt. Le 23 le bataillon couche à Rambervillers où il reçoit de cette population si patriotique un accueil cordial que les hommes n'oublieront jamais.

Le 24, à une heure du matin rappel. Le bataillon prend la route de Raon-l'Etape. Les mobiles revoient leurs montagnes et leurs forêts. Halte à Saint-Benoît. Les femmes offrent du lard et des légumes. Quelques mobiles du pays vont dans leurs familles. Le bataillon arrive à 10 heures à Raon-l'Etape où il est logé aux halles et chez l'habitant.

La 3e compagnie va en reconnaissance vers Baccarat. La 5e à Etival, où elle passe une partie de la nuit.

Le 25 septembre, les hommes sont employés aux travaux de défense. Le 26 septembre le bataillon est de grand'garde à Bertrichamp. Il bivouaque.

La 4e compagnie, sur la demande du capitaine Ostertag, encadrée dans le 2e bataillon de la garde mobile de la Meurthe, quitte à une heure du matin le camp du Rouge-

Vêtu sous les ordres du commandant Brisac des mobiles de la Meurthe.

Le détachement marche sur Azerailles où se trouve l'avant-garde ennemie forte de 600 hommes.

Pour la première fois, les mobiles de Remiremont vont à l'ennemi, malheureusement ils n'étaient pas habitués à ces marches de nuit. Une partie du détachement s'égare et il faut renoncer à attaquer les Allemands trop nombreux.

Le bataillon repart le 27 septembre pour Saint-Dié. Défilé vers le collège. Puis on bat la générale et on réquisitionne des voitures pour retourner à Raon-l'Etape que les Allemands bombardaient. Ils sont repoussés avant l'arrivée du bataillon. Une partie de la 3ᵉ compagnie couche à Moyenmoutier. Le 28, coucher à Raon-l'Etape. Le 29 septembre, le bataillon va en reconnaissance à Etival, Saint-Remy, La Salle, La Bourgonce. Retour à Raon-l'Etape le soir. Le 30, une partie du bataillon travaille à des tranchées sous les ordres de M. Lichtenberger, ingénieur à la Compagnie de l'Est, capitaine auxiliaire du génie. Marche de nuit du côté de Moyenmoutier.

Le commandant Perrin est mécontent.

Le 1ᵉʳ octobre, exercice dans les prés. Le commandant Brachet fait manœuvrer ferme son bataillon (écrit un mobile) et il annonce que les Prussiens feront encore mieux (ce devait être vrai). Puis toujours des marches de nuit. Dans une de ces expéditions au Rouge-Vêtu, le sergent Mathieu dit Gadenel, envoyé en reconnaissance avec quelques hommes de la 1ʳᵉ compagnie, dont le garde Vançon, ordonnance du lieutenant Parisse, rencontre dans un village des Allemands qui prennent la fuite, sauf trois qui s'étaient cachés sur un grenier à foin. Vançon décharge son fusil dans la direction du plafond. Les trois Prussiens se rendent, ils sont emmenés à la grand'garde, puis à Raon par le sous-lieutenant Méline.

Au Rouge-Vêtu, les Allemands avaient peur d'être fusillés. Le sergent André leur dit en allemand que les Français ne sont pas des sauvages. Les Prussiens quelque peu consolés, voulaient l'embrasser ! Féroce quand il est en nombre, le Prussien est lâche quand il n'est pas le plus fort.

Ici se place un événement qui fit une profonde impression. Un espion fut fusillé. C'est un vieux sergent engagé pour la durée de la guerre qui commandait le peloton d'exécution. Je ne donnerai pas son nom. Je ne donnerai pas davantage le nom du traître qui peut-être a encore de la famille quelque part.

Le misérable avait servi de guide aux Prussiens dans la vallée de Celles. Amené sur une charrette, il est fusillé à 5 heures du soir au bas du talus du chemin de fer.

CHAPITRE VI

Le Haut-Jacques.

Le 2 octobre, le bataillon part pour Saint-Dié, où il arrive à 9 heures du matin. Une partie est logée au séminaire. Les hommes n'avaient pas touché de vivres depuis quelques jours. Une collecte est faite. Chacun verse 25 centimes et l'on fait la soupe. Mais la nouvelle se répand que l'ennemi bombarde Raon-l'Etape et il faut abandonner la soupe. et se mettre en route. Le bataillon arrive à 8 heures du soir à Etival et y passe la nuit.

Le 3 octobre, départ pour Raon-l'Etape. Les Prussiens s'étaient retirés. Le 4 octobre, le bataillon quitte définitivement Raon-l'Etape et marche par Etival sur Nompatelize et La Bourgonce. De La Bourgonce, sous la conduite d'un garde forestier, le bataillon, par une marche de deux heures, dans un chemin rocailleux, gagne le Haut-Jacques, où il arrive vers 4 heures. Cette position est située à 600 mètres d'altitude au point culminant de la route qui va de Saint-Dié à Bruyères, à 17 kilomètres de cette dernière ville et à 9 kilomètres de la première. Il y a là deux maisons forestières, dont une actuellement inoccupée et une ferme-auberge.

Nous avons voulu revoir le Haut-Jacques en mai dernier. La partie du plateau où se trouve le Haut-Jacques est d'une superficie déboisée d'environ 2 hectares entourés d'immenses forêts de sapins. On y cultive surtout la pomme de terre. La maison forestière habitée est en face l'auberge. Ces deux habitations sont séparées par la route. Le site est superbe.

En 1870, l'auberge appartenait à Madame veuve Poirot, retirée aujourd'hui dans la vallée des **Rouges-Eaux.** Madame Poirot, que M. Remy, garde forestier avait prévenue de mon passage, a bien voulu me donner quelques renseignements. Madame Poirot a conservé **un bon souvenir** des moblots. Elle avait pour parrain **le capitaine** Ostertag qui lui a facilité sa tâche. Pendant trois **jours,** elle a été constamment debout, servant les uns et les autres, sans se reposer. Après le départ des Mobiles, elle s'est aperçue que ses bas qu'elle avait mis neufs le 4 au matin, étaient usés à ses pieds. Chacun au bataillon savait que le capitaine Ostertag était le parrain de Madame **Poirot,** aussi officiers, sous-officiers, gardes l'appelaient de tous côtés à la fois « filleule », « marraine », lui demandant à manger, à boire.

Tout fut payé, sauf les pommes de terre que les hommes arrachaient avec leurs baïonnettes. « Mais, nous **dit la** brave dame, il y en avait tellement en 1870, qu'il nous en est resté suffisamment ».

Madame Poirot avait reçu le 4, un chargement de vin auquel firent honneur les francs-tireurs, les mobiles, puis le 32e de marche, arrivé dans la nuit du 5 au 6 octobre.

Quelques officiers couchèrent à l'auberge, Les autres campèrent avec leurs hommes.

Du Haut-Jacques à travers la vaste forêt, le chemin forestier qui conduit vers la Bourgonce, est assez bon sur le plateau. Mais à partir de la Croix Idoux, pour gagner la Grande-Basse, le chemin est impraticable, étroit, raviné par les eaux, très en pente, encombré de grosses roches parfois difficiles à franchir.

Hors forêt, à partir de la Grande-Basse, le chemin devient meilleur. En arrivant à la Bourgonce, l'église est à droite, le presbytère à gauche.

C'est ce chemin que le 3e bataillon avait suivi le 4 au soir et qu'il reprit le 6 au matin.

Le bataillon campe dans la forêt, sans feu le 4 et le 5 octobre. Le temps est froid et humide. Les nuits sont dures pour les hommes. La nuit du 4 octobre, la 1re compagnie est envoyée de grand'garde à 2 kilomètres du Haut-Jacques, à la source de Monnehay, dans la direction de Saint-Dié.

La nuit du 4 octobre, les jeunes gens du Val-d'Ajol eurent froid et faim, ils ne dormirent pas et ce n'était pas la première fois. Ils reçurent pour 100 hommes six miches de pain. Les officiers eurent pour leur part quatre bouteilles de vin. Le sergent André et son camarade Bruand s'étaient blottis sous une roche. Le lieutenant Méline leur apporta une bouteille de vin. Brave garçon.

Le 5 octobre, à peine de retour au Haut-Jacques, on apprend que quatre éclaireurs prussiens s'avancent, venant de Saint-Dié.

Le sergent-major Gérôme, le sergent André, le caporal Grandcolas, et 12 hommes de la 1re compagnie sont envoyés jusqu'à une roche élevée qui domine la vallée de Rougiville, dans la direction de Saint-Dié et surplombe la route de cent mètres environ. C'est la roche du Gros-Rhain à dix minutes du Haut-Jacques, dans la forêt. De cette roche, la vue est admirable.

Rien à manger. Le sergent-major envoie à Rougiville deux hommes qui rapportent un peu d'eau-de-vie et une demi-miche de pain. C'était peu.

Avant le jour, une sentinelle crie : Qui vive! On répond : France! C'est le 32e de marche qui arrive de Bruyères par Rougiville. Peu après, l'ordre vient de rejoindre le bataillon au Haut-Jacques ; on apprend que les quatre hommes de la veille étaient non des Prussiens, mais, paraît-il, des gardes nationaux de Saint-Dié.

Le 5 octobre au soir, les 5e et 6e compagnies descendent vers la Bourgonce et passent la nuit à La Salle. Peu après, le même jour, les 7e et 8e compagnies quittent à leur tour le Haut-Jacques et vont coucher à Nompatelize.

Les 1re, 2e, 3e et 4e compagnies prennent le même chemin le lendemain matin, vers 6 heures.

Depuis le départ de Langres, le bataillon n'avait fait que marches, contre-marches dans la région de Saint-Dié. Les hommes avaient passé bien des nuits sans sommeil, ils avaient eu faim, ils étaient exténués de fatigue. C'était la troisième fois qu'ils allaient à la Bourgonce. Cette fois c'était sérieux.

CHAPITRE VII

Le Préfet George.

En 1852, le prince Louis-Napoléon, trahissant le serment de fidélité par lui prêté à la République, l'avait, dans le sang, remplacée par l'Empire.

Pendant dix-huit ans, il avait épuisé la France en des guerres lointaines, inutiles, onéreuses.

En 1870, après avoir dit « L'Empire, c'est la paix », l'empereur Napoléon III se laissait entraîner follement à déclarer la guerre.

L'Empire tombé dans la boue sanglante de Sedan, les membres du Gouvernement de la défense nationale avaient dû assumer la lourde tâche de sauver tout au moins l'honneur de la France envahie par les hordes teutonnes.

« Le gouvernement met une ardeur qu'on ne saurait trop louer à réveiller le sentiment patriotique et à aider les bonnes volontés de tous ses moyens. Votre seule politique, écrivait-il aux préfets, doit être la défense nationale. Tout devait tendre vers un seul but : chasser l'ennemi du sol français ». (Grenest. *L'Armée de l'Est,* page 91).

n soir, dans un salon officiel à Berlin, des officiers s raillaient avec affectation les moyens impro-

visés en France pour la résistance suprême, après l'effon-
drement de nos armées régulières.

« Le vieux maréchal de Moltke était là silencieux. Il dit :
« Souvenez-vous qu'après Sedan et après Metz, nous
croyions la guerre finie et la France abattue et que pendant
cinq mois, ces armées improvisées ont tenu les nôtres en
échec. Nous avons mis cinq mois à battre des conscrits et
des mobiles. C'étaient des foules plutôt que des régiments,
j'en conviens avec vous ; mais ces cohues nous tenaient
tête ». *(La guerre sur les communications allemandes.*
Capitaine Dumas. Préface)

« A ce moment, après Sedan, où l'irritation du pays était
profonde, l'inaction devenait un crime et la nation devait
se jeter dans les bras de ceux qui faisaient briller à ses
yeux l'espoir de chasser l'étranger et d'en débarrasser le
sol de la Patrie ». (Même ouvrage, page 12).

« Il est toujours trop tôt pour périr. Quelle que soit la
faiblesse d'un Etat, par rapport à son adversaire, il ne
saurait, sous peine de déchéance morale absolue, se sous-
taire à des efforts suprêmes ». (Clausewitz. Même ouvrage, page 13).

« Si jamais notre Patrie devait subir une défaite pa-
reille à celle que la France a essuyée à Sedan, je souhai-
terais ardemment qu'il vînt un homme qui *sût* comme
Gambetta l'a *voulu* pour son pays, l'embraser de l'esprit
de la résistance poussée jusqu'à ses dernières limites ».
(Von der Goltz, même ouvrage, page 13).

« Dans les premiers jours de septembre, le gouvernement auquel Paris confiait les destinées de la France, mar-
quait son arrivée aux affaires par une impulsion énergique donnée aux idées de défense nationale et de résistance à outrance ». (Même ouvrage, page 14).

A la tête du département des Vosges, le gouvernement de
la défense nationale avait placé un républicain et un
patriote énergique auquel les Vosgiens donnèrent immé-

diatement leur confiance. Tous, sans distinction d'opinions, se groupèrent autour du préfet George pour la défense de la Patrie.

George Eustache-Emile est né à Ville-sur-Illon (Vosges) le 3 octobre 1830. Il fit de fortes études au collège d'Epinal, puis après les événements de 1848, suivit les cours de la faculté de droit de Paris. Reçu licencié, il revint à Epinal et se fit inscrire au barreau de cette ville. Nommé préfet des Vosges le 6 septembre 1870, il fit preuve d'une grande énergie, organisa la résistance à l'invasion dans le département avec le concours d'officiers résolus : MM. Bourras, Varaigne, Perrin, et défendit courageusement les intérêts de ses administrés contre M. Bitter, administrateur allemand, qui remplit les fonctions de préfet du 12 octobre 1870 au 24 avril 1871.

Le 28 février 1871, M. George fut élu par 26.984 suffrages, membre de l'Assemblée nationale de Bordeaux. Le 8 octobre 1871, il fut élu membre du Conseil général des Vosges pour le canton d'Epinal et réélu en 1877 et 1883. A Bordeaux il vota pour la continuation de la guerre et contre les préliminaires du traité de paix. Il donna sa démision, à l'issue de la séance qui approuvait ce traité, mais il la retira quelques jours après sur les vives instances de ses collègues et siégea à gauche jusqu'en décembre 1875. Elu sénateur des Vosges le 30 janvier 1876, il fut nommé, le 17 septembre 1880, conseiller-maître à la Cour des Comptes, puis président. Le 8 janvier 1882 il fut réélu sénateur.

(*Biographies* par F. BOUVIER 1889. *Dictionnaire des Vosges* par JOUVE 1897.)

La tâche assumée par le préfet George était difficile; il sut y faire face. C'est un homme dont les Vosgiens doivent garder respectueusement le souvenir.

« Dans les Vosges la défense locale se trouvait centralisée dans les mains d'un seul homme, animé d'un zèle

ardent, le préfet M. George. Avec le concours éclairé du capitaine Varaigne il cherchait à mettre de l'ordre parmi les corps francs de toute provenance accourant en grande hâte et spontanément.....

« Plusieurs officiers furent adjoints au capitaine Varaigne, parmi eux les capitaines Bourras, Schœdlen et Perrin. » (Commandant EUVRARD, *La première Armée de l'Est*).

« Le préfet George fonctionnaire actif, courageux et dévoué, se multipliait pour exciter le patriotisme des populations et armait les communes (GRENEST). »

« Le préfet, M. George, recevait quoique malade et alité (Commandant BRISAC). »

« Nous trouvons, écrit le lieutenant Diez, (combat de Nompatelize, page 44), dans une circulaire du Préfet des Vosges, les paroles suivantes adressées aux commandants des gardes nationaux sédentaires : « Ils sont surtout desti- « nés à prêter leur appui aux troupes actives combattant « dans les environs ou à harceler l'ennemi en tiraillant « sous bois, sans jamais s'engager en ligne, ni dans les « villages eux-mêmes. Ils doivent en conséquence dresser « leurs hommes à combattre en tirailleurs, à s'embusquer « derrière les arbres, les ravins, les fossés et à viser très « juste afin de ne tirer qu'à coup sûr. »

CHAPITRE VIII

Le Général Cambriels

Fils d'un général du premier Empire, le général Cambriels était né à Lagrasse (Aude) le 11 août 1816. Colonel du 84e pendant la guerre d'Italie. il prit une part brillante au combat légendaire de Montebello et à l'enlèvement du Mont des Cyprès à Solférino. En 1870, il commandait une brigade du 12e corps. Grièvement blessé d'un coup de feu à la tête pendant la bataille de Sedan, il s'était rendu à Paris, malgré sa blessure, pour offrir ses services au gouvernement de la Défense nationale. « A la date du 18 septembre le général Cambriels avait été nommé au commandement supérieur de Belfort.

« Le 26 septembre, il est appelé au commandement supérieur de la région de l'Est : Vosges, Haut-Rhin, Côte-d'Or, Doubs, Jura, Haute-Saône, Haute-Marne » (Commandant EUVRARD).

« Grièvement blessé à la tête dans la journée de Sedan, écrit le capitaine Dumas (page 31), le général Cambriels était encore malade, mais son ardent patriotisme lui venait en aide pour vaincre ses souffrances et marcher à l'ennemi. »

« L'attention du général Cambriels (même auteur, pa-

ge 40) était alors appelée toute entière sur les Vosges et le théâtre d'opération allait l'occuper exclusivement.....

Il investissait du commandement supérieur pour la défense des Vosges un officier d'une énergie incontestée : le capitaine d'artillerie Perrin. »

Le 1ᵉʳ octobre le général Cambriels demandait au ministre d'envoyer dans les Vosges des brigades organisées.

Le 2 octobre le Gouvernement l'informait qu'il dirigeait le général Dupré, de Vierzon sur Epinal, avec 8.000 hommes et une batterie d'artillerie. Le général Dupré devait prendre le commandement de la subdivision.

Le 4 octobre le général Cambriels quittait Belfort et arrivait par chemin de fer à Epinal en même temps que le général Dupré.

Le 7 octobre le général Cambriels était à Bruyères où s'étaient retirées, dans la nuit du 6 au 7, les troupes en retraite qui avaient combattu à Nompatelize.

Il divise son armée en deux groupes : 1ʳᵉ brigade, colonel Perrin (titre auxiliaire) ; 2ᵉ brigade, colonel Rouget de Gourcez (titre auxiliaire).

Ne croyant plus à la possibilité de défendre les Vosges, le général Cambriels bat, le 11 octobre au soir, en retraite sur Besançon.

« Son noble visage portait les traces d'une excessive fatigue (écrit le commandant Euvrard, d'après Wolowski) ; le chef d'état-major, capitaine Varaigne, qui l'accompagnait, souffrait également d'une blessure à la tête reçue à la Bourgonce ». Le commandant Euvrard ajoute, citant les Vosges en 1870, par le commandant Bruté de Rémur : « le général souffre cruellement de sa blessure..... au Tholy il est obligé de s'arrêter et s'enferme pour pouvoir se plaindre sans témoins ».

Le 15 octobre le général Cambriels arrive à Besançon.

Il est accusé d'incapacité. Le 16 octobre le général, informé, offre sa démission au ministre de la guerre.

A la suite d'une entrevue avec Gambetta, le général Cambriels reste en fonctions. (Commandant EUVRARD).

Il écrit alors au ministre demandant : qu'on le destitue, s'il est incapable, qu'on le fusille, s'il est traître (Commandant EUVRARD). Gambetta répond au général Cambriels : « Si je convoquais le Conseil de guerre que vous demandez, « je semblerais participer, dans une mesure quelconque, « aux sentiments de suspicion qui vous poursuivent contre « toute justice, et c'est ce que je ne veux à aucun prix (Commandant EUVRARD).

Le 27 octobre Cambriels télégraphie à Gambetta :

« ..... mes souffrances sont violentes et constantes, ma constitution est épuisée. Donnez-moi le repos nécessaire pour pouvoir consacrer encore le reste de mes forces au pays (Commandant EUVRARD).

Le congé accordé, le général Cambriels abandonne son commandement le 28 octobre. Il se rend à Lagrasse pour soigner sa blessure. Le général Cambriels ne reprendra plus de service pendant la campagne. En 1875, il était nommé chef du 10ᵉ corps à Rennes, puis du 13ᵉ à Clermont-Ferrand. Atteint par la limite d'âge en 1881, il est décédé le 21 décembre 1891.

Le Colonel Perrin

Strasbourg avait capitulé le 28 septembre. Les troupes de siège devenaient disponibles. Le général de Werder s'avance vers les Vosges à la tête du 14ᵉ corps d'armée, composée de la division badoise à trois brigades et d'une brigade prussienne, soit environ 40.000 hommes.

Les Vosgiens ont toujours eu pour adversaires en 1870 les Badois, comme ils les auraient contre eux lors d'une nouvelle guerre. Il faut constater du reste que les garnisons d'Alsace-Lorraine comptent peu de régiments prussiens mais en grand nombre des troupes Badoises, Saxonnes, Wurtembergeoises.

En 1870-1871, ce sont également les alliés de la Prusse que de Moltke et Bismarck mettaient en avant, préférant garder pour les leurs les profits de la guerre, laissant le danger aux autres peuples allemands! Ces derniers le comprendront-ils?

Echappé de Sedan, puis appelé par le général Cambriels au commandement supérieur de la défense des Vosges, le capitaine d'artillerie Perrin qui fut le 7 octobre nommé colonel au titre auxiliaire, avait tout d'abord parcouru la chaîne des Vosges et organisé la défense des cols dans la mesure du possible. Puis il était venu se mettre à la tête des troupes des Vosges.

C'est à Saint-Dié que le 3e bataillon fit connaissance avec le colonel Perrin.

Le 27 octobre on se bat à Raon-l'Etape. Le colonel Perrin fait réquisitionner des voitures et se rend en hâte avec ses mobiles au secours de Raon-l'Etape.

Le colonel Perrin est un officier robuste, tenace, énergique, résistant à la fatigue; dur pour lui-même, il demande à ses hommes tout ce qu'il est possible d'en obtenir. Les mobiles l'appelaient « Marque mal », ils ne l'aimaient pas. A distance, nous devons le juger autrement. De même pendant le siège, les défenseurs de Belfort critiquaient le colonel Denfert-Rochereau. Ce n'est que plus tard qu'ils furent fiers, d'avoir, sous ses ordres, contribué à sauver à la Patrie une de ses villes fortes et un coin de territoire alsacien.

Le pittoresque costume du colonel Perrin est resté légendaire : pantalon d'artilleur dans de lourdes bottes, veston ratiné avec col de velours, limousine de roulier, parfois une couverture de campement avec trou au milieu, chapeau de feutre à larges bords de paysan vosgien, enfin comme arme un énorme gourdin.

« Le colonel Perrin est un des plus braves officiers de l'armée française (écrit le lieutenant GUETTE, des mobiles des Deux-Sèvres) .»

« Le colonel Perrin était de ces hommes comme il en faut dans les crises désespérées (GRENEST, page 30). »

« A mon avis, disait un officier de haute valeur, blessé à la Bourgonce, si nous en avions eu beaucoup de sa trempe, nous étions sauvés. » (GRENEST, page 30). »

« Plût à Dieu (même auteur, page 29), que tous nos officiers eussent eu aussi peu de souci de leur bien-être! on n'aurait pas vu à Metz un jeune général le jour de la capitulation, paraître joyeux de ce que les Prussiens lui permettaient d'emmener avec lui sa cuisinière en Allemagne. »

« C'était un soldat de la première République égaré dans notre temps (même auteur, page 77). »

« L'armée française est arrivée dans la petite ville du Chesne les 27, 28, 29 août. C'était magnifique à voir défiler cette belle, cette vaillante armée. Les Français y sont restés quatre jours consécutifs, et il en a fallu trois pour le transport des bagages de ce triste empereur, plus occupé de sauvegarder sa vie, que de sauver la Patrie dont il était indigne d'être le chef. » (*L'Invasion à Stenay.* Mémoires d'une religieuse de Saint-Charles, Mme Héloïse REMY, en religion Sœur Julie. *Manuscrit*).

« Dans la nuit du 31 août un capitaine de cuirassiers, envoyé en grand'garde fait observer, au colonel de l'état-major du général, que ses hommes avaient déjà combattu à Frœschwiller sans cartouches et qu'ils étaient encore dans le même cas. En présence du colonel du 2ᵉ cuirassiers l'officier d'état-major soumet la demande à son général. Le général répond : Cela ne me regarde pas, adressez-vous à l'artillerie et laissez-moi manger ». (même manuscrit).

« A Sedan, un général de brigade demande à son chef : Où nous formons-nous? Le divisionnaire répond : On ne se forme pas. Il se retire en ville et va demander à manger » (même manuscrit). « L'Empereur en se rendant prisonnier, avait traversé le champ de bataille. Il avait vu ces monceaux de cadavres, ces armes jetées de tous côtés, et ce désordre n'empêcha pas un homme de faire perdre à la France, par une signature, ce qu'elle avait amassé pendant de longues années ! » (même manuscrit).

Parlant du commandant Perrin : « Brusque, énergique, propre au commandement actif », écrit le préfet George en son rapport du 28 septembre 1870. (DIEZ, page 12).

« Sous l'impulsion énergique du commandant Perrin, les Français prennent l'avantage, repoussent l'ennemi et entament un mouvement offensif pour tourner la hauteur de la Molière » (MARTIN, instituteur, *manuscrit*).

J'arrête les citations. Si le colonel Perrin avait été bien secondé, si ses chefs avaient eu confiance comme lui, les Vosges n'eussent pas été prises aussi rapidement. Quelques victoires auraient pu changer la face des choses.

Nous allons être constamment en contact avec le colonel Perrin, il fallait qu'il fût connu.

Perrin Jean-Baptiste, colonel d'artillerie en retraite, commandeur de la Légion d'honneur, demeurant à Périgueux, rue Gambetta, 91, y est décédé le 4 juillet 1910, âgé de 85 ans.

Pendant longtemps, le colonel Perrin fut membre du conseil d'administration de l'hospice-hôpital de Périgueux.

Il a fait paraître un ouvrage remarquable sur le rôle de l'artillerie de campagne.

Il est profondément regrettable que ce vaillant soldat n'ait pu obtenir les étoiles de brigadier. Il est vrai que le défenseur de Belfort, Denfert-Rochereau, bien qu'il ait réussi dans son entreprise, ne les obtint pas non plus !

Pour en finir, encore une citation, tout à l'honneur de Perrin.

Le général Crouzat, successeur du général Cambriels, a écrit lors de la révision des grades : « Si le colonel Perrin a rétrogadé malgré ses services, il le doit à son caractère inflexible.

« Tous les officiers, et moi le premier, nous ne le rencontrions pas sans une certaine appréhension. On craignait toujours de voir dans ce regard sombre et dur, cette figure énergique et un peu sauvage, un reproche sur la manière dont nous venions de conduire nos troupes... » (GRENEST).

CHAPITRE IX

La Bourgonce, Nompatelize, La Salle, Saint-Remy.

Les communes de la Bourgonce, Nompatelize, La Salle, Saint-Remy, dont la population totale est d'environ 1.800 habitants, occupent un vaste amphithéâtre dominé et limité à l'est, au sud et à l'ouest par d'importants massifs forestiers. Au nord, à partir de Saint-Remy, le plateau s'abaisse vers Etival et la vallée de la Meurthe.

Le pays est essentiellement agricole. Entre la Bourgonce, Nompatelize et La Salle, ce sont surtout des prairies en sol humide traversées par un ruisseau, la Valdange, qui vient du sud et se dirige vers le nord, et par son affluent, le ruisseau de la Grande-Basse. Les terrains plus élevés sont en culture, céréales et surtout pommes de terre.

La Valdange descend de la forêt vers Mon Repos, traverse la prairie à la Bourgonce, puis entre la Bourgonce et La Salle, gagne la route de Saint-Dié, au pont de la Salle, fait mouvoir les scieries de la Salle, enfin coule dans la direction de Saint-Remy et Etival.

A la place de l'une des scieries, non loin et sur le côté droit de la route de Saint-Dié à Rambervillers, existait en 1870 un moulin. La façade de cet ancien moulin a peu changé. Ce moulin appartenait à M. Maudra, qui habite actuellement la petite maison à côté. Il ne parle qu'avec émotion de ce qu'il a vu en 1870. De là un chemin conduit à la Forge. où se trouvent les scieries modernes de la Salle, le long de la Valdange. Près de ces scieries, une maison en ruines, la Caquellerie, où l'on s'est battu en 1870. On s'est également battu au lieu dit les Fossottes, toujours près des scieries, puis dans le petit bois qui les domine, vers le nord, dans la direction de Saint-Remy, et dans la carrière voisine, au-dessus des Fossottes, sur la rive droite de la Val-dange.

Les plateaux de Champé et de Malençon font suite au sommet de la Molière, qui se trouve plus au nord.

La route de Saint-Dié à Rambervillers, après avoir franchi la Meurthe, puis à la gare de Saint-Michel, la ligne du chemin de fer de Lunéville à Saint-Dié, monte vers le plateau et le traverse.

Avant d'arriver à Nompatelize que la route laisse sur sa droite, se trouve sur la gauche, un petit vallon gazonné et au-delà de ce vallon, à quelque cent mètres de Nompatelize, une maison isolée dominant la vallée dans la direction de Saint-Michel, le château Bouilly ou ferme de la Cense. On y accède par un chemin qui part de la route et par un autre chemin qui se détache de celui du Void-de-Paru. La façade de l'habitation principale, côté nord, vers la route, ressemble assez bien à l'ancienne, qui était carrée avec toiture à quatre pans, tandis que l'habitation actuelle est rectangulaire. Les autres corps de bâtiment sont modernes. Le château Bouilly appartenait jadis à l'abbaye d'Etival, il était loué 26 louis et 50 livres de beurre ; la ferme a été vendue par le district de Saint-Dié le 10 février 1791 (*La Révolution dans les Vosges*, avril 1913).

Lorsqu'on arrive de Saint-Michel sur le plateau, à droite, sur le mur élevé d'une construction récente dépendant de la nouvelle mairie de Nompatelize, on lit cette inscription en grosses lettres : Combat de Nompatelize.

D'Etival, au nord, part une route qui se confond près de l'église de Nompatelize avec un chemin venant de Biarville, hameau de Nompatelize. Cette route atteint ensuite la route de Rambervillers à Saint-Dié, la traverse et se dirige vers le hameau des Feignes au pied du petit Jumeau.

Entre les immeubles municipaux et la **propriété** de M. Cunin, maire de Nompatelize en 1870, un chemin, appelé le chemin du Void-de-Paru ou des Rouges-Raies, se détache de la route d'Etival à Nompatelize, traverse la grande route de Saint-Dié et gagne l'ancienne route ou Voie romaine.

Si, venant de Saint-Michel, nous prenons la route de Saint-Dié à Rambervillers comme ligne de démarcation, nous avons, à notre gauche, vers le sud, les dernières habitations de Nompatelize, notamment la maison dite « des dernières cartouches », sur le chemin des **Feignes**, puis plus au sud, la ferme isolée des Quatre-Vents, enfin, non loin de là, sur l'ancienne route, une **autre maison** isolée où trois Français se réfugièrent après la bataille.

La maison des Quatre-Vents est à l'angle de la voie romaine ou ancienne route de Rambervillers à **Saint-Dié** et de la route dont il va être parlé de Nompatelize à la Bourgonce. C'est dans cette ferme des Quatre-Vents que fut recueilli, le 6 octobre, le capitaine Varaigne, blessé. Une route va de Nompatelize à la Bourgonce, se dirige ensuite sur le sommet de Mon-Repos, d'où elle descend par la vallée des Rouges-Eaux, à Brouvelieures et à Bruyères.

Ce fut la route de retraite de l'armée.

Le monument de Nompatelize se trouve à 150 mètres de la route de Saint-Dié, côté gauche, à 20 mètres du chemin du Void-de-Paru, entre ce chemin et la maison des dernières cartouches, qui est à 300 mètres du monument; vers le sud.

Sous ce monument reposent 84 Français. Ce monument est entouré d'arbres, sauf vers Nompatelize.

Derrière ce rideau d'arbres, dans la prairie, qui en cet endroit est marécageuse, on voit quelques tombes allemandes.

Toujours à gauche de la route, s'élève, au-delà de la plaine, le piton boisé du Petit-Jumeau qui domine de cent mètres la vallée. Le piton du Grand-Jumeau, également boisé, se dresse en arrière du Petit-Jumeau. Le hameau des Feignes est au pied du Petit-Jumeau, vers l'est. Sur le versant opposé des Jumeaux le ruisseau de la Grande-Basse coule dans le vallon étroit et long du même nom, et fait mouvoir, avant de se jeter dans la Valdange, la scierie des Anailles, située sur le territoire de la Bourgonce à environ 900 mètres de ce village. Suivant la Valdange à travers la prairie nous arrivons au pont de la Salle. Les deux ruisseaux se réunissent avant d'arriver au pont. Près du pont, sur la rive gauche, un chemin se dirige vers la Bourgonce et sur ce chemin, à droite, non loin du pont, quelques maisons isolées de la Salle.

Mais revenons à Nompatelize. L'agglomération est sur le côté droit de la route venant de Saint-Dié. L'église se trouve sur une éminence, vers le nord. De la route le chemin vers Etival traverse le village, du sud au nord, laisse : à droite quatre maisons (celle de M. Cunin dont il a été déjà parlé), puis le chemin du Void-de-Paru, la mairie, l'église; à gauche un certain nombre d'habitations dont l'ancienne mairie puis, plus loin, la maison Picard. La propriété Cunin est telle qu'elle était en 1870. A l'angle nord, à la croisée du chemin allant à Etival et de celui se dirigeant vers le Void-de-Paru existe toujours une place à fumier.

Le propriétaire actuel de l'ancienne mairie de Nompatelize nous l'a fait visiter, à M. le brigadier forestier Duchateau et à moi. Qu'il me soit permis en passant de remercier

bien cordialement M. Duchateau du concours dévoué qu'il m'a apporté.

L'ancienne mairie est à gauche du chemin qui va à Etival, à peu près en face de l'escalier qui conduit au cimetière qui entoure l'église. Au premier étage de l'ancienne mairie nous avons visité une pièce carrée, éclairée par une seule fenêtre située vers le milieu de la pièce et donnant sur la route d'Etival et la place qui précède l'église. Cette fenêtre est peu élevée au dessus du plancher, il est impossible de se dissimuler dans la pièce. L'unique porte est au fond de la chambre. Cette porte, les mobiles qui occupaient le premier étage le 6 octobre l'avaient laissée ouverte contre le mur du fond pour recharger leurs armes à l'extérieur et se réserver une retraite

Lorsqu'elle est ouverte contre le mur, à l'intérieur de la chambre, presque en face la fenêtre, on voit sur cette porte de nombreuses traces de balles allemandes que le propriétaire a soigneusement respectées. De l'autre côté de la route d'Etival et en longueur sur cette route se trouve l'église de Nompatelize; un mur élevé au-dessus de la route entoure le cimetière et l'église. La dernière fenêtre de l'église, côté ouest, porte les traces d'un obus qui, après avoir brisé les vitraux, est venu éclater sur le mur, à côté. Sur la partie ouest du cimetière, entre la route d'Etival et l'église, il existe deux tombes militaires. Sous le premier monument et le plus important seraient inhumés 58 ou 60 Français. Le nombre n'est pas indiqué.

L'inscription du second monument est en allemand et porte : 3 soldats allemands et 15 soldats français.

Toujours sur le côté droit de la route qui va de Nompatelize à Etival, au delà de la place vague qui précède l'église, se trouve la maison de M. Gérardin, maire de Nompatelize. La distance de la maison Gérardin à la maison Cunin est d'environ 60 mètres. Ces deux maisons sont séparées par la nouvelle mairie, puis par le chemin du Void-de-Paru. La nouvelle mairie n'existait pas en 1870.

Nompatelize est dominé, à la cote 389, par le sommet de la Molière, à 500 mètres environ à vol d'oiseau de Nompatelize, à 1.500 mètres du Petit-Jumeau et à peu près à 2.500 mètres de l'extrémité ouest de la Salle. La Molière est un point stratégique important; il domine Nompatelize jusqu'aux Jumeaux, la Salle, la ferme du Han et Saint-Remy.

Reprenant la route de Saint-Dié, nous arrivons au pont de la Salle. A droite près du pont se trouvent les scieries dont il a été parlé.

Le pont sur la Valdange franchi, la route traverse le long village de la Salle. Vers le centre, un chemin à gauche, se dirige vers la Bourgonce. Un autre chemin, à droite, gagne la partie supérieure du plateau. Avant d'y arriver, il y a, à droite du chemin, à 80 mètres de l'agglomération environ, une importante maison isolée appartenant à M. Cunin, gendre Jacquot. Ce dernier l'habitait en 1870. Non loin de là, sur le chemin rural de la Roye-du-Han qui se dirige vers l'autre extrémité du village et aboutit sur la route de Saint-Dié à la maison forestière de la Salle, se trouve une maison isolée criblée de balles, comme celle de Nompatelize. Là, de nombreux Français ont combattu. Plusieurs ont succombé. Récemment un amputé regardait mélancoliquement la portière de jardin où il avait été blessé. Puis le chemin descend vers Saint-Remy laissant la forêt à gauche vers l'ouest. la ferme du Han à droite, puis au-delà vers le nord, l'éminence de la Molière.

Avant d'arriver au pittoresque village de Saint-Remy, saluons, à notre gauche, le Monument de Saint-Remy. Là, reposent 97 Français, dont 95 mobiles des Deux-Sèvres et 2 francs-tireurs de Neuilly : le lieutenant Letourneur et le franc-tireur Legoaster. Le 6 octobre les mobiles des Deux-Sèvres se sont bravement battus entre la Salle et Saint-Remy. Ils ont tenu longtemps à la ferme du Han. Mais ils ont subi de grosses pertes. Incendié, vers midi, par l'artillerie allemande de la Molière, le Han fut évacué. Les nombreux blessés qui s'y trouvaient se traînèrent comme ils purent vers la maison la plus rapprochée où avait été improvisée une sorte d'ambulance. De Saint-Remy le chemin gagne Etival.

Revenons encore à la Salle, à l'extrémité du village, au-delà de la maison forestière, la route de Saint-Dié vers Rambervillers est en palier, puis elle gagne le Bois de Gerbaville.

A gauche au commencement de la forêt, se trouve le Monument de la Salle où sont inhumés 18 Français. L'administration forestière entretient avec soin ce champ de repos placé dans un cadre superbe.

Le soir d'une belle journée d'automne, la forêt éclairée par le soleil couchant, quand après avoir parcouru le champ de bataille on s'arrête en ce lieu calme, une impression profonde vous envahit, de tristesse, mais aussi d'espérance. C'est vers ce point, sur la route, à 400 mètres du centre de la Salle, qu'au matin du 6 octobre furent placées en batterie quatre de nos pièces d'artillerie. A droite, en contre-bas de la route, le long de la forêt, existe un petit vallon gazonné, puis une prairie humide entre la forêt et le Han, les prés Bougeux et de la Chèvre.

CHAPITRE X

Le Combat de Nompatelize (6 octobre 1870).

A peine arrivé à la Bourgonce, le colonel Perrin, inquiet de ne pas recevoir les renforts qu'il avait demandés, se rend à Epinal et laisse au commandant Brisac, du 2e bataillon des mobiles de la Meurthe, l'ordre suivant :

La Bourgonce, 4 octobre 1870. M. le commandant Brisac restera à la Bourgonce avec son bataillon et celui de M. le commandant Simonin. Le 3e bataillon, commandant Brachet, ira occuper le Haut-Jacques.

Le commandant des Vosges, signé : PERRIN.

Le commandant Brisac, ancien capitaine d'artillerie démissionnaire, était un homme de valeur, bien secondé par ses officiers, aimé de ses mobiles auxquels, par des démarches nombreuses, il avait procuré à peu près l'indispensable.

Les troupes suivantes occupent le plateau de la Bourgonce et les environs, au soir du 5 octobre : Les francs-tireurs de Colmar, de Neuilly, de Lamarche; des gardes forestiers et nationaux de la région; le 2e bataillon des mobiles de la Meurthe; deux compagnies du 1er bataillon des mobiles des Vosges; les quatre dernières compagnies du 2e bataillon des Vosges; les 5ᵉ, 6ᵉ, 7ᵉ et 8ᵉ compagnies du 3ᵉ bataillon des mobiles des Vosges, soit en totalité moins de 2.000 hommes.

Dans la nuit du 5 au 6 octobre la brigade Dupré arrive à la Bourgonce venant de Bruyères. Elle comprend : le 32ᵉ de marche, commandé par le lieutenant-colonel Hocédé, 3.600 hommes; le 34ᵉ régiment des mobiles des Deux-Sèvres, commandé par le lieutenant-colonel Rouget de Gourcez, 3.400 hommes; La 18ᵉ batterie (6 vieilles pièces de 4) du 14ᵉ régiment d'artillerie, commandée par le capitaine Delahaye.

Ensemble environ 7.000 hommes.

« Depuis 36 heures, ces hommes n'avaient pas mangé. Les quatre nuits précédentes ils les avaint passées blanches ou à peu près, trois en chemin de fer et la quatrième précédant le combat, en marche sur la Bourgonce. » (Rapport du colonel Rouget au général Cambriels).

Le capitaine du génie Varaigne, échappé de Sedan, que les Vosgiens ont revu et qui n'a laissé parmi nous que d'excellents souvenirs, était adjoint au général Dupré comme chef d'état-major.

Je n'ai pas fait jusqu'à présent et je ne ferai pas la critique des opérations militaires. Je laisse ce soin aux écrivains militaires plus compétents.

Je ne relate pas non plus toutes les actions d'éclat de ces hommes mal armés, mal vêtus, mourant de faim et de fatigue. Je ne citerai que quelques faits, m'en tenant le plus possible à l'historique de mon bataillon.

Qu'il me soit permis toutefois de déclarer, avec divers auteurs, que si le colonel Perrin, qui connaissait bien et le pays et ses hommes, avait été mieux écouté, la retraite du soir eût peut-être été évitée.

Aux 9.000 mobiles, francs-tireurs, jeunes conscrits du général Dupré, le général Degenfeld va opposer plus de 7.000 soldats d'infanterie aguerris, deux escadrons et demi de cavalerie, 12 pièces d'artillerie dont une batterie lourde.

Le plan du général Dupré était de marcher sur Raon-l'Etape, de rejeter l'ennemi en Alsace et de l'y poursuivre. Il divise sa petite armée en trois colonnes. La première à droite sous les ordres du lieutenant-colonel Dyonnet, qui commande le régiment des mobiles des Vosges, s'étend de Nompatelize aux Jumeaux, et se compose : des francs-tireurs de Colmar, capitaine Eudeline; du 2e bataillon des mobiles de la Meurthe, commandant Brisac; de deux compagnies du 1er bataillon des Vosges, commandant Simonin, et des 7e et 8e compagnies du 3e bataillon des Vosges, sous les ordres du capitaine Puny.

La seconde colonne à gauche va de la Salle à Saint-Remy. Elle comprend : deux bataillons du régiment de mobiles des Deux-Sèvres; les francs-tireurs de Neuilly, capitaine Sageret ; de Lamarche, 32 hommes, capitaine Lapicque, lieutenant Lix ; les 5e et 6e compagnies du 3e bataillon des Vosges, sous les ordres du capitaine Colle, 6e compagnie, et du lieutenant Blaison, commandant la 5e compagnie. Ce groupe est commandé par le lieutenant-colonel Rouget de Gourcez, des mobiles des Deux-Sèvres. Le colonel Perrin l'assiste. Ces deux groupes doivent s'avancer sur une ligne de plus de six kilomètres de longueur. Les troupes suivantes sont en réserve à la Bourgonce sous les ordres du lieutenant-colonel Hocédé, commandant le 32e de marche : le 32e de marche; un bataillon de mobiles des Deux-Sèvres; les 1re, 2e, 3e et 4e compagnies du 3e bataillon des Vosges, sous les ordres du commandant Brachet ; quatre compagnies du 2e bataillon des Vosges.

A 9 heures, les 1re, 2e, 3e et 4e compagnies du 3e bataillon des Vosges s'avancent vers Nompatelize au-delà de la scierie des Anailles. L'ennemi est invisible, mais le feu est intense. Les mobiles ne peuvent y répondre. Le commandant Brachet, malgré son courage et son entrain, doit abandonner la route et prendre à gauche. Lentement, les quatre compagnies avancent dans les terres, et longtemps sans pouvoir tirer. Jusqu'au soir, les premières compagnies du bataillon sont au centre entre Nompatelize et la Salle.

Quelques sous-officiers et mobiles se trouvent mêlés au 32e de ligne et combattent avec ce régiment.

D'autres mobiles repliés vers le Petit-Jumeau y font le coup de feu et s'y maintiennent jusqu'après 5 heures, poursuivis pied à pied par les Allemands qui ne peuvent laisser occupée cette position importante.

Les 7e et 8e compagnies du 3e bataillon des Vosges résistent au choc allemand pendant la journée entière, d'abord au nord de Nompatelize, puis au sud.

Enfin, les 5e et 6e compagnies se battent vaillamment autour de La Salle, d'abord à l'ouest, entre La Salle et la Forêt, puis le soir, quelques hommes, au nord de La Salle, enfin à l'est, sur la fin du combat, vers 1 heures et demie.

Voilà, en substance, pour le 3e bataillon des Vosges, le combat de Nompatelize. Venons aux détails.

« Notre bataillon va partir. Nous suivons les chemins forestiers et les sentiers dans la montagne jusqu'à la Grande-Basse, vers la Bourgonce.

« On forme les faisceaux derrière l'église et l'on nous fait charger les fusils. Un moment d'émotion.

« Les coups de canon ne cessent plus. La fusillade commence également.

« Le 32e de marche était au repos et avait commencé à faire la soupe, mais on lève le camp et en route. Il est environ 9 heures.

« Nompatelize est déjà en feu. Nous partons à notre tour, en bon ordre. Halte près de la scierie des Anailles. Un premier blessé.

« Je n'ai pas encore tiré un coup de fusil.

« Sur la route, nous sommes à découvert. Un premier obus arrive et tombe tout près de nous. On se couche. Personne n'est atteint, mais le commandant Brachet a vu qu'on nous aperçoit de loin, il commande par file à gauche. Le mouvement se fait mal. Il jure et crie : En tirailleurs.

« Un jeune officier, je ne sais de quelle compagnie, se met en avant, et veut nous entraîner. On le suit quelque temps sans hésiter.

(Cet officier doit être le lieutenant Pistor, que nous retrouverons et qui avait devancé les francs-tireurs restés à Mon-Repos).

« On oblique à droite, les obus pleuvent. Notre artillerie venait de passer au grand trot et se place devant les Jumeaux pour soutenir notre attaque.

« Un officier du 32ᵉ sur cheval blanc arrive; nous lui répondons que nous sommes prêts à marcher. Le capitaine Ostertag, de la 4ᵉ compagnie, nous remet en ordre. Mais on n'avance pas vite.

« Je monte jusqu'au haut de la côte pour voir si je puis au moins tirer un coup de fusil, mais les Prussiens sont couchés dans les champs. On ne les voit pas.

« La meunière offre du vin. L'artillerie revient prendre position derrière nous, entre la Bourgonce et La Salle. De nouveau en tirailleurs. Les heures se passent. Les Prussiens reçoivent du renfort. La bataille était gagnée à 1 heure; à quatre heures, c'est la retraite. On ne tire plus » (Notes d'un mobile de la 3ᵉ compagnie du 3ᵉ bataillon).

« Les 1ʳᵉ, 2ᵉ, 3ᵉ et 4ᵉ compagnies du 3ᵉ des Vosges étaient arrivées à la Bourgonce vers huit heures du matin. Elles avaient formé les faisceaux derrière l'église. Après trente minutes de repos, on se dirige par la route sur Nompatelize. Mais arrivés à trois cents mètres de la scierie des Anailles, les mobiles arrêtés par le feu de l'ennemi, prennent à gauche et se dirigent à travers champs sur les Fossottes, rive droite de la Valdange, à l'est du village de la Salle. Le combat s'engage. Des obus sont envoyés sur ces troupes par les Allemands, de Champé, territoire de Nompatelize. Les mobiles quittent les Fossottes et gagnent la

Caquellerie, rive gauche de la Valdange. Les Allemands sont à Malençon, rive droite. On se bat jusqu'à 4 heures du soir » (Lettres d'un forestier).

Après dix heures, entre les Jumeaux et Nompatelize, différents corps de troupe se sont quelque peu mélangés. Les combattants résistent aux Allemands et se groupent comme ils peuvent.

Le sergent André, de la 1re compagnie du 3e bataillon, un sergent de la ligne et deux soldats, abrités par un petit mamelon, font le coup de feu pendant une heure. Puis le sergent du 32e est tué et il faut abandonner le poste.

Le Livre d'Honneur de Remiremont cite : « Duval Jean-Félix, 25 ans, marié, sergent au 79e d'infanterie, tué d'un coup de fusil au combat de Nompatelize ». Le 32e de ligne comptait des hommes de divers régiments, ils avaient conservé leurs uniformes. Peut-être Duval est-il le sergent tué aux côtés d'André.

Sur l'initiative du général Dupré, le combat reprend vers une heure. Le général Dupré se multiplie. Il est partout. Il entraîne ses jeunes soldats. La lutte est acharnée entre Nompatelize pris et repris, et le petit Jumeau.

Au milieu des Vosgiens, le capitaine d'artillerie Schædlen, adjoint au général Dupré, le lieutenant Pistor, sorti en juillet 1870 de l'Ecole Polytechnique, décoré quelques jours plus tard à l'armée du Rhin, encouragent les hommes, leur apprennent à tirer, leur indiquent les positions qu'ils doivent occuper.

Le capitaine Schædlen François-Joseph, est né le 8 février 1837, à Rouffach (Haut-Rhin). Il a fait ses études au collège de Rouffach, puis au lycée de Strasbourg. Il habitait à Strasbourg, chez sa cousine, Mme veuve Cadé, qui tenait le grand café Cadé, place Kléber. Entré à l'Ecole Polytechnique en octobre 1856, Schædlen est lieutenant d'artillerie en 1863, capitaine en 1867, membre de la Commission d'expériences au camp de Châlons en 1870. Puis, comme Perrin, il s'échappe de Sedan. Sshœdlen est tué au milieu des mobiles des Vosges qu'il entraînait le 6 octobre 1870. Rouffach garde avec soin la mémoire du brave Schædlen qui fait honneur à sa grande patrie la France. et à sa petite patrie l'Alsace.

Je voudrais que ces soldats d'élite aient aux lieux où ils ont combattu et dans leur pays natal, des monuments ou même de modestes plaques commémoratives.

« Le capitaine d'artillerie Schædlen (écrit le commandant BRISAC, des mobiles de la Meurthe, un vaillant lui aussi), avait été tué après avoir excité notre admiration par son attitude héroïque ». « Au début du combat la colonne Dyonnet n'avait pu arriver jusqu'à Nompatelize... Schædlen, qui marchait avec le 58e mobiles, disposait lui-même les hommes en tirailleurs et prenant le fusil de l'un, puis de l'autre, il les encourageait à s'en servir avec calme, montrant à chacun la manière de s'y prendre.

« Une première blessure ne l'arrêta pas; il mit son bras en écharpe et continua; c'est ainsi qu'il reçut dans la poitrine, une balle qui l'acheva. » (Capitaine DUMAS page 50). « N'est-ce pas à la fois touchant et superbe, ajoute GRENEST. » « Quant au capitaine Schædlen (écrit encore GRENEST, page 76), il était tombé glorieusement à la tête des mobiles des Vosges. »

« Voici comment (continue GRENEST) le colonel Perrin parle de lui dans ses notes manuscrites » : « Venait d'arriver (à Epinal) mon ancien lieutenant, M. Schædlen, qui était de Rouffach; il était très brave, très instruit et un des meilleurs officiers de l'armée, je fus heureux de le revoir.

— Dès que je vous ai vu évadé, me dit-il, j'en ai fait autant, et j'étais sûr, d'après nos conversations d'autrefois, de vous trouver ici ».

GRENEST ajoute : « Le brave Schædlen avait-il eu le pressentiment de sa mort prochaine ? Le matin, avant la bataille, il avait enlevé sa ceinture contenant 1.080 francs en or et l'avait remise au lieutenant Proth pour être envoyée à son beau-frère, M. Mosser.

« Schædlen était un homme rempli de cœur et de désintéressement. Fils d'un premier lit, il s'était trouvé à la mort de sa mère possesseur de toute la fortune; il l'avait partagée avec ses frères et sœurs du second lit. »

« Il vint me retrouver dans les Vosges, nous dit le colonel Perrin, et le jour de la Bourgonce, après l'avoir embrassé et lui avoir remis une lettre de sa famille, je l'envoyai à l'aile droite... Ce fut lui qui se mit en tête des tirailleurs et les poussa à la rencontre de l'ennemi.

« Il eut d'abord une blessure à la joue et continua; une balle lui cassa le coude; — Ce n'est rien, dit-il, à ses soldats : en avant! — C'était un noble cœur ». « A Wœrth, (écrit encore GRENEST), il avait eu deux chevaux tués sous lui en portant les ordres du maréchal de Mac-Mahon et s'était admirablement battu à Sedan.

« Nous avons dit, en parlant de son vaillant ami le commandant Perrin, que c'était un soldat de la première République égaré dans notre temps; nous pouvons en dire autant de Schædlen : il y avait en ce jeune officier l'étoffe d'un Desaix » (GRENEST).

Lui aussi, le lieutenant Pistor, qui a rempli une brillante carrière, est blessé. Puis à son tour le vaillant colonel Hocédé est grièvement atteint. Une balle fausse le fourreau de sabre du lieutenant Méline, du 3e bataillon des Vosges. Il ne s'en aperçoit que plus tard en voulant remettre son sabre au fourreau. Ce brave officier eut le genou broyé à Cussey. Cette fois sa jambe ne fut pas protégée.

Dans le bois des Jumeaux, que l'artillerie et la mousqueterie allemandes criblent de projectiles, des isolés tenaces, font le coup de feu jusqu'après cinq heures, disputant le terrain aux Allemands jusqu'au faîte de la montagne, et ne se retirant par la forêt que faute de munitions, devant un ennemi trop nombreux.

Le caporal Emile Fleurot, du Villerin-Val-d'Ajol, (1re compagnie, 3e bataillon), reçoit une balle qui le fait chanceler. Elle s'arrête au dernier pli de sa couverture qu'il porte en sautoir. Ce n'est que deux jours plus tard qu'il la trouve dans la poche de sa capote.

Le garde Antoine Hocquaux, de la même compagnie, qui buvait dans un ruisseau assez clair, est éclaboussé par l'eau du ruisseau dans lequel vient de tomber un obus, se retournant tranquillement, il dit dans son patois de Rupt : « Voué don què brouilleron quo mé nove! (Vois donc, ils brouilleront encore mon eau! »

Que n'eût-on obtenu de ces hommes calmes, énergiques, solides, endurants, courageux, s'ils avaient été mieux organisés, préparés, équipés, armés! La nuit venue les Français défendent encore les Jumeaux. Plusieurs y restent. Les arbres de la forêt sont mutilés par les projectiles allemands.

A la tête de la 2e compagnie, le lieutenant Monnin reste jusque vers 4 heures du soir sur la droite et en avant vers Nompatelize. Dès le début sa compagnie perd 4 hommes. Puis le sous-lieutenant Daubié se laisse prendre par l'ennemi avec 30 hommes. Le général Dupré est blessé non loin de Monnin. La 2e compagnie n'abandonne le champ de bataille que rappelée par le commandant Brachet. Elle a eu 8 tués et 20 blessés. Elle arrive à Bruyères à 11 heures du soir. C'est à Bruyères que s'est retiré le brave capitaine Monnin. Il est criblé de rhumatismes qu'il doit vraisemblablement à ses misères de 1870.

La 5e compagnie, lieutenant Blaison, et la 6e compagnie, capitaine Colle, avaient ainsi qu'il a été dit, couché à la Salle le 5 octobre. Au matin du 6 octobre, elles sont postées, au-delà de la Salle dans un repli de terrain en contre-bas de la route de Rambervillers, à 400 mètres du centre du village, entre les dernières maisons de la Salle et la forêt.

Quatre pièces de la batterie française sont sur la route.

Elles canonnent les Allemands, mais sans pouvoir, pas plus que celle des Jumeaux, déloger l'artillerie ennemie de la Molière, à 2.500 mètres de là !

L'une des pièces françaises est bientôt hors d'usage.

Entre l'artillerie allemande et française, la position n'est pas tenable pour les mobiles Vosgiens. Ils se retirent sur la lisière de la forêt de Gerbaville.

Une section de la 5e compagnie, sous les ordres du sergent-major, est envoyée vers Saint-Remy.

Au retour elle ne retrouve plus le gros des 5e et 6e compagnies qui ont été postées sur la route de Rambervillers.

Le colonel Perrin place la section en tirailleurs derrière un talus.

Il n'est pas trois heures, c'est à peu près à ce moment qu'est blessé le général Dupré. Une balle lui traverse le cou. Il doit abandonner le commandement. Le général Dupré s'est bravement conduit. Il a survécu à sa blessure. Il est mort quinze ans plus tard à Blois, estimé et respecté de tous.

Le sergent Marion rencontre un blessé hors de combat. Il lui prend son chassepot et ses munitions, lui laissant son fusil à tabatière.

Le sergent Marion est un brave soldat. Proposé plus tard pour la médaille militaire, il ne l'a jamais obtenue.

Vers quatre heures le colonel Perrin, qui se connaît en hommes et a pu déjà apprécier Curien, le revoit de nouveau et l'adresse à un capitaine de mobiles de la Meurthe qui, lui, n'a plus de soldats et connaît une bonne position.

Au pas gymnastique Curien et ses mobiles traversent le village de la Salle. Curien a soif; dans une des dernières maisons il prend à la hâte un verre d'eau. Là se trouvaient deux malheureux blessés sans soins, mourant de soif, eux aussi, et réclamant des médecins.

Le courageux capitaine de la Meurthe conduit sa petite troupe en avant du moulin de la Salle au-dessus d'une carrière près d'un petit bois dominant le pays dans la direction du Han. Après avoir fait le coup de feu un certain temps, abrités derrière un petit mur, les mobiles sous un feu terrible sont obligés de se retirer vers le pont de la Salle.

Les Allemands occupent déjà la rive droite de la Valdange.

L'officier de Lunéville, faisant preuve d'un sang-froid remarquable, voit de l'autre côté du ruisseau les Allemands qui mitraillent les Français en retraite. A ce moment Curien n'avait plus avec lui que six mobiles du 3e bataillon des Vosges. Je n'ai les noms que de quatre Vosgiens : Germain Alphonse, de Cornimont; Mougel Emile, de Cornimont, tué à Cussey; Antoine, dit Lavasse, de Cornimont, disparu à Cussey; Aptel Prix, de Saulxures. L'officier qui commande cette vaillante petite troupe, et dont j'ai le vif regret de ne pas connaître le nom, demande un bon tireur pendant que les autres hommes chargeront les armes. L'officier a avec lui quatre mobiles de la Meurthe armés de chassepots. J'ignore également leurs noms. Ancien premier prix de tir du régiment, Curien s'offre, se place derrière une palissade, près d'une des dernières maisons du village, à l'intersection de la route de Rambervillers et du chemin de la Bourgonce, tire soixante-dix à quatre-vingts coups de chassepot sur l'ennemi, qui s'arrête un instant, et lui fait subir des pertes sérieuses. Un officier allemand monté, tombe de cheval, blessé ou tué. Mais les Allemands pénètrent dans la Salle, criblent, à leur tour, de balles les douze braves mobiles Lorrains, en blessent un. Il faut battre en retraite. Il est environ quatre heures et demie.

Au moulin du pont de la Salle l'affaire a été chaude. Les Allemands y ont fait 72 prisonniers. Les Français y ont eu en outre 2 tués et un blessé.

Toujours vers quatre heures et demie du soir, un garde forestier particulier tua de l'ancienne brasserie de la Salle, maison située à gauche en montant le village, un colonel Allemand dont le corps inhumé au cimetière de la Bourgonce n'a jamais été réclamé par sa famille.

« Le matin du 6 octobre, ma compagnie était à la Salle. Nous étions absorbés à préparer une sorte de ragoût à nos feux de bivouac. Engourdis par l'inaction et le froid de la nuit, nous sommes réveillés par des coups de feu, ce sont les premiers. Les gamelles sont renversées. On ne pense même pas à en retirer la viande.

« Le brouillard ne nous permet pas de voir bien loin. Nous nous demandions si le renfort annoncé nous arriverait. Enfin il vient. La colonne se répand à notre droite et à notre gauche. Nous sommes au centre. Le brouillard s'est élevé, nous laissant admirer le plateau où nous allions nous battre.

« L'ennemi s'avance vers nous; jusqu'à midi nous soutenons la lutte. Mais du renfort est venu aux Prussiens qui nous prennent de flanc sur la route de Rambervillers que nous gardions avec quatre pièces de canon. Les obus commencent à pleuvoir. Les batteries ennemies avaient pris la nôtre pour objectif. Les hommes tombent autour de nous, un cheval de maréchal-des-logis d'artillerie est traversé par un obus; la chair en est projetée contre les roues du canon et y reste fixée. L'effectif diminue, les blessés augmentent emplissant la forêt de cris de douleur. Alors c'est la retraite. » (Armand Begel, de Rupt, garde mobile à la 6ᵉ compagnie. *Manuscrit*.)

Monsieur Martin, ancien instituteur à Saint-Remy, actuellement instituteur à Uxegney (Vosges), cite ce fait que je crois devoir rapporter : « Un mobile des Vosges, originaire des Basses-Pierres, près Saint-Remy, après avoir échangé son uniforme contre des habits de paysan, prend une houe sur l'épaule, vient faire une reconnaissance à Saint-Remy, et, à chaque pas risquant la mort, s'en retourne à travers champs et va rendre compte de sa mission au colonel Rouget de Gourcez. »

Les 7ᵉ et 8ᵉ compagnies du 3ᵉ bataillon, sous les ordres du capitaine Puny étaient, avons-nous dit, arrivées le 5 octobre au soir à Nompatelize où elles avaient passé la nuit. Ce sont ces compagnies qui les premières du bataillon ont été en contact avec l'ennemi. Une grand'garde est détachée. Le lieutenant Grombach avec quelques mobiles va en reconnaissance dans la direction de Saint-Remy.

Vers six heures du matin une grand'garde, composée de mobiles de la Meurthe et postée en avant de Nompatelize, sur la route d'Etival à Nompatelize, voit arriver trois dragons Badois. Les mobiles font feu sans atteindre les cavaliers. L'alerte est donnée aux Français aussi bien qu'aux Allemands. Les Allemands installent deux pièces de la 4ᵉ batterie légère sur le sommet de la Molière.

Vers huit heures l'artillerie ennemie lance sur Nompatelize un premier obus, sans résultat, puis un second, puis un troisième qui tue ou blesse 11 hommes du bataillon de Lunéville. Les 7ᵉ et 8ᵉ compagnies des Vosges occupent la partie nord du village. C'est à ce moment et à cet endroit, me dit un mobile de la 7ᵉ compagnie du 3ᵉ bataillon, que nous reçûmes, sans être atteints, nos premiers projectiles de l'artillerie allemande.

A partir de neuf heures le brouillard qui était intense se dissipe.

Le tir de la Molière devient précis et continu. Les Allemands apparaissent au nord. Les deux compagnies doivent se replier au sud du village, en combattant, de maison en maison.

La maison Picard, où avaient passé la nuit 25 mobiles de la 7ᵉ compagnie du 3ᵉ bataillon des Vosges, est incendiée. Cette maison est près de l'église de Nompatelize, avons-nous dit.

Trois autres maisons, mais de l'autre côté du chemin,

à l'endroit où le chemin rejoint la route de Rambervillers, sont également incendiées. Seule, dans le triangle formé par les routes de Rambervillers, d'Etival et du Void-de-Paru, la maison de M. Cunin, maire de Nompatelize, reste intacte. Le maire qui, la veille et pendant toute la journée du 6 a fait son devoir, répondant d'abord aux Français, puis le soir du 6 aux Allemands, conduit sa famille dans une maison en face, moins exposée, parce que en contre-bas. Il essuie des coups de feu des Allemands qui, sans motif, veulent le fusiller. A partir de ce moment, le maire portera le brassard de la Convention de Genève.

Des mobiles, de la fenêtre de la chambre du premier étage de l'ancienne mairie de Nompatelize, tirent sur les Allemands qui, s'étant emparés de la partie nord de Nompatelize, en avant de l'église, les dominaient, les fusillaient à faible distance. En même temps de la maison Gérardin, au-delà de la place de l'église, les Allemands tirent également sur les Français qui leur répondent de la maison Cunin et de ses dépendances.

Ces exemples, d'autres qui seraient également à citer, établissent que, malgré leur inexpérience, les mobiles ont résisté courageusement aussi longtemps qu'ils l'ont pu à des adversaires bien armés et bien exercés.

Il ne faut cesser de le répéter.

Pendant longtemps un mobile, genou terre, son fusil appuyé sur l'extrémité du fumier Cunin à l'angle des chemins d'Etival et du Void-de-Paru, tire avec précision sur les Allemands qui, venant de la direction de Saint-Michel, s'avançaient vers la plaine où se trouve le monument de Nompatelize. Le champ de tir n'est plus le même. Les dépendances de la nouvelle mairie masquent la vallée. Une balle allemande atteint le moblot. Il s'incline, il reste agenouillé, la tête reposant sur le fumier. Il est mort. Son corps demeure là jusqu'au soir. Les mobiles se replient.

Toutefois quatre-vingts hommes du 2e bataillon de la

Meurthe se maintiennent dans une maison au sud de Nompatelize d'où ils tirent jusqu'au soir.

Avant midi le feu s'était ralenti. Deux compagnies du 2ᵉ bataillon du 3ᵉ régiment Badois (major Steinwach) restent longtemps couchées, immobiles près de Nompatelize, dans un vallon en dessous du petit chemin du Void-de-Paru; ils n'ont plus de munitions; ils sont à la merci d'une attaque qui ne se produit pas. Ils restent là une heure. Puis une voiture attelée d'un cheval blanc arrive. Quelques minutes après les Badois se lèvent. La lutte reprend terrible avec les Français qui gardent la plaine entre les Jumeaux et Nompatelize. Renforcée par la 2ᵉ batterie lourde et quatre pièces de la 4ᵉ batterie légère, sous les ordres du colonel Muller, l'artillerie allemande canonne furieusement Nompatelize, les Jumeaux et toute la région. Les deux pièces de quatre des Français, placées au pied de la montagne du Petit-Jumeau, puis près de la scierie des Anailles, après midi, ne peuvent atteindre la Molière et sont impuissantes à arrêter le tir des Allemands.

Du grenier de la maison dite « des Dernières Cartouches », au sud de Nompatelize, au-delà de la route de Rambervillers, un mobile, bon tireur, tire sans relâche sur les Badois, d'une ouverture en demi-cercle qui domine le vallon, dans lequel longtemps étaient restés couchés les quatre cents Badois dont il vient d'être parlé. Ses camarades lui passaient les armes chargées. Autour de la fenêtre le mur est criblé de balles allemandes, les traces se voient toujours. Puis une balle atteint le moblot, un mobile de la Meurthe vraisemblablement.

Le soir, après le combat, entre la maison « des Dernières Cartouches » et la vallée à l'endroit où se trouve le monument de Nompatelize, le sol est recouvert de cadavres Allemands. Il en est resté là un grand nombre. Trois cents peut-être. Les Allemands ont perdu le 6 octobre plus d'hommes qu'ils ne le déclarent.

Parfois des anciens, des parents viennent visiter le champ de bataille de Nompatelize (Nomme-pa-te-lize, comme ils prononcent). Ils ne parlent pas de la Bourgonce, où du reste on ne s'est pas battu le 6 octobre.

A la Bourgonce, seule la scierie des Anailles a été mitraillée. Les planches empilées étaient criblées de projectiles. Puis à la nuit quelques coups de feu ont été tirés dans la direction de la Grande-Basse par des mobiles en retraite, après avoir défendu jusqu'à la nuit les Jumeaux, poursuivis par l'infanterie allemande.

Vers 3 heures, 17 hommes de la 7ᵉ compagnie du 3ᵉ des Vosges, séparés de leurs camarades sont faits prisonniers au sud de Nompatelize. Ils virent à ce moment pour la dernière fois un chef qu'ils aimaient, le sergent-major Humbert, blessé à la main ce jour-là, tué sur le Doubs le 18 janvier.

L'un de ces hommes me disait avoir en Allemagne fait trois garnisons. Dans les deux premières la mortalité était effroyable parmi les prisonniers. L'autorité militaire à cause de la population civile, dut envoyer dans une troisième ville les survivants, heureusement pour eux.

Après le massacre des hommes, des femmes, des enfants sans défense, l'abandon des blessés, les Prussiens avaient encore trouvé le moyen de supprimer les Français captifs! Lâches!

Le 3ᵉ bataillon des Vosges a un officier fait prisonnier au combat de Nompatelize, avons-nous dit, le sous-lieutenant Daubié. Rentré à Granges dans sa famille pour se soigner, le sergent-major Humbert ne tarde pas à rejoindre son corps à Besançon, bien que non rétabli. Nous le retrouverons. Je ne connais pas exactement le nombre des mobiles du 3ᵉ bataillon, tués, blessés ou faits prisonniers. Grenest, page 63, parle, d'après le colonel Perrin, de trois hommes tués, huit blessés, onze prisonniers dont un officier. Ces chiffres sont bien en dessous de la vérité. Sans parler des mobiles morts prisonniers en Allemange, des trois mobiles « éventrés » selon la terrible expression de l'auteur d'une brochure dont nous donnons des extraits (note n° 9), nous trouvons au Livre d'Honneur de l'arrondissement de Remiremont, par M. le lieutenant Thiaucourt, les noms des mobiles tués à la Bourgonce :

DIDIERLAURENT, de Basse-sur-le-Rupt; BERNARDIN Charles-Emile, de Bellefontaine; BLANCHARD Joseph, de Bellefontaine; PIERRE Nicolas-Louis, de Bussang; AMET Jean-Baptiste, d'Eloyes; CHEVRIER Jean-Baptiste, de Ferdrupt; CHOFFEL Jules, de Fresse; DIEUDONNÉ Joseph et FEBVET Joseph, de Raon-aux-Bois; BERGUER Joseph-Emile, de Remiremont; GEORGES Claude-Eugène, de Ruaux; COUVAL Eugène, de Saint-Nabord. De plus GRANCOLAS Jean-Paul, du Tholy, est mort le 18 octobre à Saint-Dié, des suites de ses blessures; DIDIERLAURENT Joseph-Prudent, est également mort, à Ventron, des suites de ses blessures. GALMICHE Hyppolite, de Hamanxard-Val-d'Ajol a disparu à la Bourgonce et n'a plus reparu. Son acte de décès n'a pas été établi et son nom ne figure pas sur la plaque commémorative placée en mai 1913 dans le vestibule de l'Hôtel de Ville du Val-d'Ajol et contenant les noms des 43 enfants du Val-d'Ajol morts pour la Patrie pendant la campagne de 1870-1871. (note n° 10). Galmiche, né au Val-d'Ajol, le 26 mars 1847, de François-Siméon, et de Daval Marie-Anne, était ouvrier en fer et avait le n° matricule 676. Un autre nom ne figure pas non plus sur cette plaque, celui d'un soldat de l'armée active, Leclerc, de Rapaumont-Val-d'Ajol.

Le nombre des mobiles du 3e bataillon tués à Nompatelize dépasse 25, il y a eu en outre 25 à 30 blessés et 60 prisonniers au minimum.

M. Blaison, commandant la 5e compagnie, le 6 octobre, a donné deux certificats d'origine de blessures à : Girod Jean-Georges, de Cornimont, garde : éclat d'obus à la cuisse droite ; Pelletier Constant, de Basse-sur-le-Rupt, garde : balle à la main droite, indicateur ankylosé.

Le très intéressant travail de M. Thiaucourt ne parle pas des nombreux mobiles appartenant à l'arrondissement de Saint-Dié, notamment aux cantons de Gérardmer et de Corcieux, 7e et 8e compagnies.

Plusieurs cadavres furent retrouvés dans le bois des Jumeaux où les mobiles ont résisté longtemps.

Le cadavre de Pierrat Jean-Baptiste-Emile, garde à la 1re compagnie, né à Gérardmer le 17 juin 1845, domicilié au Girmont-Val-d'Ajol, où M. Pierrat père construisait une église, fut retrouvé près de la Roche du Cheval, dans le Petit-Jumeau, le 12 octobre 1870, ainsi qu'il résulte de l'état civil de la Bourgonce.

Le corps d'un autre mobile, Rival, fut découvert plus tard au sommet du Petit-Jumeau. Un inconnu, peut-être un de ses camarades, avait recouvert de branchages le cadavre de Rival et gravé son nom sur le sapin au pied duquel il fut trouvé. Un jeune habitant de Nompatelize, Emile Idoux, 25 ans, avait pris un fusil. Les Allemands le fusillèrent. Les brutes prirent soin de l'exécuter en présence de son père et de sa mère terrorisés.

Un autre civil, un ouvrier menuisier badois, fixé à Nompatelize, tirait sur ses compatriotes, d'une maison près du cimetière. Pris, il est également fusillé (état-civil de Nompatelize). Ce Badois était un jeune et bon ouvrier. L'aîné de 10 enfants, il adressait à sa famille toutes ses économies. Mais il n'avait pas voulu retourner en Allemagne pour combattre les Français qui l'avaient bien accueilli.

Les pertes des Français peuvent être évaluées à 1.500 hommes, dont plus de 400 morts, 500 blessés et 600 prisonniers.

D'après eux, les Allemands n'auraient pas perdu 500 hommes, tués, blessés ou disparus. Ce chiffre est absolument inexact. Les Allemands ont eu beaucoup plus de tués que les Français. Le nombre de leurs blessés, bien qu'inconnu, est également élevé. Ils n'ont eu que peu de disparus. Les Français ont perdu de nombreux officiers.

Le général Dupré, grièvement blessé ; le capitaine Schædlen tué; le capitaine Varaigne, blessé; le lieutenant Pistor, blessé également.

Au 32ᵉ de marche, le colonel Hocédé, grièvement blessé, un bras et une jambe brisés, meurt des suites de ses blessures. Le commandant Vitte, blessé grièvement, meurt un mois plus tard. Le lieutenant Cogneux est tué raide. Le régiment a en outre dix officiers blessés, 500 hommes tués, blessés ou disparus.

Quant aux mobiles des Deux-Sèvres (34ᵉ de marche), ils perdent : trois cents hommes tués, blessés ou disparus ; le médecin aide-major Moreau est mort glorieusement en secourant les blessés sur le champ de bataille ; le lieutenant Belot est tué ; le capitaine Rouget est blessé ; le lieutenant Le Bedel est mort des suites de ses blessures ; cinq autres officiers sont blessés.

Les mobiles de la Meurthe ont quatorze officiers, caporaux ou mobiles tués, trois officiers blessés, 21 mobiles blessés. Les pertes du 2ᵉ bataillon des Vosges se seraient élevées à 50 hommes tués, blessés ou disparus, dont le lieutenant Durand Léon, de la 2ᵉ compagnie, faisant fonctions d'adjudant-major, fils d'un ancien professeur du collège d'Epinal, ancien sergent-major de l'armée active.

La compagnie des francs-tireurs de Neuilly est cruellement éprouvée. Son capitaine, M. Sageret, ancien élève de Polytechnique, veuf et père de trois enfants, blessé grièvement, meurt des suites de ses blessures. Le lieutenant Letourneur est tué. Il y a en outre 33 hommes blessés ou disparus. Il reste de la compagnie à peine 60 hommes, sous le commandement du sous-lieutenant de Belleval.

« Le capitaine Sageret, dit Grenest, est un des plus nobles

cœurs et des plus braves soldats qui se soient sacrifiés pour la France en 1870 ».

Sous la mitraille d'abord, puis en retraite vers Bruyères, les francs-tireurs emportent leurs blessés. Ils savaient que pris par les Prussiens, ces blessés seraient martyrisés, puis achevés.

« Nous avons, dit le comte de Belleval, placé Sageret sur une petite voiture que les hommes traînent à bras à tour de rôle ; derrière lui marchent les débris de la compagnie ralliée au drapeau, qui est troué par les balles prussiennes et que le sergent A... n'a cessé de porter.

« Il est onze heures du soir quand nous atteignons Bruyères ».

Grand Jean-Baptiste, artiste peintre, franc-tireur de Neuilly, blessé le 6 octobre, est décédé à la Bourgonce des suites de ses blessures. Les hommes restant de cette compagnie de braves furent reversés dans différents corps après la Bourgonce.

Nicolas Idoux.

Il me faut maintenant relater une scène horrible. J'ai bien cherché, j'ai interrogé des anciens du pays, j'ai lu. Je n'ai rien trouvé qui puisse, non pas excuser, mais expliquer, jusqu'à un certain point, l'acte de sauvagerie inouï commis par les Badois au château Bouilly.

Cette ferme qui dépend de Nompatelize était habitée par Nicolas Idoux, sa femme, leurs sept enfants, un locataire et la femme de ce dernier.

L'aîné des enfants Idoux, un fils, avait quatorze ans, les trois plus jeunes, deux ans, et deux jumeaux de dix mois.

A 8 heures du matin, le locataire sort de la maison, puis rentre en disant : « Voilà les Prussiens ! — Laissez la porte ouverte », dit et redit Nicolas Idoux. Comme elle n'était qu'entr'ouverte, Idoux va à la porte pour l'ouvrir. Les Badois le saisissent, le fusillent, lui volent plus de deux cents francs qu'il portait sur lui. Puis ils pénètrent dans la chambre où se trouvait la famille, prennent les trois berceaux, dans lesquels étaient couchés les trois plus jeunes enfants et les mettent dehors. Ensuite ils incendient la maison et jettent dans les flammes le cadavre de Nicolas Idoux, cadavre qui fut retrouvé en partie carbonisé. Le feu a été mis sur la face est, dans un hangar attenant.

La veuve Idoux et ses enfants se réfugièrent sous un talus qu'ils ne quittèrent que le soir vers cinq heures.

Le locataire avait conduit sa femme à la cave, placé sur elle des couvertures, puis s'était caché dans une annexe. Mais l'incendie le menaçant, il dut s'enfuir. Quant à sa femme, on la fit sortir de la cave à demi asphyxiée.

A l'état-civil de Nompatelize, l'acte de décès de Nicolas Idoux, dressé le 7 octobre 1870, le porte comme décédé le 6 à 9 heures du matin.

Les villages de Nompatelize et de la Bourgonce furent particulièrement éprouvés. Mais c'est seulement le 8 que la Bourgonce fut saccagée. Le 6 au soir, puis le 7, les Allemands, loin de poursuivre l'armée française, avaient conservé leurs positions.

Reçus, le 8 à la Bourgonce, à coups de fusils par les francs-tireurs, ils se vengèrent cruellement sur les habitants.

A Nompatelize quatorze maisons, habitées par 23 ménages, furent incendiées.

Les pertes causées par l'incendie s'élevaient à 163.984 fr. 65.

Les réquisitions à 11.852 fr. 35.

La veuve Nicolas Idoux demandait 8.000 francs. Elle reçut du gouvernement français : 723 francs.

De plus, le 11 mai 1872, le Comité central de la Société nationale du Sou des Chaumières, Madame Thiers, présidente, envoya à la commune de Nompatelize une somme de mille francs pour la construction de la chaumière de la veuve Idoux. Une plaque devait être placée sur la chaumière reconstruite (Archives de Nompatelize).

A la Bourgonce quinze maisons, habitées par vingt-quatre ménages, sont incendiées, sans motif, uniquement, comme en bien d'autres lieux, pour répandre la terreur.

Les pertes sont évaluées, pour les immeubles, à 75.900 francs, pour le mobilier à 75.290 francs.

Vingt-et-un citoyens inoffensifs, dont le maire, l'adjoint, les conseillers, le secrétaire de mairie sont pris par les Allemands, le 8 octobre. Dix-huit sont relâchés le jour même, les trois autres retenus jusqu'au 12 octobre, (Archives de la Bourgonce.)

La Salle et Saint-Remy ont moins souffert.

A la Salle une seule maison a été incendiée, celle de M. Jacquot, actuellement appartenant à son gendre, M. Cunin, sur la route de la Salle à Saint-Remy.

Des coups de fusil avaient été tirés de la maison sur les Allemands. Un obus allemand avait endommagé la toiture et fait une forte brèche dans le mur.

Au moment de la retraite des Français, la maison renfermait seulement des blessés Français et quelques soldats qui les soignaient.

Furieux sans doute parce que des coups de fusil avaient été tirés sur eux de l'intérieur, les Badois cernèrent l'immeuble et y mirent le feu après avoir transporté les blessés dans une maison voisine. Mais les soldats valides ne furent pas autorisés à sortir de la maison en feu et y furent brûlés. Ils étaient 5 ou 6.

Les Allemands voulaient fusiller Jacquot. Mais il fut épargné grâce à ses supplications. Après m'avoir conté cet acte de cruauté, un habitant de la Salle me disait : « Si nous allions là-bas, nous ne serions pas aussi féroces que les Prussiens. Nous sommes un peuple civilisé. » Il avait raison. Jamais en aucun pays, à aucune époque, les Français ne se sont conduits comme les Prussiens en 1870.

. Les habitants du plateau de la Bourgonce m'ont reçu cordialement et m'ont donné beaucoup de renseignements utiles. Je les en remercie bien sincèrement et j'ajoute, dans leur intérêt, dans l'intérêt du pays, qu'il soit permis au vieux magistrat et à l'ancien carabin que je suis de donner un conseil à certains d'entre eux : celui de boire moins de goutte.

A Saint-Remy, seule la ferme du Han fut incendiée.

Charles Husson, 67 ans, fut tué à Saint-Remy, en sortant de chez lui, par une balle allemande. Mais, d'après d'honorables habitants du pays, ce décès est dû à l'imprudence de Husson.

Quand on parcourt dans les communes des Vosges les dossiers de 1870, il est pénible de constater que les réquisitions brutales du préfet allemand Bitter sont écrites d'une belle écriture anglaise. Ce sont de jeunes employés de préfecture français qui sont restés à Epinal au service de l'Allemagne. « Dans l'intérêt général » disait Bitter. C'est triste !

A la suite d'une de ces réquisitions, à laquelle ne pouvaient répondre les habitants épuisés, l'honorable maire de Nompatelize, M. Cunin, fut même emmené par les Allemands puis relâché.

Mademoiselle Lix

Je vais encore sortir du cadre que je me suis tracé pour rappeler le souvenir d'une Vosgienne d'Alsace qui fait honneur à notre petite patrie, à la France et à son sexe.

J'ai connu jadis Mlle Lix, alors qu'elle était receveuse des postes à Lamarche, et je garde de cette vaillante un souvenir ému et respectueux. Ce que j'écris je le dois à mes souvenirs personnels, à divers auteurs : Bardy, Revue Alsacienne 1883-1884; Général Ambert; à des correspondants autorisés, entre autres à un honorable habitant du plateau de Nompatelize.

Antoinette Lix, née à Colmar le 31 mars 1839, perd fort jeune sa mère. Son père, ancien militaire, l'élève en garçon. A 10 ans, elle monte à cheval et fait de l'escrime. Elle entre à Ribeauvillé au pensionnat des Dames de la Providence. A 17 ans, elle part pour la Pologne où elle est pendant plusieurs années institutrice dans la famille du comte Lubienski. En 1863, lors de la guerre de l'Indépendance, Mlle Lix prend parti pour les Polonais. Nommée lieutenant, elle est blessée. Elle est soignée par Mlle Wolovska (en religion sœur Félicienne). Guérie de ses blessures, elle reprend ses fonctions. Prisonnière, les Russes lui font passer la frontière. Elle reste un certain temps à Dresde où elle étudie la médecine. Rentrée en France en 1866, Mlle Lix soigne les cholériques dans le Nord. La guerre de 1870 la trouve receveuse des postes à Lamarche. Elle s'engage. Elle est nommée lieutenant des francs-tireurs de Lamarche. C'est le lieutenant Tony.

La compagnie de Lamarche, bien armée, avait des mousquetons d'artillerie.

Lors de la campagne de Pologne, Mlle Lix avait caché son sexe. Dans les Vosges, où elle était connue, ce n'était pas possible. Aussi l'arrivée à Saint-Dié le 17 septembre, des francs-tireurs de Lamarche fit-elle sensation.

C'est à Saint-Benoît, lors d'une reconnaissance de Raon-l'Etape sur Rambervillers, que la 1re compagnie du 3e bataillon vit pour la première fois le lieutenant Lix « Un « beau brin de fille, ma foi, sous l'uniforme de lieutenant « de francs-tireurs, écrit un gradé ».

Le 6 octobre les francs-tireurs de Lamarche se battent vaillamment à Saint-Remy et aux environs. « Sous les ordres du major Betz, débouchant d'Etival, écrit M. Martin, ancien instituteur à Saint-Remy, trois compagnies de fusiliers pénètrent dans le village de Saint-Remy occupé par les francs-tireurs de Lamarche. Le nombre a raison du courage et ceux-ci opèrent leur retraite. « Une section d'artillerie, commandée par le lieutenant Lafond de Ladébat, avait suivi le mouvement du commandant Perrin, voulant tourner la Molière.

« Un caisson d'artillerie s'embourbe dans les près fangeux de la Chèvre, il faut l'abandonner. Les Prussiens reviennent et veulent s'en emparer. La compagnie de Lamarche est postée à la lisière de la forêt. Le lieutenant Lix voit le mouvement, ordonne de ne pas tirer avant son signal. Quand les Allemands sont à bonne portée, le lieutenant décharge son fusil. Les francs-tireurs l'imitent. Les Allemands valides se retirent. »

Entre temps le lieutenant Lix donne ses soins aux blessés. Le capitaine Sageret, des francs-tireurs de Neuilly, a le genou broyé par une balle.

« Une femme, lieutenant de la compagnie de Lamarche, « dont toute l'armée a admiré le courage et le dévouement, « (écrit le lieutenant de Belleval, de la compagnie de « Neuilly), applique un premier pansement sur la blessure

« du pauvre Sageret, qui endure avec une admirable rési-
« gnation, d'horribles souffrances ».

Bien que n'ignorant pas qu'elle serait fusillée si elle était
prise vivante, car les brutes allemandes n'auraient pas,
comme les Russes, respecté et l'adversaire et la femme,
cette ardente patriote aurait tout aussi bien donné ses soins
à un Allemand.

« Une place d'honneur dans ce récit, (écrit le général
AMBERT, *Gaulois et Germains*) devrait être accordée au
lieutenant de compagnies franches qui pendant la plus
grande partie de la journée du 6 octobre, défendit le défilé
entre la Salle et Saint-Remy. Cet officier, dont la France
ne doit pas oublier le nom, est Mademoiselle Antoinette
Lix. Vers midi un gros de cavalerie badoise les chargea
furieusement, mais le tir des francs-tireurs fut tellement
sûr et rapide, que pas un des cavaliers ne put arriver jusqu'à eux. Ils firent demi-tour, laissant sur le terrain bon
nombre d'hommes et de chevaux. »

Plus tard, à l'hôpital de Lamarche, Mademoiselle Lix
soigne les blessés. Certain jour elle empêche les Allemands,
par son attitude et ses protestations, de martyriser nos
blessés.

Le Musée de l'Armée possède l'épée d'honneur qu'offri-
rent à Mlle Lix, après la guerre de 1871, les dames Alsaciennes. La garde, en vieil argent massif, présente sur la
fusée, l'Alsace, sur l'écusson, les créneaux de Strasbourg,
sur l'arc de jointure, sur une face A, sur l'autre L.

Je dois cette photographie à M. Jules Hauser, 50, rue du
Temple, à Paris.

De loin en loin, aux heures de détresse, notre Gaule produit de ces admirables femmes qui combattent avec les
hommes, parfois à leur tête, pour l'honneur et l'indépendance de la Patrie.

Jeunes Français, souvenez- vous de Mademoiselle Antoinette Lix, de Colmar. Ce fut un vaillant officier.

Résumé de la journée du 6 octobre 1870.

Les jeunes soldats engagés à Nompatelize ont courageusement tenu tête à des troupes aguerries.

Les Allemands n'étaient pas maîtres du champ de bataille, le soir du 6 octobre.

Les cols du Haut-Jacques, de Mon-Repos étaient gardés par la légion bretonne et le corps franc de Bourras qui n'avaient pu prendre part à la bataille.

Avant de combattre, les jeunes Français étaient accablés de fatigue, ils étaient mal vêtus, sans nourriture. Ils n'avaient pas dormi depuis des nuits. Ils n'avaient que de mauvais fusils. Au 3ᵉ bataillon des Vosges, les sous-officiers, caporaux et soldats étaient armés de fusils à tabatière en mauvais état, de carabines Minier et de chassepots.

Les Français avaient six pièces d'artillerie de petit calibre.

Les Allemands en avaient douze dont six de fort calibre.

Les Allemands étaient bien armés, bien vêtus, bien reposés, bien nourris, bien préparés, bien encadrés. Ils avaient de la cavalerie et cependant les Allemands harassés, déprimés, hésitants, n'osèrent avancer ni le jour même, ni le lendemain.

Le combat du 6 octobre, puis l'héroïque défense de Rambervillers, le 9 octobre, ont arrêté l'envahissement de l'Est de la France et permis de préparer l'organisation de la défense en Franche-Comté et en Bourgogne.

« C'est à peine, écrit le capitaine allemand Lœhlein, historien du corps d'armée de Werder, si nous pûmes nous maintenir en déployant toute l'intrépidité dont nous étions capables ».

L'héroïque défense du plateau de la Bourgonce par les jeunes troupes françaises permettait de bien augurer de l'avenir.

« Des recrues n'ayant jamais manœuvré, sachant à peine tirer, si mal armées que la plupart étaient obligées de se servir de cailloux pour faire mouvoir la culasse mobile de leurs fusils à tabatière. Commandés par des chefs dont l'inexpérience égalait la bravoure et le dévouement, ces pauvres fantassins, sans cavalerie, avec une artillerie très inférieure en nombre et en portée à celle de l'ennemi, avaient tenu en respect pendant 10 heures de lutte, les troupes qui venaient de prendre Strasbourg. A qui revenait l'honneur de la journée? » (*Les Vosges en 1870*, par un ancien officier de chasseurs à pied).

Les premiers coups de feu sont tirés par les Français à 6 heures du matin, les derniers après 5 heures du soir.

Les Français manquaient de munitions. La réserve de l'armée de Cambriels n'était pas arrivée.

Les Allemands avaient, pendant le combat, reçu et des renforts et des munitions.

Tout cela, il faut le redire.

Je termine mon récit du 6 octobre et renvoie le lecteur aux notes n°s 11, 12, 13. 14. 15, 16, 17, 18, 19, 19 bis. Je dois, avec d'autres documents très intéressants, à l'extrême obligeance de M. Philippe, archiviste des Vosges, conservateur du musée d'Epinal, la photographie du tableau de la Bourgonce, que je reproduis. Ce tableau appartient au musée d'Epinal. Son auteur est un peintre de talent, M. Gridel, né le 16 octobre 1839 à Baccarat, décédé le 24 décembre 1901, ancien élève de Couture, de 1858 à 1862, de Courbet, 1862 à 1863, de Feyen-Perrin, 1863 à 1867. M. Gridel a assisté au combat de Nompatelize comme capitaine commandant la 2ᵉ compagnie (Baccarat) du 2ᵉ bataillon des mobiles de la Meurthe, bataillon qui s'est vaillamment conduit le 6 octobre 1870 et dans d'autres rencontres.

La vue est prise du pied des Jumeaux. Le civil qui est à droite est le commandant Perrin. Le groupe de maisons incendiées est Nompatelize. La maison qui est au centre est la forge Idoux ou « maison des Dernières Cartouches ». L'officier atteint par un obus au premier plan est le colonel Hocédé.

L'autre tableau, également reproduit, du peintre Gridel, appartient au musée de Lunéville. La photographie m'en a été gracieusement offerte par M. Bastien, libraire à Lunéville.

Ce tableau intéresse spécialement le 2ᵉ bataillon des mobiles de la Meurthe. Le commandant Brisac est à la tête de son bataillon. Un obus vient de tuer ou blesser plusieurs hommes.

Enfin, il existe, à Paris, aux Invalides, musée de l'armée. salle Mac-Mahon, quatre aquarelles de Gridel, représentant :

1° le commandant Perrin, tel qu'il était le 6 octobre ;

2° un franc-tireur de Neuilly ;

3° un mobile du 2ᵉ bataillon de la Meurthe ;

4° un mobile des Vosges.

Je dois ces renseignements à M. le capitaine Gridel, fils du peintre; à M. le général Niox, conservateur du musée; à M. Tronc, conservateur adjoint; et les photographies publiées à M. J. Hauser, 50 , rue du Temple, à Paris.

CHAPITRE XI

Le service de santé.

Au point de vue de la préparation militaire, comme au point de vue de l'organisation du service de santé, nous n'avions pas su, avant de déclarer la guerre de 1870, profiter d'expérience chèrement acquise.

Voici, pour la guerre de Crimée (extraits du dossier de la guerre de 1870, GARNIER frères, éditeurs), d'après le Dr Chenu, « *La mortalité dans l'armée* », deux tableaux de la mortalité dans les armées française et anglaise.

Hiver 1854-1855. Période d'hostilités.

Armée française.

Effectif moyen : 75.000 hommes.

Entrés : 8.000 blessés; 78.091 malades divers; 3.149 scorbutiques; 645 typhiques. Total : 89.885.

Morts : Blessés et malades divers, 10.699; scorbutiques, 145; typhiques, 90. Total 10.934.

Armée anglaise.

Effectif moyen : 31.000 hommes.

Entrés : 3.072 blessés; 42.612 malades divers; 1.726 scorbutiques; 339 typhiques. Total : 47.749.

Morts : Blessés et malades divers. 10.650; scorbutiques, 175; typhiques, 164. Total : 10.989.

Hiver 1855-1856. Plus d'hostilités régulières.

Armée française.

Effectif moyen : 130.000 hommes.

Entrés : 323 blessés; 74.136 malades divers; 12.872 scorbutiques; 19.303 typhiques. Total : 106.634.

Morts : Blessés et malades divers, 9.940; scorbutiques, 964; typhiques, 10.278. Total : 21.182.

Armée anglaise.

Effectif moyen : 50.000 hommes.

Entrés : 165 blessés; 26.979 malades divers; 209 scorbutiques; 31 typhiques. Total : 27.384.

Morts : Blessés et malades divers, 589; scorbutiques, 1; typhiques, 16. Total : 606.

Ainsi la première année les pertes des Anglais, plus mal organisés encore que nous, dépassent les nôtres de près de 50 0/0. Mais la deuxième année les Anglais s'organisent sérieusement et ne perdent que 606 hommes soit 2 0/0 sur le nombre des entrées aux hôpitaux; alors que les Français, qui n'ont pas cherché à réparer leurs fautes, perdent près de 20 0/0.

« L'expérience acquise par ces cruelles épreuves, dit le Dr Chenu, ne peut être perdue, j'en suis certain. Ne pas profiter de ces enseignements serait un crime de lèse-humanité! »

Le crime fut commis hélas!

Lors de la dernière guerre d'Italie, d'après le Dr Chenu, le Dr Champouillon, médecin en chef du 1er corps d'armée, le Dr Richefeu, du 82e de ligne, chaque médecin des ambulances a eu 500 hommes à soigner à Solférino; les blessés de Solférino, entassés à Castiglione, n'ont même pas été pansés; à Melegnano, des blessés sont morts d'hémorragies artérielles et dont les lésions très simples n'auraient pas dû entraîner le décès; à la citadelle d'Alexandrie, il y avait 150 hommes blessés légèrement et personne pour les soigner; le 8ᵉ hussards n'avait pas de médecin, le 82ᵉ n'en avait qu'un; toute l'artillerie n'en possédait pas un seul; le 20 juin 1859, seize jours après Magenta, quatre jours avant Solférino, un concours était ouvert dans les hopitaux militaires de France pour le grade de sous-aide.

« Plus de 800 blessés ont été nourris par la commisération publique » écrit le Dʳ Champouillon.

L'empereur Napoléon III lui-même écrivait le 15 mai 1859 : « Il faut envoyer au moins 1.000 infirmiers de plus ». Le 20 mai : « Il faut compter sur 20.000 malades; 250 médecins et 400 aides seraient nécessaires. » (*Dossier de la guerre de 1870*, GARNIER frères).

En 1870 le service de santé n'était pas organisé « c'était le triomphe de l'anarchie la plus complète » écrit le lieutenant-colonel ROUSSET et il ajoute : « Sous Metz, un seul médecin a du examiner, panser, opérer même, l'énorme quantité de 400 à 500 blessés, dont beaucoup sont morts certainement faute de soins immédiats » et en note : « ce chiffre des médecins était exactement de 173 pour une armée de 250.000 hommes ». « Sur la route d'Orléans à Blois se trouvent plus de 6.000 blessés français que leur armée a laissés en arrière sans aucun secours des médecins » (FILIPPI, 125ᵉ dépêche, 20 décembre 1870). Ce chiffre de 6.000 hommes est manifestement fort exagéré.

Dans les Vosges il y avait bien un aide-major pour 1.500 ou 2.000 hommes, mais pas d'infirmiers, pas de voitures pour le transport des blessés et des malades, pas de médicaments, pas d'objets de pansement, pas d'organisation en un mot.

Une seule ambulance existait à l'armée des Vosges, celle

du Dr Gauthier, de Luxeuil, plus tard sénateur de la Haute-Saône. Le Dr Gauthier, ancien médecin de marine, ayant fait la campagne de Chine, homme courageux et dévoué entre tous, n'avait pas hésité à abandonner sa clientèle civile à Luxeuil pour marcher avec l'armée. Il avait une voiture à quatre roues recouverte d'une bâche et dans cette voiture quelques objets indispensables et des couvertures. Ses aides improvisés étaient pleins de bonne volonté, mais peu au courant du service. J'ai été un de ces aides, M. le Dr Emile Fleurot, du Val-d'Ajol, alors établi à Epinal, m'ayant donné une lettre de recommandation pour son confrère.

C'est le Dr Gauthier qui, le 23 septembre 1870, après le combat de la scierie Lajus, dans la vallée de Celles, donna ses soins au blessé Enel Hippolyte-Edmond, des mobiles de la Meurthe. Enel, transporté à la scierie, mis dans un lit, en fut arraché par les Prussiens qui le jetèrent par la fenêtre, le fusillèrent à bout portant, le frappèrent à coups de crosse de fusil et à coups de pied. Simulant le mort, Enel survécut à ses blessures, Par décret du 9 juin 1874, le garde Enel, d'Ogéviller, fut décoré de la médaille militaire.

L'acte de sauvagerie des Allemands souvent répété se passe de commentaires.

Chez les Allemands le service de santé en 1870 était parfaitement organisé. A côté des médecins militaires, des ambulances militaires, les Allemands avaient d'importantes sociétés civiles qui s'occupaient des blessés et des malades.

Aussi chez les blessés allemands la mortalité a-t-elle été réduite, alors que chez nous elle était effroyable.

Les malheureux blessés français abandonnés sans soins, non seulement mouraient, alors que parfois ils n'avaient que d'insignifiantes blessures, mais encore répandaient dans la population civile des épidémies qui ont décimé nos populations de l'Est.

Les jeunes soldats tués, morts des suites de leurs blessures ou de maladie, décédés par suite de mauvais traitements, de froid, de faim, de privations de toutes sortes, dans les écuries, dans les bagnes allemands, ont manqué à la France au lendemain de la guerre. Combien ont survécu, qui, affaibis, usés avant l'âge, ont succombé quelques années après la guerre, surtout les jeunes gens de la bourgeoisie, moins robustes, moins résistants que les jeunes campagnards !

Ne faut-il pas voir là une des causes de la dépopulation de notre pays.

Ces constatations il faut les faire afin d'éviter le retour de nouvelles hécatombes.

La guerre tue des hommes, mais l'incurie, l'insouciance, l'égoïsme des gouvernants et des citoyens en font mourir beaucoup plus !

Si les ambulances allemandes avaient été bien organisées pour soigner les blessés et les malades allemands, elles ne pouvaient soigner les nôtres.

Nos blessés prisonniers, on les évacuait, puis on les abandonnait.

Cet abandon des blessés français quand les Prussiens ne les achevaient pas, ne faisait-il pas partie d'un plan général ayant pour objet l'extermination du Welche par tous les moyens ?

C'est monstrueux ! Mais les événements nous obligent à admettre comme vérité cette épouvantable mentalité teutonne !

« L'avant-garde de la 13ᵉ division (écrit le lieutenant-colonel ROUSSET), après avoir canonné sans pitié en gare de Byans, un train de malades et de blessés qu'on évacuait sur Lyon et dont elle fit un hideux carnage !... » (Enquête parlementaire, déposition du lieutenant-colonel Reynaud, tome II, page 237).

Le grand état-major allemand reconnaît cet acte de sauvagerie, puisqu'il écrit, page 1149 : « l'avant-garde du

13ᵉ corps chassait d'abord quelques détachements français de Byans... et l'on capturait, sur la voie, un train de 400 convalescents » — Quelle victoire!

Notez, lecteurs, que je cite surtout les atrocités allemandes se rapportant à mon travail.

Lisez d'autres ouvrages, vous constaterez d'autres crimes inouis. Vous verrez, dans ROUSSET, un dessin représentant « Le Franc-Tireur brûlé vif » !

Les Français pardonnent trop volontiers et oublient facilement. Après une longue paix ils s'endorment alors que leurs ennemis veillent et se préparent à les attaquer. Les Français se laissent prendre aux flatteries, aux adulations des Allemands. Il est nécessaire de rappeler à nos compatriotes quelques-uns de ces actes de sauvagerie teutonne. On en pourrait citer des milliers. Ce serait sortir du cadre que je me suis tracé. En voici cependant quelques exemples, pris dans notre région.

Les atrocités commises à Rambervillers, après la belle défense de cette ville le 9 octobre, seraient toutes à citer, contentons-nous de rappeler les suivantes : « Dès le matin, (le lendemain) des perquisitions furent opérées dans les maisons *et les blessés qui y avaient été recueillis furent fusillés.* » (Combat de la Bourgonce et de Rambervillers Ch. MÉGEAT).

« Un garde national, Noirclair, charpentier, avait été grièvement blessé!... Les Allemands l'arrachèrent de son lit, le traînèrent par une jambe sur une longueur de 200 mètres, jusqu'à la barricade où il avait combattu et l'achevèrent à coups de feu et de baïonnette. Le corps de ce martyr du patriotisme portait la trace de 46 blessures (GRENEST).

Grenest cite encore ces faits, (extraits de la brochure : *Un Episode de l'invasion allemande dans les Vosges*).

« **Tous les cadavres des victimes, par ordre de l'autorité prussienne, furent laissés ou amenés rue des Vosges et fau-**

bourg de Saint-Dié, sur le passage des troupes et y demeurèrent pendant deux jours. Ils furent l'objet de profanations ignobles; beaucoup furent piétinés exprès par les hommes et les chevaux. Des *soldats urinèrent sur celui de Barthélemy* (29 ans, tué en combattant). Quelques cadavres avaient des cigares plantés dans les trous de balles ou de baïonnette qu'ils avaient reçus à la figure. »

« L'ennemi (dit le commandant MOLLAT, de la 3e légion des mobilisés de la Haute-Saône), avait fait grandement les choses le 12 décembre à Nogent-le-Roi. Pour prendre une ville qui n'était pas défendue (il y avait une compagnie franche seulement) il avait tiré plusieurs centaines de coups de canon, puis entrant dans la ville, des torches et des bonbonnes de pétrole à la main... il a mis méthodiquement le feu à 67 maisons ou fabriques, tuant sans pitié tous ceux qui se permettaient la moindre observation et *jetant dans les incendies tous les malheureux blessés de l'affaire du 7* qui recevaient là les soins les plus affectueux » (GRENEST).

Grenest emprunte encore aux « *Souvenirs d'Achille Maî- tré. Chatillon pendant la guerre* » le récit suivant : Ce fut alors (15 janvier 1871) que les Prussiens entrèrent à Verrey. Ils n'avaient pas reçu un coup de fusil de ce côté pendant l'engagement. Ils ne virent çà et là que quelques habitants paisibles. Leur fureur n'eut pas de bornes. Ce ne furent que hurlements affreux, coups de fusil dans les fenêtres, feux de peloton dans les rues. Les habitants trouvés dans les rues jetés à terre, hommes, femmes, enfants, indistinctement frappés à coups de crosse de fusil et de baïonnette... un enfant de quatre ans eut la tête labourée d'une balle ; une jeune femme assise au coin de son feu fut tuée à bout portant, tandis qu'elle allaitait son enfant; un vieillard également atteint d'une balle en pleine poitrine, tomba raide mort au milieu de sa cuisine... ; enfin M. l'abbé Frérot fut l'objet des plus odieux attentats ; une quinzaine de forcenés ayant pénétré chez lui. au presbytère, y ayant tout renversé, tout saccagé, le poussèrent lui et sa domestique, hors de cet asile, à coups de crosse de fusil et de baïonnette... il tombe baigné dans son sang, il venait d'être atteint en plein visage... A peine pansé, la tête enveloppée de linge, cet infortuné était conduit à l'ambulance voisine, il s'est trouvé, non pas un soldat, mais dix pour le frapper... les officiers présidaient à ces horreurs... »

Vous faut-il d'autres citations, Français ? Encore une. Ce sera suffisant, je pense.

Grenest cite encore ce passage du *Journal de la Guerre à Dijon,* par Clément JANIN : « Le commandant Braconnier est porté par les Allemands chez M. Louis Poinsard (nuit du 21 au 22 janvier 1871, à Hauteville). Là, ils lui volent sa montre, son épée et son képi ; puis ils l'injurient et le maltraitent... Une jeune fille. Mlle Eugénie Picamelot, s'était réfugiée dans la maison Calais, *sur laquelle flottaient les drapeaux de l'ambulance de Saône-et-Loire.* Elle causait debout, au milieu de la chambre, avec le domestique, quand elle tombe en poussant un cri. Une balle, entrée sous le sein droit, lui avait traversé la poitrine. Le personnel de l'ambulance accourt : la jeune fille est enlevée et portée sur un lit. M. Antoine Morin, chirurgien-major, aidé du Dr Milliat, faisait le premier pansement, quand soudain l'ambulance est envahie par des soldats allemands qui avaient enfoncé la porte.

« Aussitôt, M. Alacoque, un infirmier, se précipite au devant d'eux, tenant déployé le drapeau de la convention de Genève; chirurgiens et infirmiers crient : « Ambulance ! Ambulance ! » Les soldats allemands répondent : « Ambulance ! Francs-tireurs ! Charognes ! Capout ! » et le massacre commence.

« M. Alacoque tombe le premier. Le docteur Morin interpelle en allemand les assassins, on lui répond à coups de crosse de fusil, à coups de baïonnette, et comme il continuait ses protestations, un coup de feu en pleine poitrine l'étend mort. Il roule au fond de la chambre, contre l'horloge, sur laquelle sa tête reste appuyée.

« En même temps, MM. Dhérey, pharmacien, de Champvigy, Fleury, Legros et Morin, infirmiers, tombent grièvement blessés ; M. Berland se cache derrière le lit de l'alcôve et échappe aux Allemands. M. le Dr Milliat, déjà blessé dans la chambre, est entraîné dehors et achevé à dix mètres à gauche de la porte d'entrée. Le mobilisé blessé et un vaguemestre qui se trouvaient à l'ambulance par hasard, sont aussi poussés dehors et ils ne reparaissent plus. Un officier allemand préside à cette boucherie.

« Le pillage succède au massacre. »

J'arrête, profondément écœuré, et la citation et les récits de ce genre.

Vous souviendrez-vous, Français !

Ces mots, dans les différents auteurs, reviennent sans cesse, sonnent tristement et nous avertissent pour l'avenir.

Il n'y avait pas d'ambulances, pas de médecins, pas d'infirmiers, pas de brancardiers aux premières lignes.

Ne l'oublions pas.

Demain, si notre service de santé n'est pas admirablement organisé, la mortalité sera effrayante, plus grande qu'en 1870.

J'ai vu avec tristesse que pendant l'été de 1912, les médecins militaires étaient peu nombreux dans une de nos importantes garnisons de l'Est. Cela, il faut le dire. Je sais qu'à côté des médecins militaires, nous avons, dans l'Est, des médecins civils fort nombreux. Parmi ces médecins civils, dont le dévouement est absolu et sera à la hauteur de la lourde tâche à remplir, un certain nombre devront rejoindre l'armée, mais beaucoup resteront au pays.

A ces médecins, il faudra des aides. Ces aides doivent, dès maintenant, se préparer à être à la hauteur de leur mission, le moment venu. Nous devons surtout compter sur les femmes, puisque tous les hommes valides seront à l'armée.

Mais quels que soient le dévouement, l'adresse, l'ingéniosité de la femme, elle ne s'improvisera pas infirmière du jour au lendemain. Elle n'aura pas, quand les Allemands se rueront sur nous, à sa disposition, des objets de pansement, des médicaments, des locaux, des lits.

« D'après une statistique récente établie par M. Charrier, secrétaire de l'Union des Femmes de France, écrit M. le Dr Helme, dans le *Temps* du 18 janvier 1913, trois semaines après la déclaration des hostilités, sur une armée de 3 millions d'hommes, il y aura environ 300 ou 400.000 blessés ou malades. C'est d'une phalange de 60 à 90.000 infirmiers qu'il faudra disposer. Or, nous serions bien empêchés de trouver le nombre d'aides nécessaires, si les femmes, avec l'instinct qu'elles ont en face de la souffrance, ne s'étaient jetées spontanément dans l'action ».

Qu'il me soit permis de citer encore ces lignes émouvantes du Dr Helme dans le même article et dans un feuilleton du 21 décembre 1912. Puissent ces citations contribuer à provoquer dans l'Est et ailleurs, la création de nouvelles sections d'ambulancières.

(21 décembre 1912). — « A l'ambulance se complètera l'œuvre de salut déjà amorcée. Tout l'effort des médecins — c'est la règle nouvelle et absolue — tend à replacer le blessé dans les conditions mêmes du temps de paix. Il est évident qu'opéré au calme, loin du bruit, il aura bien plus de chance de guérir. Atteindre l'arrière et les hôpitaux de l'intérieur, tel sera donc le but suprême.

« Le patient y trouvera, avec toutes les ressources modernes, la foule de chirurgiens civils ou militaires vieillis sous le harnais ; il y trouvera surtout les mères et les sœurs des combattants qui, dès à présent, se préparent à leur noble tâche. Ici, je m'en voudrais de ne pas saluer l'intervention grandissante des femmes dans nos luttes modernes.

Un jeune chirurgien, M. le professeur René Le Fort, de Lille, rentré récemment des Balkans, me disait hier, la gorge serrée, toute l'émotion dont il fut étreint à la vue de ces phalanges d'infirmières bénévoles. Croix de Malte d'Autriche, sociétés de secours aux blessés, françaises, russes, anglaises, allemandes, tchèques, on ne voit dans les grands hôpitaux de Nisch, Belgrade ou Sofia, que des anges blancs à la Croix-Rouge rédemptrice.

« Accourues de tous les coins de l'Europe, si nos compagnes, nouvelles Sabines, ne peuvent encore séparer les combattants, du moins les réunissent-elles dans leur cœur en prodiguant les mêmes soins à tous, amis ou ennemis. N'eût-il pas été trop ingrat, dites-le moi, de ne pas s'incliner devant cette admirable levée féminine ? »

(18 janvier). — « Tandis que d'une oreille complaisante, nous nous laissions bercer par des rêves de fraternité internationale, nos compagnes, soit à l'Association des Dames françaises, soit à la Société de secours aux blessés, soit à l'Union des Femmes de France, se préparaient silencieusement à leur tâche éventuelle. Ce qu'elles ont su faire, aussi bien au Maroc que dans les Balkans, est admirable. Dans la guerre, elles ont introduit un principe de paix, et il faut les en remercier. Si, dans sa nuit sanglante, l'Europe a entendu une voix qui s'adresse aux Turcs comme aux Balkaniques, une parole qui ne s'achète ni ne se vend, qui ne connaît pas d'ennemis, une parole toute simple : « Venez à nous, vous qui souffrez, et vous serez soignés, et vous serez guéris », c'est aux femmes qu'on le doit ; et cela, il eût été bien injuste, je le répète, de l'oublier.

« Vous l'avez accomplie, cette grande manifestation, ô femmes, parce que vous avez la flamme au cœur, mais aussi parce que vous savez que votre devoir, si austère soit-il, porte en lui sa récompense. Le premier mot que l'enfant murmure en saluant la vie, c'est le nom de la mère : maman ! C'est encore ce nom qui vient sur les lèvres de l'homme à son heure dernière. Ce nom, un mourant, que vous ne connaissiez pas hier, qui demain ne sera plus, vous le murmurera peut-être un jour à l'oreille, et vous serez payées de toutes vos peines, de toutes vos fatigues, de tout votre amour. Car, à cette minute-là, vous aurez incarné les deux plus grandes figures qui aient jamais resplendi sur le monde : vous aurez incarné la Mère, vous aurez incarné la Patrie ! »

A Remiremont, il existe depuis 25 ans, une section des Femmes de France qui fonctionne parfaitement.

J'emprunte à l'*Industriel Vosgien* du 21 juin 1913, quelques renseignements sur le comité de Remiremont de l'Union des Femmes de France.

Compte-rendu de Mme la présidente :

« L'Union des Femmes de France compte en France 35.000 membres et possède un capital de près de 7 millions. Elle a fait ses preuves d'endurance et de dévouement et l'armée sait qu'elle peut compter sur elle. Remiremont a été l'un des premiers comités de l'Est.

« Ayant commencé avec rien, nous avons maintenant la promesse du Collège, avec son mobilier, pour y établir un hôpital auxiliaire de 100 lits. Nous possédons en magasin un matériel de linge, objets de pansement et de chirurgie d'une valeur de 9,090 francs et un capital de 52,238 fr. 03. Ce qui représente un total de 61,328 fr. 03.

« C'est un joli résultat pour 25 ans d'efforts, mais ce n'est pas suffisant. Il nous faut plus d'argent, plus de matériel. Il nous faudrait surtout plus d'infirmières capables et instruites de leurs devoirs quand elles devront soigner nos soldats ».

Dans ce compte-rendu, je relève cette phrase : « Il nous faudrait surtout plus d'infirmières ». Courage, Mesdames. Mais dites-vous bien, Mesdames, que les Allemands, dans la prochaine guerre qu'ils nous imposeront, quand ils croiront l'heure venue, seront encore plus barbares qu'en 1870.

Ils ne respecteront guère que le brassard des infirmières. Et encore! La tâche sera lourde, mais vous serez à même de la bien remplir.

Dites-vous bien encore que plus nous serons forts, mieux nous serons préparés de toutes façons, plus nous aurons de chance d'éviter la guerre.

Il m'a été affirmé par une infirmière de l'Union des Femmes de France, qui était restée six mois dans les Balkans, lors de la dernière guerre, que les ambulances étrangères étaient mieux organisées que les nôtres. Les infirmières allemandes sont beaucoup plus nombreuses, mieux exercées, plus disciplinées. Hâtez-vous, Femmes françaises, de vous organiser, si vous ne voulez pas que, lors de la prochaine guerre, les infirmières de la Croix-Rouge allemande soignent vos pères, vos frères, vos maris, vos fiancés, après avoir donné tous leurs soins à leurs blessés, c'est-à-dire trop tard, hélas ! pour s'occuper utilement des nôtres.

Il faut des sous-comités dans chacune des vallées de l'arrondissement de Remiremont.

Les Allemands ne franchiront pas les Vosges comme ils l'ont fait en 1870. Les Suisses ne les laisseront pas envahir leur territoire. Les Belges finiront par comprendre que pour sauver leur indépendance, ils doivent également barrer la route aux Teutons. Mais où qu'ait lieu le choc, des masses de blessés et de malades seront évacués vers les pays non envahis, aussi bien du côté français que du côté allemand.

En 1870, les Allemands avaient des trains sanitaires parfaitement compris. Le Dr Wasserfuhr a écrit sur ce sujet un livre : « *Quatre mois dans un train sanitaire* » Traduit par le Dr Morache, Annales d'hygiène et de médecine légale, T. 37, 1872.

Que de services ce médecin n'a-t-il pas rendu à sa patrie ! Combien de vies humaines a-t-il sauvées ! En France, il aurait sa statue. Les Allemands n'en élèvent plus qu'à ceux qui tuent !

Les Vosges recevront leur grande part de ces malheureux blessés.

Bien soignés, beaucoup survivront. Mal soignés, presque tous succomberont, amenant avec eux dans nos pays de l'Est, les terribles épidémies qui accompagnent les guerres : choléra, petite vérole, typhus, etc.

Vosgiennes, il est de votre devoir, il est de l'intérêt des vôtres et de vous-mêmes de former des sections de secours aux blessés.

Dans ma chère vallée de la Combeauté, le Val-d'Ajol et Fougerolles ont ensemble une population de près de 15.000 habitants. Il y a au Val-d'Ajol deux excellents médecins et deux pharmaciens dévoués. Ils sont âgés et resteront au pays. Il en restera également à Fougerolles,

Au Val-d'Ajol, quelques dames font partie de Sociétés de secours aux blessés. Elles vont à Remiremont. Mais Remiremont est loin. Il n'y a plus de moyens de communications avec le chef-lieu.

Un sous-comité vient de se former au Val-d'Ajol. Travaillez, restez disciplinées et unies, vous prospérerez, vous serez utiles, mesdames.

Il est de mon devoir d'ancien infirmier vosgien de donner à ce groupe en formation quelques conseils :

Accepter le moins possible d'hommes dans le groupe, en dehors des médecins pharmaciens et anciens infirmiers. Jusqu'à 45 et même jusqu'à 50 ans les hommes partiront. Inutile de leur demander leur concours en temps de paix, puisqu'ils devront être à l'armée en temps de guerre. S'entendre avec l'hôpital de Luxeuil pour les opérations chirurgicales importantes. Ces opérations ne pouvant avoir lieu à l'hospice du Val-d'Ajol, faute de salle spécialement aménagée (le conseil municipal fera un jour cette dépense nécessaire, je l'espère).

Pour le transport des blessés, pour faciliter la tâche des médecins et des infirmiers, il serait bon qu'une automobile d'ambulance soit, en temps de guerre, réservée pour le service de la section. Les jeunes automobilistes et leurs voitures partiront pour l'armée. Il faut donc s'entendre avec un propriétaire d'auto âgé, pour que son auto, aménagée, soit mise à la disposition du groupe en temps de guerre.

Faire des approvisionnements de linge, de matériel, car dès l'entrée en campagne il faudra être prêt.

Suivre des conférences, des cours pratiques. Apprendre à soigner courageusement les blessés et les malades.

Diviser le groupe selon les aptitudes, de façon que chaque adhérente connaisse exactement sa mission.

Je m'arrête. La section mère de Remiremont, l'Union des Sociétés de Secours aux Blessés, de Paris, sauront vous donner les renseignements utiles, Mesdames.

Les Dames du Thillot, les Dames de Plombières, si habituées à donner leurs soins aux malades, viennent également de créer des sections de Secours aux Blessés. Ces sections s'entendront entre elles, se partageront la besogne sous la haute direction de la présidente et du bureau du groupe central de Remiremont. En vous entendant bien, en travaillant consciencieusement, vous rendrez, Mesdames, des services inappréciables à la Patrie.

Avant de parler à nouveau du passé, je veux encore formuler un vœu : celui de ne plus voir, lors de la prochaine guerre, les hommes porteurs de brassards, nombreux et souvent inoccupés, dans les grandes villes, mais plutôt rares sur les champs de bataille.

Le *Temps*, du 6 mars 1913, reproduit en partie une conférence à l'Académie de médecine, du professeur Monprofit, chargé d'organiser à Salonique, le service de la Croix-Rouge hellénique. Le professeur Delorme, membre de l'Académie, ancien médecin inspecteur de l'armée, après s'être associé à l'hommage rendu par le Dr Monprofit au médecin principal Arnaud, qui a organisé le service sanitaire de l'armée grecque, ajoute : « Si une guerre devait nous appeler sur les champs de bataille, on peut être assuré que la chirurgie militaire française est d'ores et déjà à l'heure actuelle tout à fait à la hauteur de son rôle et prête à le remplir ». Avec la savante assemblée, applaudissons à ces paroles réconfortantes.

Mais revenons au passé.

J'ai évalué, faute de renseignements précis, à 500 le nombre des blessés français à Nompatelize, d'accord en cela avec le grand état-major allemand. Que sont devenus ces blessés ? J'ai peu de renseignements.

A Nompatelize, à la Salle, on manquait d'eau. Les blessés mouraient de soif. Les médecins étaient en nombre très insuffisant. L'un d'eux, avons-nous dit, avait été tué à l'ennemi en secourant ses hommes sur le champ de bataille. C'est une mort glorieuse. Il ne faut pas laisser dire et répéter que les médecins et les infirmiers sont des poltrons. Leur rôle est sublime. Sur le champ de bataille, dans les ambulances de première ligne, dans les ambulances où sont isolés les malheureux atteints de maladies contagieuses, ils sont plus exposés que les combattants.

Le 6 octobre, un autre médecin fut également blessé, le sous-aide major Chardin, du 2ᵉ bataillon de la Meurthe.

Lors de l'incendie du Han, les blessés durent se réfugier dans une maison voisine de Saint-Remy, transformée en ambulance provisoire. C'est près de Saint-Remy que le lieutenant Lix donna les premiers soins au capitaine Sageret.

Dans la nuit du 6 au 7 octobre, de nombreux blessés furent transportés les uns à l'hôpital de Saint-Dié, les autres à celui de Bruyères, d'autres furent recueillis à Saint-Dié par des sociétés privées ou des particuliers.

« Dans la nuit du jeudi 6 au vendredi 7 octobre, écrit Bardy, *Saint-Dié pendant la guerre*, à 11 heures et demie et à 1 heure, seize blessés arrivent à l'hôpital de Saint-Dié ».

Des membres de la Loge Maçonnique de Saint-Dié, dont le local était alors situé au bas de Grattain, partent le soir de la bataille de Nompatelize avec des voitures à échelles et ramènent 15 soldats français blessés; d'autres francs-maçons préparaient des lits dans la grande salle du premier étage, et pendant un mois les blessés sont soignés et nourris par les francs-maçons de Saint-Dié. Tous les blessés survécurent. Je souligne ce fait : Tous les blessés survécurent. Là où les blessés furent soignés de suite et bien, peu sont décédés. Souvenons-nous !

Le vaillant colonel Hocédé, soigné avec dévouement par le digne curé Bayard et la domestique de ce dernier, subit seulement dans la nuit du 7 au 8 octobre, à la cure de la Bourgonce, une double amputation. L'opération fut faite consciencieusement par le médecin militaire allemand Dr Keller, assisté de deux aides français. Mais Hocédé ne survécut pas.

Hocédé, Léandre-Frédéric, né le 26 novembre 1824, à Verville, commune de Presles (Seine-et-Oise), mourut à la Bourgonce le 9 octobre 1870. (Etat-civil de la Bourgonce).

Je tiens à déclarer que les médecins militaires allemands et leurs collaborateurs ambulanciers, militaires ou civils, ont bien soigné nos blessés, particulièrement nos officiers.

Ce ne sont pas les ambulanciers allemands qui abandonnaient volontairement nos blessés. Quand ils le faisaient, c'était par ordre supérieur.

Le colonel Muller, l'officier Badois auquel les Allemands doivent en partie le succès relatif du 6 octobre, bien que blessé grièvement, survécut, lui, à ses blessures, admirablement soigné qu'il fut à Raon-l'Etape, chez des Français.

D'autres blessés furent conduits à l'hôpital de Bruyères, puis à Epinal. La veille de Nompatelize, 5 hommes du 3e bataillon des Vosges, dont le mobile Petitdemange, Joseph-Constant, (classe 1868), de Ventron, 4e compagnie, avaient été envoyés à Bruyères, sous les ordres du sergent Lalevée, de Gérardmer, 8e compagnie, pour aider les médecins à soigner les blessés. Ce sont toujours des infirmiers improvisés, hélas ! N'oublions pas ces fautes. Evitons-les.

Petitdemange passa ensuite à l'hôpital d'Epinal. Plus tard, il entra, blessé par les marches forcées, à l'ambulance du lycée de Besançon, puis fut évacué sur Nice, ensuite sur Oran.

A ma connaissance, un seul blessé de Nompatelize a reçu la médaille militaire, Demange, Louis-Philippe, du Val-d'Ajol, garde mobile à la 1re compagnie qui, comme ses camarades, avait fait son devoir.

Plusieurs blessés, originaires de l'Est, se firent soigner dans leurs familles, heureusement pour eux, puis rejoignirent leurs corps après guérison.

« Pendant le combat (combat d'Epinal du 12 octobre 1870), écrit MERLIN, *Souvenirs d'un Volontaire*, on put évacuer sur Gray le matériel du chemin de fer, d'une valeur de 4 millions, la caisse de la trésorerie générale, et tous les blessés de l'hôpital militaire, environ 400 hommes venant de la Bourgonce ».

TROISIÈME PARTIE

BESANÇON

CHAPITRE XII

La Retraite des Vosges.

Le 6 octobre les troupes qui venaient de combattre à Nompatelize, La Salle et Saint-Remy, arrivent à Mon-Repos à partir de 5 heures du soir.

Le colonel Perrin ne voulait pas abandonner cette position. Il n'est pas entendu.

La retraite sur Bruyères est ordonnée. « Après comme avant la bataille, le commandant Perrin voulait que l'on défendît les défilés boisés sur lesquels on se trouvait; mais son avis ne prévalut point (écrit GRENEST). La retraite fut décidée sur la Vologne. »

Le 3ᵉ bataillon des Vosges arrive à Bruyères, à partir de 10 heures du soir. Les blessés sont nombreux, seuls ils reçoivent des billets de logement.

Le sous-lieutenant Méline, de la 1ʳᵉ compagnie, le caporal Emile Fleurot et le garde Hocquaux couchent aux Rouges-Eaux, chez Henrion. Mais dans la nuit ils sont réveillés et partent pour Bruyères.

Le sergent André, de la 1ʳᵉ compagnie, et le sergent Demange, de la 2ᵉ compagnie, sommeillaient près d'une maison à Bruyères, vers 10 heures du soir, quand deux vieilles miséreuses les interpellent. Elles n'ont qu'une mansarde pour logement. Elles l'offrent aux deux sous-officiers qui leur donnent de l'argent pour acheter des vivres. Les mobiles s'endorment dans le taudis avant que la viande soit cuite. Impossible de les réveiller! Ils n'avaient pas reposé depuis des nuits! Et ce n'est que le lendemain, vers 10 heures, qu'ils peuvent faire honneur au repas préparé pour eux.

Un certain nombre d'hommes du 3ᵉ bataillon couchent à Brouvelieures.

Le sergent-major de la 5ᵉ compagnie et 32 hommes de cette compagnie obtiennent à la mairie de Bruyères un laissez-passer pour Champ-le-Duc où le maire et les habitants leur font un accueil chaleureux, dont les survivants ont gardé le souvenir.

Le lieutenant Blaison, commandant la 5ᵉ compagnie qui s'était vaillamment conduite pendant toute la journée, tombe de fatigue sur un tas de pierres. Deux hommes de sa compagnie, le sergent-major et Oscar Géhin, de Ventron, le conduisent chez une brave femme qui lui cède son lit.

« Nous arrivons, écrit le garde Bégel de la 6ᵉ compagnie, à la gare de Bruyères à une heure avancée de la nuit. On couche dans la boue. Le lendemain, au milieu de nous, se trouve un porc égaré! Les ventres étaient creux. La pauvre bête perdue fut saignée avec un couteau de poche, puis partagée. »

Bref : la nuit du 6 au 7 octobre est pénible pour tous. Les jours et les nuits qui suivent le seront davantage. Le 7 octobre le général Cambriels arrive à Bruyères, résolu à défendre le massif compris entre Bruyères, Remiremont et Gérardmer. (Capitaine DUMAS, page 59.)

Ce plan, le général ne peut le mettre à exécution.

Contentons-nous de suivre notre bataillon dans sa retraite sur Besançon. Le 7 octobre, le 3ᵉ bataillon est réuni à Bruyères. Les compagnies se reforment. Il ne manquait que deux hommes à la première compagnie : Gstalder qui revient quelques jours plus tard et Galmiche Hyppolite de Hamanxard-Val-d'Ajol qu'on ne revit plus.

Quantité de fusils et de munitions sont déposés à la mairie. Le sergent-major Curien échange son fusil à tabatière en mauvais état contre un chassepot et fait provision de cartouches.

On distribue des capotes, des pantalons, des gamelles, du pain, du lard. Le bataillon campe dans la prairie, sur la route de Granges. Il pleut pendant toute la nuit. Quelques hommes ont pu se procurer de la paille. Mais les prés sont pleins d'eau. La nuit est mauvaise.

Le 8 octobre, vers 10 heures du matin, le 3ᵉ bataillon se met en route vers Corcieux par Granges où il arrive à 1 heure. De Granges, les différentes compagnies sont de grand'garde cantonnées ou logées dans les fermes isolées, aux Arrentès-de-Corcieux et aux environs. Les habitants reçoivent leurs hôtes de leur mieux. La pluie ne cesse de tomber. Pendant la nuit il faut changer les sentinelles de demi-heure en demi-heure.

Le dimanche 9 octobre il est fait une distribution de vivres. Les mobiles reçoivent un quart de vin. La pluie, mêlée de neige, tombe toujours. Les compagnies restent sur place. Toutefois la 5ᵉ va à Gerbépal et est de grand'garde. Les hommes sont trempés jusqu'aux os (écrit Curien).

Le 10 octobre, au jour, il faut partir. Le 2ᵉ bataillon des Vosges passe. Le 3ᵉ bataillon suit. Il faut abandonner la soupe préparée. Le bataillon traverse de nouveau Granges vers midi, puis se dirige sur Jussarupt. La 1ʳᵉ compagnie est de grand' garde. Les autres compagnies campent près de l'église. Le caporal Emile Fleurot de la 1ʳᵉ compagnie est indisposé. Il a de la fièvre. Les camarades Eugène André et autres le soignent.

Le 11 octobre la 3ᵉ compagnie est de grand'garde sur le bord de la route. La pluie ne cesse de tomber. A quatre heures du matin, départ. Le 1ᵉʳ bataillon des Vosges passe.

puis l'artillerie. Puis vient le 3ᵉ bataillon. A plusieurs reprises il avait fallu porter les petites pièces de 4, les chevaux ne pouvant faire avancer les affûts dans les chemins étroits de la montagne.

Le général Cambriels est à la tête des troupes. Il souffre cruellement de sa blessure à la tête. Pendant plusieurs heures on stationne à Champdray. Puis le bataillon repart à la nuit tombante. Le lieutenant Blaison commandant la 5ᵉ compagnie fait allumer de grands feux pour tromper l'ennemi qui suivait de près. Le 11 les derniers coups de feu sont tirés à Brouvelieures et à Bruyères par les francs-tireurs de Bourras qui tiennent en échec une brigade badoise.

Des sommets on voit un village en flammes. C'était Laval, les Prussiens ont incendié sans aucun motif la maison du maire (note nᵒ 20). A 11 heures du soir le bataillon est au haut de Champdray. Repos de deux heures. Il fait froid. On a foulé la première neige à Champdray. Puis départ pour le Tholy où le bataillon arrive le 12 avant le jour. Enfin arrivée à Dommartin où le bataillon attend des ordres.

Le 13 octobre, à 1 heure du matin, le bataillon quitte Dommartin par Rupt, pour gagner le Mont-de-Fourche et Besançon. Les officiers avaient été autorisés à se rendre à Remiremont. Dans la nuit du 12 au 13 ils rentraient à Dommartin accompagnés de parents et d'amis qui les quittaient, le cœur gros, au moment du départ vers 1 heure. Le père du lieutenant Méline, le père du sergent André, mon père étaient là. J'étais déjà arrivé à Remiremont et n'ai pas vu mon père. Le fourrier Gustave Picard, un enfant de 17 ans, dont la famille habitait Remiremont, n'avait pas, lui, d'autorisation. Mais il manquait d'argent, de vêtements, de chaussures surtout. En route pour Remiremont, il est aperçu par le colonel Perrin qui le menace de le faire fusiller, s'il le retrouve. Il n'en a rien été.

« La **défaite** a passé sur nous (écrit le commandant Brisac). Le froid et le besoin de sommeil se font sentir d'une manière cruelle. A chaque pause, les officiers sont obligés d'employer la force contre ces hommes qui ne peuvent résister à la fatigue, et qui se couchent à terre, là où ils s'arrêtent. Quelques-uns dorment en marchant, tombant au moindre obstacle que leur pied rencontre.... Les voitures de toutes sortes trottent sur la route, rompant sans cesse les rangs de l'infanterie. Puis, ce sont les officiers à cheval, les escortes qui, se pressant, augmentent à chaque instant le désordre et le pêle-mêle. Le temps est affreux, la pluie tombe à flots et la nuit la plus sombre nous environne. »

« Au milieu du désordre produit par l'enchevêtrement des unités, épuisés de fatigue, souvent sans pain, les hommes avaient marché jour et nuit. Certains corps partis de la Vologne le 12, atteignaient Besançon le 15 ayant parcouru 130 kilomètres en trois jours et demi de marche affolée. » (Commandant Euvrard.)

« 17 octobre. — Besançon est inondé de troupes de toutes armes, portant non des uniformes mais des costumes de toutes sortes. Les hommes bordent les routes, les uns couchés et endormis, d'autres, l'air fatigué, profitant des derniers rayons du soleil d'automne; quelques-uns nettoient leurs fusils rouillés par les pluies de ces jours derniers. Que de misères se révèlent! Que de souffrances supportent ces malheureux! Quelle résignation de leur part! Quel spectacle navrant pour celui qui, reposé, ne manquant de rien, a le temps de voir et de réfléchir. » (Euvrard, d'après Estignard. *Notes journalières.*)

« Le 11, dans l'après-midi, les troupes se mettaient en retraite..... Deux jours après, elles avaient atteint l'Ognon à Mélisey et Lure, ayant une arrière-garde à Faucogney. Mais dans des conditions extrêmement pénibles, par un temps affreux, sans distributions régulières, sans repos même la nuit » (ROUSSET).

« Le 12 octobre au matin, les patrouilles de cavalerie envoyées sur Faucompierre et Champdray mandaient que l'adversaire était en retraite sur Remiremont et Gérardmer » (Grand état-major prussien, page 311).

« Le général Cambriels s'était mis en marche dans la nuit du 13 au 14 octobre, avec ses troupes réunies à Remiremont à la suite de leurs échecs » (même ouvrage, p. 313).

« Le 11 au soir, le mouvement de retraite commençait. Des feux de bivouac restaient allumés pour tromper l'ennemi et dissimuler le départ. Remiremont et Dommartin avaient été assignés aux troupes comme direction première... Le 13, les colonnes atteignaient Lure, Melisey et Faucogney » (capitaine DUMAS).

Le 11 octobre au soir j'étais à Laveline-du-Houx avec l'ambulance Gauthier. Nous pensions coucher là. A la nuit, ordre de partir. A minuit nous étions au Tholy. Là le D' Gauthier nous fait manger une formidable omelette, puis départ pour Remiremont. Comment ai-je fait le trajet : je l'ignore. J'étais harassé. Ce que je sais, c'est que le 12, tard dans la matinée, je me suis réveillé dans un bon lit. Le même jour, vers 4 heures, de nouveau nous recevons l'ordre de partir. Mon ami et camarade d'enfance, Constant Sibille, du Val-d'Ajol, venait d'assister au siège de Strasbourg, comme élève de 1ʳᵉ année du service de santé militaire. Il se joint à nous. Sibille est maintenant en retraite. C'est un de nos oculistes les plus distingués de l'Est. Notre voiture d'ambulance est dans la cour de l'hôpital, mais plus de cheval. Le Dʳ Gauthier, fort avisé, voit passer une voiture se dirigeant vers Rupt. Il réquisitionne le conducteur et le cheval blanc. Le cheval et la voiture appartenaient à Monsieur Viry, de Lette, commune de Rupt. La voiture ramenait à Rupt deux demoiselles Viry, le jeune Viry, du pain et d'autres provisions. On attelle le cheval à notre voiture, celle de Viry est rentrée dans la cour de l'hôpital et nous partons. Non loin de Remiremont, à la Madeleine, Mlles Viry, qui avaient pris les devants à pied, reconnaissent et leur conducteur et leur cheval. Exclamations! Sibille et moi, galamment, nous offrons des places qui sont refusées. Et nous continuons.

Quelle étape que cette étape de Remiremont à Rupt! Il pleuvait toujours. Les troupes étaient mélangées. Les hommes marchaient depuis des jours et des nuits. Beaucoup d'entre eux avaient fait et allaient faire 50 et même 60 kilomètres chaque jour, sans aucun repos. Leurs vêtements étaient complétement mouillés. Ils avaient manqué de nourriture. Ils étaient exténués. C'était navrant. Eviter la guerre, mes chers compatriotes, c'est fort beau. Mais comme nous sommes, Français, à la merci d'un acte de brutalité teutonne, préparons-nous à repousser l'envahisseur!

Près de Lépanges, je vois un capitaine âgé, dont l'état était lamentable. Ses yeux nous imploraient. Que faire! Je lui jetai sur le dos une couverture. D'un geste il remercia. Le Dr Gauthier n'avait sans doute pas voulu voir. A la nuit nous sommes au village de Rupt. On s'arrête près de la propriété Forel. Nous avions un officier malade, on lui donne du bouillon. Puis en marche de nouveau. Arrivés à la maison Viry, à l'angle de la route nationale et de la route du Mont de Fourche, nous sommes entourés par la famille Viry qui nous demande de laisser reposer le cheval et nous invite à entrer. Nous y consentons. Dans la grande salle à manger du rez-de-chaussée, à gauche, en entrant, il y avait un bon poële de faïence bien chaud. Nous l'entourons. Les jeunes filles se mettent à dresser de nombreux couverts sur l'immense table. Voulant nous faire pardonner l'incorrection que les nécessités de la guerre nous avaient fait commettre, nous nous mettons à les aider. Quelle est notre surprise quand nous nous voyons, invités,

avec de nombreux officiers, à prendre place à cette table!
En échange on ne nous demande qu'une chose : renvoyer
l'homme et le cheval le plus tôt possible. Ce qui fut fait.
Après le dîner, départ pour le Mont-de-Fourche, puis Cor-
ravillers, dont les gardes nationaux ne voulaient pas nous
laisser passer, enfin arrivée à Faucogney fort tard dans
la nuit. Nous sommes, Sibille et moi, bien reçus et logés
chez le médecin du pays.

Pendant que l'armée française battait en retraite sur
Besançon, Epinal était, le 12 octobre, après une belle résistance, occupée par l'armée de Werder. Un grave personnage, se disant alsacien en fuite devant l'invasion, prenait,
depuis quelque temps, ses repas à l'Hôtel du Louvre, au
milieu des officiers français (GRENEST) faisant évidemment
son profit de ce qu'il entendait. Car le Prussien est presque
toujours doublé d'un espion. C'était M. Bitter, le préfet allemand des Vosges, qui attendait l'arrivée des troupes Prussiennes et le départ du préfet français pour prendre son
service à la Préfecture. Plus tard, M. Bitter a été commis-
saire civil à Nancy, puis ministre des finances prussiennes
(note n° 21).

Le 3ᵉ bataillon arrive à Faucogney le 13, vers une heure
du soir. On manque de pain. Les billets de logements
étaient déjà donnés. Mais à 4 heures on bat la générale et
il faut continuer sur Melisey, où le bataillon arrive à
10 heures du soir, toujours par un temps épouvantable.
Le bataillon est logé à l'église dont les allées étaient trans-
formées en ruisseaux. Beaucoup d'officiers et de soldats se
casent en ville. La fatigue est extrême. Les mobiles marchaient depuis près de 24 heures. Le général Cambriels, qui
avait voulu sauver son armée d'un désastre, et, en petit,
d'un nouveau Sedan, disait aux officiers : « Si je puis vous
conduire sains et saufs à Besançon, ce sera le plus beau
fait d'armes de ma vie. » Il y parvint, mais les troupes
étaient dans un état lamentable.

Le 14 octobre, rappel au jour. Le bataillon se dirige sur Courchaton.

Le 15 octobre, le 3e bataillon prend la route de Baume-les-Dames, où il arrive à la nuit, toujours par la pluie. Le lieutenant Blaison, envoyé avec deux hommes à Baume-les-Dames pour préparer le logement, y arrive seul ayant fait 18 kilomètres en une heure et demie. Le lieutenant Blaison était un excellent officier, toujours au milieu de ses hommes, se faisant même réprimander parce qu'au lieu d'assister à un repas d'officiers, il a tenu à être avec ses mobiles.

Le dimanche 16 octobre, distribution de vivres. Les blessés prennent le train pour Besançon où la 3e compagnie parvient le soir même. Elle couche aux Chaprais. Le surplus du bataillon arrive successivement, il est défendu de pénétrer en ville. Le 17, aux Chaprais, je retrouve mes compatriotes. Le Dr Wittmann, retenu à Raon-l'Etape par les Prussiens pour soigner les blessés, n'était pas avec le bataillon. Je prends sa place.

Le bataillon se reforme.

Le 19 octobre, distribution de tentes et de souliers. On devait changer les fusils à tabatière contre des chassepots, il n'en fut rien. Jusqu'au 19, les hommes travaillent aux fortifications de Palente.

Le 19 octobre, le bataillon se dirige sur Chalezeule où il campe. Le sergent André, le sergent Mathieu et moi nous nous étions quelque peu attardés en ville, à notre retour aux Chaprais, le bataillon était parti. Il fallut le rattraper, André eut à courir, car il avait confié son sac à un artilleur et son sac contenait sa réserve : 100 francs en or. A Chalezeule, tous trois, nous couchons chez l'instituteur où nous sommes cordialement reçus.

La 1re compagnie est de grand'garde.

CHAPITRE XIII

Combat de Cussey (**22** octobre 1870).

Le **20**, au matin, départ pour Besançon. Le lieutenant Parisse, de la 1re compagnie, reste à Chalezeule avec une section et des éclopés.

Le bataillon stationne longtemps sur la place de la gare. La pluie tombe. Quelques camarades et moi nous nous réfugions dans un bal public des Chaprais. La vaste salle est jonchée de paille. Une grande quantité de soldats y sont couchés. Je m'allonge à l'orchestre où c'est plus propre.

Le **21**, avant le jour, nous rejoignons le bataillon qui a passé la nuit sur la place de la gare. Puis nous partons pour Pouilley-les-Vignes où notre bataillon arrive vers midi. Je marche en tête de la 1re compagnie, à côté du capitaine Thiéry. Il voudrait remplir d'eau-de-vie sa petite gourde. Je m'offre. Sur la droite de la route, à l'entrée du village, au fond d'un passage, j'entre, à gauche, dans une maison de braves cultivateurs. Le chef de la famille remplit la gourde, mais ne veut pas d'argent. Je rejoins le capitaine Thiéry qui me reçoit mal, il est mécontent parce que je n'ai rien payé. Je m'y attendais. Je savais qu'il ne voulait rien accepter sans payer. La brigade s'arrête au centre du village. L'auberge est envahie. Où aller! Mathieu, André et moi, nous retournons en arrière. Je n'osais entrer chez mon cultivateur. En face de chez lui, nous pénétrons dans une maison de belle apparence. Sur le carrelage l'eau ruisselle de nos vêtements. Nous demandons un coin pour nous reposer et manger. Une dame nous dévisage et nous conduit dans un cellier sans feu, ouvert à tous les vents et donnant sur la route. Pendant que la dame s'absente, pour aller nous chercher de la nourriture, nous ouvrons sans hésiter une porte sur la route et abandonnons ce toit peu hospitalier. Que faire ? Il faut se hâter. Il y a ma maison d'à côté. Nous y entrons. Nous demandons à dîner, mais en spécifiant bien que cette fois, nous voulons payer. Il y a là, une vingtaine de soldats. L'homme sans nous répondre fait serrer les camarades. Et nous dînons fort bien et de bon appétit. Quant à payer, impossible. Nous rejoignons le gros de la brigade. Le colonel Perrin m'aperçoit. Il paraît surpris. Il ne se connaissait pas un médecin militaire aussi remarquable !

Y avait-il à la brigade d'autres ambulanciers et médecins ? Je ne sais. En tous cas je n'en ai vu que le 24 dans la nuit, retour de Cussey. J'avais un costume se rapprochant cependant de celui du colonel : Pantalon rouge de sous-officier, grosses chaussures de chasse, képi d'infanterie, un bon pardessus de drap brun de « La Belle Jardinière », avec au bras gauche le brassard blanc à croix rouge, portant le numéro 1 de la préfecture des Vosges, en sautoir une chaude couverture de laine que ma mère m'avait donnée avant de partir, enfin dans cette couverture quelques effets de rechange. Le colonel m'interpelle en me disant : « Si vous êtes pris, vous serez fusillé ! » Ce n'était pas encourageant, mais nous étions accoutumés aux boutades de ce brave colonel. Je fis le salut militaire et nous partîmes.

De Pouilley-les-Vignes, le bataillon se dirige, le 21 octobre, sur Châtillon-le-Duc, puis, par des chemins ruraux, sur Geneuilles. Nous arrivons à la nuit à la papeterie où les hommes sont logés et reçoivent une cordiale hospitalité.

La 5ᵉ, commandée par le capitaine Blaison, est de grand'-garde vers l'Ognon et passe sans aucun repos une nuit fatigante.

Les autres officiers sont bien accueillis au château. Mon expérience du matin, d'autres semblables, me font préférer une modeste habitation pour y passer la nuit. J'ai toujours été bien reçu chez les humbles. C'est pourquoi je préférais les chaumières aux châteaux. Ma sœur me rappelait, récemment, un épisode de la campagne que j'avais quelque peu oublié. Dans un village de Franche-Comté, dont le nom m'échappe, nous frappions, un ami et moi, à la porte d'une maisonnette. C'était fermé. On ne répondait pas. Et cependant nous entendions du bruit à l'intérieur. « Nous avons faim, nous sommes Français, crions-nous. » Le bruit cesse. Une vieille femme, les bras, les mains et la figure pleins de farine et de pâte, nous ouvre... « Ah! mes pauvres enfants! s'écrie-t-elle. » Et elle nous embrasse tous deux. Attendre que le pain soit cuit, il n'y fallait pas penser. Nous le savions, nous. A Nompatelize, le 6 octobre au soir, des Badois avaient exigé du pain de Monsieur le Maire Cunin. Deux femmes qui avaient de la farine s'étaient mises à la pétrir, sans levain, et avaient fait une pâte que les Badois avaient fait retirer du four non cuite, pour la jeter plus loin.

Notre vieille comtoise, nous fit, elle, je ne sais trop comment, une fameuse galette.

Dans la guerre plus ou moins prochaine que la Prusse nous imposera, nos jeunes soldats ne seront pas malheureux comme nous l'avons été en 1870, mais ils auront quand même des moments difficiles. Puissent-ils toujours trouver sur leur route des braves gens pour les recevoir, les réconforter, les encourager!

Je découvre donc, le 21 dans la nuit, une chaumière habitée par un vieil ouvrier de l'usine et sa femme. Il n'y avait qu'une seule pièce, qu'un seul lit. Au milieu de la pièce un petit poële en fonte. Ces braves gens me reçoivent de leur mieux ! Je me réchauffe près du poële, sur lequel la ménagère fait cuire d'excellentes pommes de terre au lard, que nous mangeons ensemble. Puis, la femme ayant absolument voulu me céder sa place, pour aller se reposer je ne sais où, je partage le lit du mari. Vers onze heures, on frappe à la porte. C'est le sergent Feivet, mon compatriote du Val-d'Ajol. Mon compagnon de lit veut absolument se lever pour permettre au sergent de prendre quelques heures de repos. Pour vaincre nos scrupules, probablement, il nous dit qu'il prend à minuit son service à l'usine.

Avant cinq heures nous sommes debout. Notre hôtesse nous fait prendre du café et ne veut rien recevoir. Quels braves gens ! Je ne saurais trop répéter que la réception faite soit au château, chez les propriétaires de l'usine, soit chez les employés et ouvriers, aux mobiles des Vosges, a été toute cordiale et absolument fraternelle. Encore merci à tous !

A la papeterie, dans l'obscurité, un ouvrier vient me serrer la main en silence. C'est mon hôte de la nuit. Puis nous partons, d'abord dans la direction de Voray, puis sur Cussey. Au jour, nous sommes au Pont-de-Bussières. Le commandant demande un homme de bonne volonté pour aller, à cheval, prendre des instructions. Le sergent André s'offre, et, monté sur le cheval du commandant, file, sac au dos, car il ne veut plus le quitter. André n'est pas très bon cavalier. C'est la 2e ou la 3e fois qu'André monte à cheval. L'ennemi n'est pas loin. Mais André ne doute de rien, n'a peur de rien. Pendant qu'il galope, nous attendons. Le temps est superbe. Je regarde autour de moi. Les hommes sont dispos, reposés, calmes, maîtres d'eux. La journée sera rude. Les mobiles Vosgiens le comprennent. Ils ont vu le feu. Ils ont souffert, ils ont supporté autant de fatigues qu'un être humain, jeune, sain, vigoureux, bien constitué, peut en supporter. Ils n'ont encore que leurs mauvais fusils à tabatière, ils portent toujours leurs misérables costumes de toile; toutefois ils ont confiance, ils sont gais. A la 1ʳᵉ compagnie je vois Gstalder. Le fond usé de son pantalon a été recouvert d'un ample mouchoir de poche de couleur. On rit. Mais André revient. En route par la rive gauche de l'Ognon pour Cussey où le bataillon arrive vers 7 heures du matin en suivant le chemin qui longe l'Ognon, chemin de mort et de souffrance pour beaucoup, chemin de deuil pour bien des familles, mais chemin de l'honneur pour tous.

Cussey sur l'Ognon, dont la population est de 250 habitants, est à 13 kilomètres de Besançon, sur la route de Besançon à Vesoul. Venant de Besançon, avant d'arriver à Cussey, on laisse à gauche, sur la route, le grand bois de Cussey, puis des cultures, on arrive enfin au cimetière de Cussey. Le cimetière est à l'entrée du village, près de la route, à gauche sur le plateau. Il existe au cimetière de Cussey deux tombes militaires. Sur la plus grande concession, un monument a été élevé, en forme de pyramide tronquée, en l'honneur des mobiles des Vosges et des Hautes-Alpes. Ce monument est entretenu par un ancien combattant de 1870. Les instituteurs du Doubs ont également élevé un monument à l'instituteur Chauvin lâchement fusillé par les Allemands le 24 octobre 1870. La route descend ensuite, vers la vallée de l'Ognon, en contournant le village, vers l'ouest. Du plateau, la rue principale de Cussey, la seule importante, ancienne route, descend en ligne droite, par une forte pente, vers l'Ognon.

Sur la droite, la maison de Mˡˡᵉ Dumoulin. Mˡˡᵉ Dumoulin habitait le premier étage. La cuisine est sur une courette. Le fenêtre est dans la direction d'Etuz. Sur la rue, une belle et grande chambre à coucher, bien meublée, bien éclairée; au-dessus, des greniers. Presque en face, la maison où habitaient les demoiselles Barret, institutrices libres, fort pauvres, presque dans la misère. C'est au premier que logent Mlles Barret. Leurs fenêtres donnent vers la partie supérieure du pays. Puis sur la droite, la propriété de M. Grand, maire de Cussey en 1870, et au rez-de-chaussée, sur la rue, la salle à manger. La mairie de Cussey vient ensuite, toujours à droite, en façade sur la grande rue, non loin du pont. Devant et attenant à la mairie, une fontaine publique. A l'extrémité de l'immeuble près du pont, un escalier assez difficile conduit au premier étage. Cet étage comprend une vaste salle bien éclairée donnant sur la rue, avec, près des fenêtres, une longue table ; puis une salle plus petite, éclairée par une seule fenêtre toujours sur la rue. Au fond de cette petite salle, une cheminée. Lors de mon dernier voyage, en septembre 1912, M. le maire de Cussey était sorti. Je n'ai pu visiter la mairie. Mais d'après l'extérieur, rien n'est changé depuis 1870.

La rue et la route aboutissent au premier pont sur l'Ognon. A peu de distance de la mairie, du même côté, près du pont, l'église de Cussey domine la rivière et la vallée. L'entrée de l'église vers l'ouest n'est séparée du premier pont que par une petite plateforme, puis par une large voie qui descend brusquement à la rivière. Le portail porte encore les traces des projectiles allemands. L'église et la mairie étaient très exposées. Le presbytère, au fond d'une cour, derrière l'église, n'a pas changé. Je n'ai pu le visiter à l'automne 1912, M. l'abbé Juif étant absent. Mais d'après mes souvenirs et les renseignements recueillis, c'est toujours la même disposition ; à droite, la cuisine, la salle à manger, derrière la maison un jardin. Je n'ai pu reconnaître l'endroit où, derrière l'église, près du presbytère, nous transportions nos morts au fur et à mesure du décès, mes infirmiers militaires, les ambulanciers allemands et moi, dans la nuit du 22 octobre.

En face l'église, à gauche de la route, le bureau de poste et d'autres habitations. Leurs jardins sont en terrasse sur le canal du moulin. Ces terrasses très élevées, rendent difficile la traversée du canal et de la rivière. Il existe toutefois, à certaines propriétés, des passerelles, mais fermées, qui, des jardins, conduisent au-delà du canal.

Puis vient, vers l'ouest, le moulin de Cussey.

Le premier pont passe sur le canal d'alimentation du moulin. Entre Cussey et Etuz, c'est la prairie.

La partie de prairie entre le canal et l'Ognon, à droite et à gauche de la route, forme un îlot étroit. Sur cet îlot, à gauche de la route, des arbres, des murs ont permis aux défenseurs des ponts de se dissimuler.

Puis vient le grand pont sur l'Ognon, ensuite la prairie jusqu'au chemin de Boulot, à droite, et au chemin de Chambornay à gauche, enfin Etuz. Sur le parapet gauche du grand pont a été érigée une croix de fer, formée d'un drapeau dont l'étoffe retombe, avec un chassepot pour croisillon. Un troisième pont moins important, avant d'arriver au chemin de Boulot, facilite lors des crues, l'écoulement des eaux qui inondent la prairie. Sous ce pont le terrain était sec le 22 octobre 1870.

La distance de Cussey à Etuz est de 900 mètres. Entre ces deux villages la route suit une chaussée élevée qui domine la prairie et la coupe en deux. Depuis 1870 les lieux ont peu changé. En 1870 la chaussée de la route était bordée de beaux peupliers qui ont été hachés par la mitraille allemande, et dont les branches coupées par les projectiles jonchaient la route, fouettant parfois le visage en tombant. Ces peupliers ont été remplacés par des arbres fruitiers rabougris. La ligne, récemment construite, du tramway de Vesoul à Besançon, suit le côté droit de la chaussée, allant vers Vesoul. La gare d'Etuz-Cussey est à l'intersection de la route et du chemin de Boulot. Ce chemin est également surélevé, surtout à cette intersection. C'est protégés par le remblai du chemin de Boulot qu'ont tenu tête aux Allemands, pendant la journée du 22 octobre, les mobiles de la

1re compagnie, renforcés successivement dans le courant
de la journée. A quelques cents mètres de la croisée des
routes, celle de Boulot passe à droite près et au-dessus de
l'Ognon. Elle est à gauche dominée par un petit mamelon
coté 241 d'où l'on voit Etuz, la vallée et Cussey. A gauche
de la grande route le chemin de Chambornay est à plat.
Mais des murs le protègent, à droite, dans la direction
d'Etuz. Etuz est traversé par la route de Besançon. Le village, comme celui de Cussey, est en pente, mais moins
rapide qu'à Cussey et domine la vallée de l'Ognon, en face
de Cussey. La chaussée et les ponts permettent seuls de se
rendre d'Etuz à Cussey; il est difficile de traverser l'Ognon,
soit à droite, soit à gauche, la prairie, la chaussée et les
ponts étant dominés par les hauteurs qui s'étendent à
droite et à gauche d'Etuz. Quand ces points sont occupés
par l'ennemi, il est dangereux, presque impossible de regagner Cussey depuis Etuz.

Etuz est un village de 200 habitants. Il est tel qu'il était
en 1870. Lors de mon dernier voyage sur l'Ognon, en septembre 1912, j'aurais voulu visiter l'auberge, un grand
bâtiment à droite de la route, en venant de Cussey, à l'entrée du village où, en 1870, avaient été entassés par les
Allemands de nombreux blessés français. La maison ap-
partient à un ancien lieutenant de la 6e compagnie du 1er bataillon des mobiles de la Haute-Saône qui a fait le siège
de Belfort. Le propriétaire était absent. J'ai seulement vu
Madame Frayon, 85 ans, la veuve du docteur Frayon, qui
nous aida en 1870. Grâce à MM. les Députés et Sénateurs
de la Haute-Saône, près desquels j'ai vivement insisté, cette
pauvre vieille a enfin obtenu un secours de 40 francs. J'espère qu'il sera renouvelé et augmenté. Son mari a
assez rendu de services au pays pour que le gouvernement
ne l'oublie pas. Madame Frayon n'a qu'une fille, aujour-
d'hui veuve, elle se souvient du jeune ambulancier que
j'étais et me rappelle qu'enfant, 12 ans, elle trottinait en

sabots, car il faisait froid, derrière son père allant visiter les blessés après le 22 octobre.

M. Bron, docteur de l'ambulance lyonnaise, qui visita Etuz le 26 octobre 1870 dit (d'après Euvrard), « Les blessés étaient soignés par M. Frayon d'Etuz. Le brave docteur visitait ses malades dans ce moment; nous l'avons rencontré au milieu de la route accompagné d'un grand gaillard, qui était peut-être le bedeau, et de sa fille âgée de 14 ans. Elle portait au bras un cabas dans lequel se trouvaient des bandes, de la charpie et des remèdes. Elle suivait son père et l'aidait dans ses pansements. »

Arrivé à Cussey à 7 heures du matin, le 22 octobre 1870, le bataillon fait une halte d'une heure. Les mobiles n'ont pas de vivres. Les habitants en apportent. Mais les officiers ne permettent qu'une modeste distribution. En réalité les mobiles ont combattu pendant toute la journée sans avoir mangé. Le capitaine Blaison peut cependant partager trois miches de pain à ses 124 hommes. Les différentes compagnies sont commandées : la 1ʳᵉ par le capitaine Thiéry; la 2ᵉ par le capitaine Monnin; la 3ᵉ par le sous-lieutenant Delang; la 4ᵉ par le capitaine Ostertag; la 5ᵉ par le capitaine Blaison; la 6ᵉ par le capitaine Colle; la 7ᵉ par le lieutenant Grombach; la 8ᵉ par le lieutenant Didierlaurent; adjudant-major, le lieutenant Gœury. La mission du bataillon était de défendre Cussey, d'empêcher l'ennemi de passer l'Ognon, de garder les ponts, la chaussée entre Cussey et Etuz.

Le commandat Brachet dispose ses compagnies, je l'accompagne.

La 1ʳᵉ compagnie (Val-d'Ajol), capitaine Jules Thiéry, est placée non loin d'Etuz, dans la prairie, à droite de la route. La chaussée du chemin de Boulot la protège.

La 2ᵉ compagnie (Plombières), capitaine Monnin, non loin de la 1ʳᵉ, défend la chaussée de la route et le petit pont près Etuz. La compagnie garde ses positions jusqu'au soir,

ne les abandonnant que lorsque les munitions manquent
et que les Allemands envahissent la plaine.

La 3e compagnie (Remiremont), commandée par le sous-
lieutenant Delang, âgé de 20 ans, garde le grand pont sur
l'Ognon. La 3e compagnie a une lourde mission à remplir,
son chef est bien jeune, bien inexpérimenté, mais sous les
apparences d'un timide, c'est un cœur d'élite. Delang est
bien secondé par ses sous-officiers, Claudel, Dufour, Picard,
d'autres. Les hommes s'abritent derrière les talus, les
murs, les arbres et profitent des accidents de terrain. Eux
aussi restent à leur poste jusqu'à complet épuisement des
munitions. Leur chef, le lieutenant Delang, est tué d'un
éclat d'obus à la tête vers 4 heures, là ou il avait été placé le
matin par le commandant Brachet. Le projectile lui traversa le crâne de part en part, au-dessus des oreilles. Une
barrière près de lui est broyée par les autres éclats du
même projectile. C'est au moment de la retraite, alors que
Delang ralliait ses hommes, ne voulant quitter son poste
que le dernier, qu'il fut tué, à l'extrémité gauche du pont,
sur la rive droite de l'Ognon. Le sergent Picard, près de
Delang, l'entend dire : « Mon Dieu! Maman! » C'est tout.

La 4e et la 5e compagnies sont près de l'église. Les 6e, 7e et
8e compagnies sont en réserve dans le village.

Le sergent-fourrier, Paul Résal, de Plombières, 1re compagnie, est envoyé en reconnaissance avec trois hommes,
sur la gauche d'Etuz. Le feu commence vers 9 heures. Le
sergent Resal et ses hommes rejoignent la compagnie. Toujours vers 9 heures, un détachement de 30 hommes, 5e compagnie (Saulxures), sous les ordres du sergent Perrin, est
envoyé en reconnaissance à droite d'Etuz. Les mobiles
aperçoivent des hulans sur le plateau. Un second détachement de 30 hommes de la même compagnie, commandé
par le sergent-major Curien, rejoint le premier. Conformément aux instructions du commandant, Curien place ses
hommes en tirailleurs entre le village d'Etuz et le chemin

de Boulot où se trouvait la 1re compagnie. La position n'était pas bonne. Curien rejoint la 1re compagnie, laisse 10 hommes au capitaine Thiéry et part sur le chemin de Boulot avec les 50 autres. Arrivé au mamelon 241, Curien revoit les hulans, place ses hommes en tirailleurs derrière des arbres, des tas de pierres. Les hommes tirent. Les hulans se replient. Un cavalier est désarçonné. Immédiatement une colonne allemande se dirige vers Etuz, puis une seconde. En arrière d'Etuz, à la lisière du bois de Longe-Queue, on aperçoit l'artillerie allemande en batterie. Une troisième colonne allemande rejoint les deux premières. Vers 10 heures, les Allemands prennent position dans les vignes, à gauche, en avant du village d'Etuz, s'abritant derrière des maisons, derrière des murs. La situation devient critique pour les 50 mobiles de la vallée de la Moselotte, avec l'Ognon à dos, et à 300 mètres de la 1re compagnie. Se couvrant le mieux possible, du mamelon 241 ils tirent sur l'ennemi comme de vieux soldats et lui font subir des pertes sérieuses ; mais l'artillerie allemande s'en mêle. Barnet Emile a un bras emporté par un obus. Germain Sylvain reçoit une balle à la cuisse. Hocquaux Jean-Nicolas est blessé d'un éclat d'obus à la jambe. Thomas Denis est également atteint d'un balle à la jambe. Ces hommes sont frappés au même instant. D'autres hommes sont couverts de terre. Les balles sifflent. La position n'est plus tenable. La section rejoint la 1re compagnie et reste en tirailleurs avec le capitaine Thiéry. Vers midi, le feu se ralentit. Les Allemands attendent du renfort. Puis le combat reprend à 1 heure. A son tour, le capitaine Blaison est envoyé avec le reste de la 5e compagnie pour renforcer les avants-postes. Le capitaine Ostertag, le lieutenant Grandjean et leurs hommes, se joignent aux troupes engagées en avant de l'Ognon. De son côté, le lieutenant Grombach entraîne dans la même direction la 7e compagnie. Les 7 premières compagnies prennent part à l'action. Le caporal Berquand Auguste-Alexandre de Bussang, est tué. L'artillerie allemande canonne furieusement dans la direction du pont. Le château de Cussey est incendié, ainsi qu'une grande ferme. Les Allemands croient vraisemblablement que le château est occupé par les Français. Mais il n'en est rien. Les munitions s'épuisent ainsi que celles rapportées par des camarades qui étaient allés conduire des blessés à l'ambulance de Cussey. En suivant la chaussée et en passant sur le pont ces hommes exposaient leur vie. C'est ainsi que Grande-mange François, de Saulxures, fut tué sur le **Pont, à son** cinquième voyage (Curien).

La 1re compagnie, renforcée, conserve sa position jusqu'à épuisement de ses munitions, vers 4 heures du soir. Le capitaine Thiéry fait preuve de beaucoup de courage et de grand sang-froid.

Les 700 mobiles du 3e bataillon des Vosges sont seuls pour tenir tête à l'armée de Werder vingt fois plus nombreuse, pourvue de cavalerie, soutenue par une artillerie puissante. Vers 3 heures et demie, les mobiles des Hautes-Alpes arrivent au secours des montagnards vosgiens. A deux reprises, ils tentent de passer les ponts. L'artillerie allemande les décime. Ils se replient sur Cussey.

Les munitions manquent. Il faut battre en retraite. Il n'y a pas d'autre issue que la chaussée et les ponts sur l'Ognon. La chaussée et les ponts sont balayés par les balles et les obus allemands. L'église, la mairie, malgré son drapeau d'ambulance, les maisons de Cussey sont criblées de projectiles. C'est sous la mitraille que les Vosgiens se replient, franchissant le pont sur les morts et les blessés. La cavalerie allemande les charge. Un certain nombre sont faits prisonniers dans la prairie, entre autres le sergent André de la 1re compagnie. Les allemands rudoient les prisonniers, les dépouillent. D'autres mobiles passent l'Ognon à la nage. Quelques-uns se noient. D'autres encore chargés à la baïonnette par les Badois, vont mourir dans l'Ognon. Peu de mobiles atteignent la rive gauche. Quelques hommes qui ont traversé l'Ognon, puis le canal, sont arrêtés à une passerelle dont la grille est fermée (propriété Duvaucel). Un courageux civil, au péril de sa vie, vient leur ouvrir. Un blessé qui ne peut pas franchir l'Ognon et ne veut pas être fait prisonnier, reste caché, pendant trois jours, sur les bords de la rivière. Il se présente à l'ambulance le 24, après le départ des Allemands. A-t-il survécu !

La plus grande partie des hommes suivent la prairie et la chaussée et veulent gagner Cussey par les ponts. Plusieurs mobiles sont tués sur la chaussée, dans la prairie, sur les ponts, et y restent jusqu'au lendemain. Un certain nombre de mobiles atteignent Cussey. Après avoir passé les ponts ou la rivière, les mobiles suivent la grande rue de Cussey. Mais la cavalerie allemande gagne par la route la partie supérieure du village et les mobiles se trouvent pris entre les dragons badois et l'infanterie.

A plusieurs reprises, un jeune prêtre aux longs cheveux blonds, Monsieur l'abbé Barret, curé de Deveccy, est venu sous un feu terrible, à l'ambulance visiter les blessés. Apprenant que les munitions manquent, il abandonne son ministère, il laisse même sur la table d'ambulance, un objet du culte que j'ai, le lendemain, remis à la servante de M. le curé de Cussey. Il prend à l'ambulance les cartouches des blessés et, risquant mille fois la mort, les porte aux combattants, puis il recommence sa dangereuse manœuvre. C'est un rude homme. Quel chef il eût fait ! Ses soldats l'auraient aimé, respecté, suivi partout.

Voyant la retraite, l'abbé Barret armé seulement de sa canne, rencontre un tambour. Il l'entraîne. Le soldat bat la générale. Ce prêtre, ce tambour, quelques vaillants mobiles tiennent tête à l'armée de Werder qui passe les ponts et envahit Cussey. « Au bout du pont, un curé, la tête haute, l'œil vif, nous encourageait, aussi à l'aise que s'il avait été dans sa chaire ». (BÉGEL).

En décembre 1912, M. le capitaine territorial Paul Antoine, du Thillot, qui connaissait M. l'abbé Barret, est venu me demander un certificat destiné à faire obtenir à ce dernier la médaille commémorative de 1870-1871. C'est de grand cœur que j'ai donné ce certificat, relatant non seulement ce que je connaissais personnellement, mais citant d'autres actions d'éclat du curé de Devecey, les 22 et 23 octobre 1870. Monsieur Barret, devenu aveugle, a obtenu sa médaille, une médaille méritée, s'il en fut.

J'ai reçu de lui récemment une lettre touchante.

Lorsqu'un jour les Prussiens se rueront sur nous, puissions-nous avoir beaucoup de Français comme Barret. Un tel Français vaut plus de dix Allemands. Ces hommes, nous les aurons pour rejeter les Teutons au-delà du Rhin.

Il est environ 4 heures et demie, les mobiles qui ont pu gagner la rive gauche de l'Ognon, baïonnette au canon, ont tenté un dernier effort pour arrêter l'ennemi. « Le commandant retenait le bataillon et l'excitait à la charge que sonnait un tambour de la compagnie ; mais une balle vint trouer les peaux du tambour, alors finit ce dernier élan... Le commandant ne put remonter à cheval, il fut fait prisonnier... » (BÉGEL).

Les Allemands hésitent, mais leur cavalerie oblige les Français à battre en retraite dans la direction de Besançon. Les uns suivent la route. La cavalerie allemande les poursuit et fait de nombreux prisonniers.

Parmi eux, le capitaine Blaison, qui, se croyant quelque peu en sûreté et accablé de fatigue, s'est assis un instant sur le talus de la route. Un officier de cavalerie le fait prisonnier. D'autres mobiles traversent les champs et, sous les balles, parviennent vers 5 heures à un petit bois où ils prennent quelque repos.

Des renforts français arrivent, il est trop tard !

Les 700 mobiles du 3e bataillon des Vosges ont résisté pendant sept heures et demie, sans cavalerie, sans artillerie, mal armés, manquant de munitions, à une armée de 18.000 hommes bien équipés, bien armés, largement approvisionnés de munitions, ayant une cavalerie nombreuse et une artillerie puissante.

Les renforts arrivaient vers 5 heures ! Besançon se serait trouvé fort exposé, si les montagnards vosgiens, auxquels s'étaient joints sur le soir, d'autres montagnards, les Alpins, n'avaient gardé leurs positions pendant toute la journée du 22 octobre.

Cela, il ne faut pas l'oublier.

Les officiers, sous-officiers, gardes qui ont pu échapper, regagnent Besançon séparément, comme ils peuvent. Des hommes couchent dans les bois. D'autres qui s'étaient cachés dans des maisons isolées, échangent leur tenue militaire contre des vêtements de paysans.

Le lieutenant adjudant-major Gœury, le sergent-major Curien, et le sergent Pierrel Louis, de la 5ᵉ compagnie, ont rassemblé quelques hommes. Ils sont 32 ; officier, sous-officiers compris.

Le lieutenant Gœury, qui appartenait à une honorable famille de Gerbépal, a fait vaillamment son devoir, plus que son devoir, dans la journée du 22 octobre. Sa bravoure est allée jusqu'à la témérité. Il se multipliait. Il était partout où il y avait du danger.

« A Nompatelize, écrit un de ses compatriotes, d'après d'anciens mobiles de Gerbépal, Gœury est resté à la merci des balles avec huit hommes jusqu'au dernier moment. A Cussey, il a montré un courage et une audace inouïs. Gœury et ses hommes, protégés par une légère ondulation de terrain, étaient à cent mètres de l'ennemi. Un mobile est blessé et mis hors de combat. Gœury prend son fusil et tire. Il se couchait pour charger son arme et se relevait pour tirer. Un Prussien en faisait autant ; à la 4ᵉ balle de Gœury, l'Allemand ne s'est plus relevé. Gœury était un excellent tireur, malheureusement, les fusils à tabatière des mobiles ne valaient pas le fusil à aiguille ».

« Nous rencontrons des troupes venant trop tard nous renforcer. C'était un bataillon de zouaves, venant d'Alger, débarqué depuis peu. Dès qu'ils apprennent la bataille de Cussey, ils s'y rendent le plus vite possible, laissant leurs sacs dans un village pour être plus libres. Ils s'embusquent derrière des clôtures de vignes, devant la forêt. Une colonne de 3 à 4.000 Prussiens montait les contre-forts de Châtillon, sur quatre rangs serrés. Nos zouaves les laissent approcher à 50 mètres, puis ils tiraillent presque à bout portant. Ensuite ils se lancent à la baïonnette à l'assaut de cette chair humaine, faisant reculer les Prussiens jusqu'à un bois très touffu que nous venions de traverser avec peine dans notre retraite. Ce jour-là, ils ont peut-être sauvé la capitale Franc-Comtoise (BÉGEL). »

Le garde Bégel est trop modeste. Les zouaves, puis d'autres troupes sont arrivées à 5 heures et ont arrêté la marche des Allemands sur Besançon. Mais quelles troupes eussent empêché l'armée de Werder, cavalerie, infanterie, artillerie, d'atteindre Besançon dans la journée, si les Vosgiens ne les avaient tenus en respect jusqu'à 4 heures et demie du soir !

Cela encore il faut le redire. « ...On s'est bien battu. Arrivés à Saint-Claude, nous passons la nuit chez un épicier, sur le plancher... On ne pourra pas dire que les mobiles se sauvent... il ne reste pas la moitié du bataillon... » (un mobile de la 3e).

Le 23 octobre à Palente, le lieutenant-colonel Dyonnet, profondément ému, réunit, à leur retour de Cussey, les 180 hommes restant du 3e bataillon des Vosges. Il adresse à ces pauvres mobiles, si éprouvés, une touchante allocution en vrai père de famille. Les survivants ne l'ont pas oublié. Puis des vivres sont distribués.

Le soir on campe à Chalezeule.

Le 24 et le 25 octobre, les hommes qui n'avaient pu suivre, arrivent à Chalezeule dans des accoutrements bizarres. Le 24 et le 25 octobre on couche à l'écurie du château. Plusieurs mobiles sont atteints de la dysenterie. Le 27 octobre on distribue des effets d'habillements et des chassepots.

Les officiers, sous-officiers, caporaux disparus sont remplacés.

Les seules décorations suivantes ont été accordées aux combattants de Cussey :

Chevalier de la Légion d'honneur : Le lieutenant Méline, amputé.

Médailles Militaires : Le sergent Fleurot Nicolas, de Raon-aux-Bois; le sergent Claudel Eugène, de Saint-Nabord, blessé en défendant le pont de Cussey, amputé; le caporal Duchêne Nicolas-Modeste, de Bellefontaine, amputé; le garde Germain-Pierre-Sylvain, de Cornimont, blessé; le garde Barnet Joseph-Emile, de Sapois, amputé. Ces blessés ont des pensions.

Constant Valdenaire, du Ménil, garde mobile, blessé d'une balle à l'épaule droite, vers trois heures, près du pont, reçoit également, grâce à l'intervention d'un honorable sénateur des Vosges, un secours annuel de 300 francs (notes 22 à 33).

CHAPITRE XIV

L'Ambulance de Cussey.

J'avais 19 ans. Mon extrême myopie m'a empêché de prendre du service actif. Simple ambulancier volontaire, je ne sais que ce que j'ai appris dans la petite chirurgie de Jamais, que ce que m'ont enseigné M. le Dr Gauthier, de Luxeuil, M le Dr Bloch, de Plombières.

Plus tard, à Besançon, je suis atteint de la variole, contractée à l'hôpital Saint-Jacques, à l'ambulance de Saint-Claude, ou ailleurs. M. le Dr Bloch, médecin à l'ambulance des variolés de Saint-Claude, m'a soigné avec dévouement. Je tiens en passant à remercier très cordialement le Dr Bloch de ses bons soins; les docteurs Gauthier et Bloch des conseils professionnels qu'ils ont donnés au jeune et inexpérimenté carabin que j'étais.

A Cussey, je suis seul. Sans expérience, sans connaissances pratiques, je me trouve à la tête d'un important service. Je n'ai pas de pharmacie, pas d'objets de pansements, pas d'instruments. Je suis sans infirmiers. J'ai voulu me rendre utile; j'ai fait pour le mieux.

Dès mon arrivée à Cussey, je me renseigne, j'apprends qu'il y a à Etuz un officier de santé d'un certain âge, M. Frayon, j'en avise M. le commandant Brachet qui lui fait demander de vouloir bien venir nous rejoindre à Cussey où le devoir l'appelle.

Je vais trouver M. Grand, maire de Cussey. Il met à notre disposition les deux salles de la mairie. C'est un endroit fort exposé. Mais nous n'avons pas le choix. De courageuses personnes du pays se joignent à nous : Mlle Dumoulin, Mlle Barret, institutrice, une autre dame, M. Dangleterre, ancien infirmier, un autre habitant de Cussey.

Un drapeau d'ambulance, préparé à la hâte, est hissé sur la mairie.

Après avoir accompagné le commandant Brachet, qui dispose ses compagnies de Cussey à Etuz, je reviens à l'ambulance.

Je mange quelque peu.

Nous nous organisons le mieux possible. La grande table de la vaste salle de mairie nous sera très utile. On y prépare à la hâte quelques objets de pansement.

De 9 heures à midi nous ne recevons que peu de blessés,

Entre midi et une heure je quitte l'ambulance et vais visiter mes camarades.

Delang, mon camarade de collège de Remiremont, est à son poste. Je lui demande s'il désire quelque chose. Il a faim, me dit-il. Je lui promets de m'occuper de lui à mon retour. Arrivé à la 2ᵉ compagnie je ne vois plus mon ami et compatriote du Val-d'Ajol, le lieutenant Julien Méline. Inquiet, je demande de ses nouvelles. Ses hommes m'indiquent qu'il est sous le pont. Je descends et trouve Méline qui venait de satisfaire un besoin naturel. C'est la dernière fois que je l'ai vu ayant ses deux jambes. Méline était gai et bien portant. Deux heures plus tard, un projectile allemand lui fracasse le genou. Blessé à son poste de combat, Méline est recueilli et amputé par les Allemands. Transporté à Vesoul, il est resté longtemps dans la famille Bon qui l'a entouré de soins.

Le lieutenant Méline fut plus tard décoré et nommé percepteur. Il est en retraite. Julien Méline a fait son devoir, tout son devoir : à la Bourgonce d'abord, puis à Cussey.

Je demande à Méline des nouvelles des camarades du Val-d'Ajol; d'Eugène André, notre ami d'enfance. « Tous vont bien, me dit Méline. Quant à André, l'entends-tu? » En effet, le sergent André, qui probablement venait, sous les balles, de faire une plaisanterie quelconque, riait de son rire claironnant!

Au retour je repasse près de Delang. Il venait de recevoir une aile de poulet.

Il devait être une heure. A partir de ce moment, jusqu'à 4 ou 5 heures, plus de répit à l'ambulance. Les blessés apportés par leurs camarades affluent. Nous sommes débordés. M. Frayon travaille avec courage. Ce digne homme! Il y avait longtemps qu'il n'avait vu autant de sang!!! Il a vaillamment rempli sa lourde tâche. Et il n'a guère été récompensé! Pauvre il est mort, plus que pauvre. A lui encore j'adresse un souvenir ému et très respectueux. De mon côté, je faisais de mon mieux. Nos infirmières et infirmiers improvisés nous secondaient avec dévouement. Sur le soir, le feu redouble. Nous ne sommes plus en sûreté. La mitraille brise les vitres. Les derniers moments sont courts, mais angoissants et personne ne bronche, et chacun fait son devoir.

Un sergent, la figure ensanglantée, vient à moi. « Vous ne me reconnaissez pas, me dit-il, je suis Jules Lévy, du Thillot. » Je le lave, je panse sa blessure. Une balle est venue le frapper au milieu du front et a tracée une longue raie dans le cuir chevelu. Il peut marcher. Je lui offre un billet pour les ambulances de Besançon. Il refuse pour retourner au feu. J'ai su depuis qu'il avait encore reçu deux blessures, l'une à la main, l'autre au pied. Mais toujours, comme nos autres blessés, face à l'ennemi.

La situation devient critique. Un blessé, Perrin de Vagney, apporté par ses camarades, vers trois heures, est grièvement atteint dans les escaliers de la mairie par un éclat d'obus. Ses deux mains sont mutilées; il a une horrible blessure au bas-ventre, une autre non moins affreuse à la poitrine. Il est mort sans avoir repris connaissance. Son nom était inscrit sur un petit livre de messe trouvé sur lui.

Ma première opération, la première de mon existence de carabin, avait consisté à extraire du poignet d'un mobile un fort éclat d'obus. Je le jette de côté pour le reprendre le soir et le conserver comme souvenir. Mais le soir il y avait une telle quantité de projectiles dans la pièce que je ne pus reconnaître mon éclat d'obus.

A la hâte, les infirmières font des brassards à cinq mobiles qui ont amené des blessés. Ces infirmiers, au dernier moment, nous sont et m'ont été depuis d'un grand secours.

Vers 4 heures les munitions manquent. Je vois passer les nôtres en retraite. Je fais signe au commandant Brachet, lui demandant ses instructions. Il lève les bras!... Je n'avais plus à compter sur personne.

Puis, une seconde, le canon se tait.

Nous entendons de formidables hourras. Les Allemands arrivent au pas de course!

Le combat est terminé pour le 3ᵉ bataillon.

A l'ambulance de Cussey pénètrent bientôt des médecins et des ambulanciers allemands. Ils viennent prendre nos blessés et ne nous laissent que ceux mortellement atteints. Combien en avons-nous laissé partir? Je n'ai rien pu noter. Environ quarante.

Je les accompagne, mes pauvres montagnards, jusqu'à leurs voitures d'ambulance.

Je croyais, naïf, qu'ils seraient mieux soignés, qu'on les conduiraient dans des ambulances, dans des hôpitaux, je les encourageais. Mon camarade de nuit de la veille, le sergent Feivet, du Val-d'Ajol, ne voulait pas me quitter. Il avait à l'épaule une blessure d'une certaine gravité, mais qu'un modeste infirmier eût rapidement guérie. Il pressentait ce qu'il allait arriver. Il me remit sa montre, que plus tard j'ai rendue à ses parents. Pauvre diable! — Mais ils étaient les maîtres! Ils ne m'auraient pas même laissé mon frère, ces brutes sanguinaires!

Pourquoi ? Il fallait évacuer, il fallait faire de la place. Je ne l'ai compris que deux jours plus tard. D'humanité il n'était pas question! Périsse le Français, pourvu que la Prusse triomphe!

Nos blessés partis, sauf quelques-uns, M. Frayon rentre à Etuz; infirmiers et infirmières civils nous quittent. L'un de mes cinq infirmiers militaires, mon ami Gustave Valroff, de Ventron, dont le brassard fait à la hâte n'était pas très régulier est, alors que j'étais sorti, emmené par les Allemands à l'église où étaient enfermés les prisonniers, sous-officiers, caporaux et soldats. Je n'ai plus que quatre hommes, l'un d'eux, originaire des environs de Schirmeck, possédant bien l'allemand, m'a rendu de réels services.

Une section d'infirmiers militaires badois vient nous rejoindre.

Je n'ai eu qu'à me louer de nos rapports avec eux.

A la nuit, je veux aller visiter mes compatriotes enfermés à l'église.

Devant la porte, à l'extérieur, un zouave prisonnier, gardé par un Allemand, inspectait l'horizon. Il avait dit qu'il ne voulait pas uriner dans une église. En réalité il cherchait à fuir. Là, ce n'était pas possible. Ce n'est que près de Bains-les-Bains que le zouave a pu se sauver à travers champs et gagner la forêt, sans être atteint par les balles de ses gardiens.

L'église était sombre : je ne reconnais personne.

Plus tard, vers 9 heures, je vais chez le maire de Cussey où, dans une pièce du rez-de-chaussée étaient enfermés les officiers prisonniers.

Il y avait là le commandant Brachet, les capitaines Colle, Monnin, Blaison, Ostertag, les lieutenants Pottecher.

Grandjean du 3e bataillon des Vosges, et six officiers des Hautes-Alpes.

Le commandant des Hautes-Alpes et le capitaine Ostertag étaient seuls éveillés.

Ostertag me remet, pour sa femme, quelques lignes que je n'ai pu lui faire parvenir.

A l'ambulance, mes hommes et moi nous avons faim.

Les infirmiers Allemands nous offrent du café et du fromage de gruyère.

Je remercie.

Nos derniers blessés mouraient successivement. Nous les transportons, les Allemands et nous, derrière l'église. Au retour d'un de ces voyages, j'entrai au presbytère.

A la cuisine étaient attablés, fort gais, des officiers allemands, que servaient la servante du curé, la jeune nièce de l'instituteur et des soldats allemands.

Dans la pièce voisine râlaient quelques blessés français.

Je dis à M. le Curé de Cussey que mes hommes et moi nous n'avions rien mangé depuis le matin.

A l'entrée d'un nouvel officier, un des joyeux convives dit, en excellent français : « Monsieur le Curé allez nous chercher de ce bon petit vin blanc... Mais... » dit le curé. L'officier ordonne à un soldat d'accompagner M. le Curé à la cave.

Pendant son absence, un officier ivre lutinait la jeune fille.

J'étais furieux. Mais rien à dire !

Heureusement, le curé ne tarde pas à revenir avec du vin pour les Prussiens et une douzaine de pommes de terre pour moi !... J'emporte mes pommes de terre, je les fais cuire sous la cendre dans la cheminée de la petite salle où nous étions réfugiés au premier étage de la mairie.

Nous allons enfin manger. Douze pommes de terre pour cinq ! Quel festin !

Mais l'homme blessé grièvement à l'ambulance, Nicolas Perrin, fils de Dominique Perrin, de Vagney, meurt. On l'emporte. Il est minuit. A notre retour les pommes de terre étaient brûlées.

Les Allemands nous offrent à nouveau de partager leurs provisions. Il faut bien accepter. Nous mangeons le gruyère volé. Nous buvons le café, également volé. Dans le café, nous trempons des biscuits trouvés dans les sacs de nos soldats blessés; on enlevait le sang le plus possible.

Vers minuit, notre dernier blessé mort, il ne nous reste qu'un canonnier badois ivre.

A Etuz, notamment, les Allemands avaient bu d'une façon abominable. Quand ils ne pouvaient plus avaler, ils laissaient couler le vin dans les celliers. Le vin débordait dans la grande rue en pente d'Etuz, se mêlant parfois au sang des morts et des blessés.

Tout le monde se couche à l'ambulance, sauf moi. Il devait être environ deux heures du matin. Assis sur une chaise en bois, j'attise le feu dans la cheminée.

Quelle journée! Quelle nuit!

Lorsque je retourne la tête, je vois par la fenêtre des lueurs d'incendie. A ma droite, j'aperçois, roulé, le drapeau municipal. J'arrache l'étoffe, je la jette au feu et remets la hampe en place. A ce moment des cris déchirants se font entendre. Je me lève et arpente la pièce fièvreusement en protestant... Tout le monde se dresse. Les Allemands demandent ce qui se passe. Les cris ont cessé.

Je dis qu'on vient de violer une femme!

L'infirmier de Schirmeck traduit. Les Badois baissent la tête. « Ce ne sont pas des nôtres », disent-ils. J'aime à le croire, pour l'honneur de nos voisins du Rhin.

En se recouchant, l'un de mes Badois remarque la hampe sans drapeau. Il questionne. Je montre le feu. Personne n'insiste. Les hommes s'endorment. Je continue à veiller, j'attends le jour. Dès qu'il paraît, je vais à la fenêtre. Une sordide vivandière allemande verse de l'eau-de-vie à des soldats. Les infirmiers et le canonnier badois se retirent.

Mlle Dumoulin vient me chercher pour me faire prendre quelque chose de chaud.

Chez cette brave personne, je vois des vitres brisées, des traces de balles. « Vous êtes jeune, me dit-elle, il faut voir et vous souvenir ».

Hélas! j'ai vu. Mais, alors que beaucoup d'autres oublient, que beaucoup de jeunes veulent ignorer, je me souviens, et je crie mon indignation.

Sur son grenier à foin, où ont couché de nombreux soldats allemands, sont restés quantités d'objets volés, puis abandonnés là; je vois une robe de soirée déchirée, provenant du pillage de quelque château. Arrivés à une grande et belle chambre à coucher, donnant sur la rue, Mlle Dumoulin s'arrête sans mot dire sur le seuil de la porte. J'entre. Ce doit être une des plus belles pièces du village. Elle a été donnée nécessairement à un grand personnage. Pas de désordre. Je m'approche du lit. Le drap supérieur et la couverture ont été rejetés correctement de côté. Sur le second drap au milieu du lit : des excréments humains! Lecteur, que ce mot ne vous offusque pas! Si l'on veut éviter le retour de désastres comme ceux de 1870, renseigner les nouvelles générations, ceux qui ont vu doivent signaler tous les crimes, toutes les malpropretés, toutes les lâchetés des Prussiens. Dans les récits de guerre il faut dire crument la vérité, toute la vérité, il faut aussi savoir l'entendre et se souvenir. Si je gaze, je suis criminel, parce que j'expose mon pays à de nouveaux actes de banditisme. Et puis employer des périphrases, c'est cacher la vérité, c'est ne pas se faire comprendre nettement. C'est atténuer, c'est presque excuser la sauvagerie de ces êtres qui se disent civilisés. Je continue donc non sans dégoût. C'était régulier, cela provenait d'un homme bien portant. Ce n'était pas un malade surpris dans son sommeil qui avait fait cela. C'était voulu! Cela ne devait pas venir d'un Badois. Nos voisins sont plus polis. C'était un cadeau prussien. S. A. S. avait voulu marquer son passage.

Indigné, je me permets alors de parler à Mlle Dumoulin des cris par moi entendus dans la nuit. Oui, me dit la vieille demoiselle, c'est vrai. Une pauvre veuve avait une vache. C'est tout ce qu'elle possédait. Les Prussiens ont voulu, dans la nuit, emmener la vache. La veuve a résisté. Les Prussiens ont violé la vieille et pris la vache. Comment voulez-vous que je raconte ces faits? Et cependant il le faut.

J'ai appris, il y a quelques années seulement, qu'une femme Paravez avait été assassinée par les Prussiens à Etuz et n'ai pu arriver à établir s'il y a identité de personne entre cette femme et celle dont j'ai entendu les cris dans la nuit du 22 au 23 octobre 1870; je ne puis dire non plus si cette dernière habitait Cussey.

Mais il n'y a pas que des bandits de l'autre côté du Rhin. Des Badois amènent une chèvre à une vieille dame de Cussey et lui demandent de la traire. Je dis des Badois parce que des Prussiens auraient été autrement brutaux. La vieille dame courbée en deux par l'âge ne peut se baisser. Les Badois mettent la chèvre sur la table, lui tiennent les pattes pendant que la grand'maman trait. Puis ils relachent la chèvre.

Je vais ensuite à l'état-major allemand, guidé par le capitaine en retraite Gillet, qui la veille déjà m'a rendu des services. J'attends longtemps.

Les Allemands veulent-ils enlever leurs morts avant nous? Je ne sais. Enfin un officier supérieur me reçoit. Il me donne pour moi un sauf-conduit écrit au crayon et verbalement l'autorisation d'enlever les morts.

Le meunier de Cussey me prête une voiture. Assisté de M. Constant Chauvin, instituteur à Cussey, comme secrétaire, accompagné de mes quatre infirmiers, je vais sur le champ de bataille de la veille.

Sur le grand pont, les cadavres ont été rejetés sur les trottoirs.

C'est entre ces cadavres que le matin sont passés nos camarades pour aller en captivité.

Je cherche à identifier les corps. Tâche difficile. Les Allemands ne leur ayant laissé que leurs vêtements. L'instituteur prend les notes que je lui dicte. On place les morts sur la voiture et on les transporte à l'autre extrémité du village, au cimetière, où deux fosses ont été creusées.

Entre Cussey et Besançon on se bat de nouveau, quelques balles françaises arrivent jusqu'à nous.

A l'extrémité du pont, je trouve le corps de Delang, à l'endroit où la veille il avait été posté, où je lui avais serré la main, vers midi.

Penché sur Delang, un soldat arrachait l'un de ses galons de sous-lieutenant. Je proteste. L'homme s'en va. Agenouillé près du cadavre, je cherche. A part un mouchoir que j'ai remis plus tard aux siens, ses poches sont vides. Un officier allemand vient à moi. Il me dit qu'il a la sacoche du lieutenant : « Donnez-la moi, lui dis-je. Je connais la famille, répondit-il, je lui remettrai cette sacoche. »

L'officier voleur a tout gardé. D'après d'autres officiers du 3ᵉ bataillon, Delang devait avoir 800 francs. M. le Curé de Dampierre-sur-Salon a bien fait tenir à M. Delang père, de la part d'un officier allemand, un petit portefeuille de Delang, mais rien de plus.

Le corps de Delang a été placé dans la plus petite fosse du cimetière, avec le cadavre d'un gradé allemand.

Delang, peu après, a été ramené à Remiremont.

Nous aurions seulement transportés au cimetière de Cussey 22 morts, d'après une attestation que m'a remise M. le maire de Cussey. Mais le nombre des décès est plus grand, ainsi que l'indique l'*Echo de Cussey*.

Ne sachant ce que je deviendrais, je laissai ma liste entre les mains de l'instituteur.

D'autres cadavres ont été inhumés à Etuz et ailleurs.

De nombreux blessés sont morts, peu après des suites de leurs blessures, presque tous faute de soins.

Notre tâche terminée, je visite quelques blessés.

Chez Mlles Barret, je trouve quatre hommes parfaitement soignés. L'un d'eux, un Alpin, avait une chemise de femme. Il y avait là : le mobile Joly, de Bellefontaine; Lallemand Jean-Nicolas, tous deux du 3e bataillon des Vosges. Faure Jacques et Philippe de la 1re compagnie des Hautes-Alpes.

Dans l'après-midi, de hauts personnages de l'armée allemande viennent à l'ambulance.

Un officier d'état-major, en costume superbe, gros, gras, court, me dit en excellent français : « Vous êtes franc-tireur? » Sans répondre à ce Pot-à-tabac, je regarde ses chefs : « Faites examiner mes yeux, leur dis-je, si j'avais pu servir mon pays autrement, je l'aurais fait ». Les grands chefs ne bronchent pas et se retirent sans m'inquiéter.

Refoulés le 23, les Allemands battent en retraite le lundi 24 dès le matin.

De mes fenêtres je vois le défilé. Il dure longtemps.

Puis viennent une grande quantité de voitures de réquition chargées de toutes sortes d'objets mobiliers pillés dans la région. J'ai même vu passer une de ces énormes cuves en sapin, dans lesquelles les Lorrains et les Francs-Comtois font la lessive.

Que pouvaient-ils bien faire de tout cela?

Je pensais : Si les Français arrivaient, quel carnage! sans que les Allemands encombrés puissent revenir sur leurs pas!!! Mais personne ne vint de Besançon.

J'entends sonner 9 heures à l'horloge de l'église (M. Droz parle de 10 heures, mais c'est bien 9 heures).

Peu après je vois mon instituteur emmené vers Etuz par quelques soldats. Ils l'ont fusillé à Mont-les-Etrelles. Pourquoi?

Depuis deux jours nous n'avions pas entendu de sonneries, soit que l'horloge ait été arrêtée, soit que le bruit du canon ait couvert le son des cloches.

Les Allemands, pour s'excuser, ont prétendu que l'instituteur, en même temps sacristain et sonneur, avait sonné pour prévenir les Français. C'était faux. Ils le savaient bien. Mais semer la terreur par l'incendie, le vol, la destruction, le viol, l'assassinat pour eux c'était de bonne guerre. Le 10 novembre suivant le Ministre de l'Instruction publique accorda un premier secours de 200 francs à Madame Chauvin.

Je m'occupe de rassembler mes blessés pour les ramener à Besançon, du moins ceux qu'il sera possible de transporter.

Près du pont, deux jeunes prêtres regardent curieusement un casque prussien. Je le leur arrache des mains, le lance à la rivière et leur demande de m'aider. Ce qu'ils font pour disparaître peu après. D'où viennent ces jeunes lévites ? Je ne sais. Je les voyais pour la première fois.

Il restait peu de voitures et de chevaux. J'en trouve à Cussey chez le meunier, ailleurs, à Etuz, mais surtout à Boulot.

Dans un château de Boulot, on me confie une antique calèche à laquelle furent attelés deux grands bœufs jaunes. J'ignorais ce que les Allemands avaient fait de mes blessés le 22 au soir. Je n'étais pas allé à Etuz les jours précédents. En entrant dans une grande salle d'auberge, où étaient couchés un certain nombre de blessés, une odeur insupportable se dégage et me saisit à la gorge. M. Frayon n'avait pu, à lui seul, donner les soins voulu à tous ces malheureux qui se trouvaient à l'auberge et ailleurs. Il manquait d'objets de pansement, de médicaments, de tout.

Quant aux Allemands, après avoir transporté tous ces blessés de Cussey à Etuz, ils les avaient totalement abandonnés sans s'occuper d'eux.

Jamais, dans aucun temps, dans aucun pays, chez les peuplades les plus arriérées, de pareilles atrocités n'ont été commises.

Ne trouvant pas d'expression pour qualifier de tels crimes, je m'arrête.

Après bien des difficultés, j'arrive à former mon convoi. Il faut se hâter. La nuit va venir. Le conducteur de la première voiture, voiture du moulin de Cussey, veut partir seul pour rentrer plus tôt. Mes infirmiers me préviennent. Je me fâche. Je n'ai, en fait d'arme, qu'un mauvais couteau, j'en menace le garçon meunier, il se soumet. J'ignorais ce qui se passait entre Cussey et Besançon. Il ne fallait pas nous séparer. Seul, en réalité, jétais en règle avec mon brassard, mes pièces françaises et allemandes. Je ne voulais pas que mes infirmiers et mes convoyeurs me quittent.

Nous partons enfin pour Besançon où nous arrivons vers 9 heures du soir avec 10 voitures pour 35 ou 40 blessés. Nous en avions laissé un certain nombre tant à Cussey qu'à Etuz. Beaucoup de ces derniers sont morts, non de leurs blessures, mais parce que les Prussiens les avaient laissés sans soins.

Nos blessés admis à l'ambulance, nos voitures de réquisition retournent à Cussey et aux environs.

Mes quatre infirmiers et moi nous découvrons un modeste hôtel où nous recevons un accueil cordial. La maison est bondée. On nous fait place. Nous dinons copieusement. Il y avait plusieurs jours que nous ne mangions que fort mal. Je dois dire toutefois qu'à Boulot, vers midi, un brave cultivateur m'avait déjà bien reçu. C'est ce cultivateur qui m'avait prêté ses deux bœufs et m'avait indiqué la vieille calèche où avaient été fort bien installés plusieurs blessés. Notre repas expédié, tous les cinq nous couchons dans de vrais lits que le personnel de la maison et des clients nous ont cédés.

Et le lendemain 25, dans la matinée, mes hommes et moi nous rejoignons le bataillon à Chalezeule.

Le colonel Dyonnet me reçoit. Je lui rends compte de ma mission. Il est profondément ému.

J'ai gardé du colonel Dyonnet un excellent souvenir.

Les pertes à Cussey

L'effectif du 3ᵉ bataillon était, ai-je dit, de 700 hommes au combat de Cussey, le 22 octobre 1870.

Sur ce nombre, un peu plus de 200 mobiles sont rentrés à Besançon, après Cussey, le 22 octobre dans la nuit et les jours suivants.

Plus de 400 hommes auraient donc été mis hors de combat à Cussey.

Je n'ai pu recueillir de renseignements précis sur nos pertes, sauf pour la 5ᵉ compagnie, grâce à l'ami Curien.

J'ai donc dû me contenter de mes propres notes, des documents contenus dans le Livre d'honneur de Remiremont, Livre d'honneur qui, je le répète, ne fait pas mention des hommes disparus appartenant à l'arrondissement de Saint-Dié, des renseignements que m'ont fourni des camarades du Val-d'Ajol et d'ailleurs. Enfin j'avais laissé à M. Chauvin, instituteur, la liste des morts prise par lui sous ma dictée le 23 octobre au matin, ne sachant ce que j'allais devenir, puisque les Allemands me conservaient parmi eux tant qu'il y aurait des blessés à Cussey.

Quant à prendre, le jour du combat et les jours suivants, les noms des blessés, il n'y fallait pas penser. Nous étions trop occupés pour pouvoir rien noter.

Les compagnies les plus éprouvées le 22 octobre sont les 1ʳᵉ, 2ᵉ, 3ᵉ, 4ᵉ et 5ᵉ compagnies.

Le bataillon perd 9 officiers : le sous-lieutenant Delang

est tué; le lieutenant Méline est grièvement blessé; le commandant Brachet, les capitaines Monnin, Ostertag, Blaison, Colle, les lieutenants Pottecher, Grandjean sont faits prisonniers. Le capitaine Monnin et le lieutenant Blaison qui ignoraient leur nomination du 20 octobre au grade de capitaine ont subi la captivité comme lieutenants.

Le nombre des sous-officiers, caporaux et mobiles tués, ou morts des suites de leurs blessures, peut être évalué à 100.

Celui des blessés à 120.

Enfin le chiffre des prisonniers est de près de 200.

Les pertes totales dépassent 400 hommes. La 5e compagnie comptait le matin du 22 octobre 124 hommes, officiers, sous-officiers, caporaux et soldats. Elle perd à Cussey 56 mobiles dont 11 tués, 19 blessés, 26 prisonniers, savoir :

Tués ou noyés.

Géhin Louis, caporal.

Mougel Joseph-Emile, fils de Eloi et de Demange Marie-Catherine, garde mobile, né à la Bresse, le 16 avril 1848 (Jugement du tribunal civil de Besançon du 18 janvier 1872).

Lambert Jean-Baptiste, mobile.

Cornement Lucien, mobile.

Didierlaurent Emile, mobile.

Antoine Jean-Baptiste, mobile.

Grosdemange François, mobile.

Antoine Prix, mobile.

Xolin Eugène, mobile.

Aubry, de Vagney, mobile.

Perrin Jean-Nicolas, mort à l'ambulance de Cussey, le 22 octobre à minuit, né à Vagney.

Prisonniers.

Blaison, capitaine.
Perrin Albert, sergent.
Géhin Oscar, sergent.
Grosjean Sylvain, caporal.
Valroff Henri, caporal.
Perrin Alexandre, mobile.
Curien Prosper, mobile.
Villemin Adelin, mobile.
Géhin Porphyre, mobile.
Grandemange Sylvain, mobile.
Valroff Gustave, mobile.
Colin Victorin, mobile.
Auptel Jules-Nicolas, mobile.
Creusot Emile, mobile.
Claudel Félicien, mobile.
Poirot Elie, mobile.
Thomas Joseph, mobile.
Laheurte Joseph, mobile.
Laheurte Isidore, mobile.
Gégout Louis-Eugène, mobile.
Aubry Nicolas-Auguste, mobile.
Gigant Louis, mobile.
Perrin Jean-Romary, mobile.
Remy Nicolas-Joseph, mobile.
Remy Jean-Nicolas, mobile.

Ces mobiles ont été internés à Landshut, sauf M. le capitaine Blaison à Neubourg, et le sergent Albert Perrin à Neu-Ulm.

Blessés.

Barnet Emile, mobile.
Germain **Sylvain**.
Hocquaux Jean-Nicolas.
Thomas **Denis**.
Curien Louis.
Toussaint **Célestin**.
Lirhantz Alphonse.
Claudel Jean-Zéphirin.
Aubriot Emile.
Lemaire **Constant**.
Girot Jean-Georges.
Laurent Abel.
Aubert Victor.
Peltier Constant.
Aubry Joseph-Auguste.
Roussel Jean-Blaise.
Grandemange Auguste.
Thomas Louis.
Abel Jean-Baptiste.

Monsieur le capitaine Blaison a délivré pour la 5e compagnie les certificats de blessures suivants :

Barnet Joseph-Emile, de Sapois, garde, éclat d'obus au bras gauche ayant nécessité la désarticulation de l'épaule gauche, blessé le 22 octobre 1870 au début du combat sur la butte à gauche d'Etuz (point 241) étant en tirailleur avancé à 150 mètres de l'ennemi, avec une section de la compagnie. Décoré de la médaille militaire.

Germain Pierre-Sylvain, de Cornimont, balle à la cuisse gauche, au même moment et dans les mêmes conditions que Barnet ; décoré de la médaille militaire.

Aubriot Emile, de Cornimont, garde, coup de feu à l'avant-bras gauche avec fracture.

Lirhantz Alphonse, de Cornimont, **balle à la jambe gauche.**

Lemaire Louis-Constant, de la Bresse, garde, éclat d'obus à la jambe droite et balle au bras droit.

Aubert Victor, de la Bresse, garde.

Aubry Joseph-Auguste, de Gerbamont, garde, ankylose de l'articulation phalangienne du pouce droit, par une balle.

Thomas Louis, de Saulxures, garde, balle a traversé l'os de la jambe.

Roussel Jean-Blaise, de Basse-sur-le-Rupt, garde, amputation de l'indicateur de la main droite.

Curien Louis, de Cornimont, garde, blessure à la tête.

Claudel, Jean-Zéphyrin, de Cornimont, garde.

Hocquaux Jean-Nicolas, de Cornimont.

Thomas Louis, de Saulxures, garde.

Grandemange Auguste, de Saulxures, garde.

Abel Jean-Baptiste, de la Bresse, garde.

Les mobiles tués ou morts de leurs blessures des 'autres compagnies de moi connus sont :

Fleurot Emile-François, garde, 20 ans, du Girmont-Val-d'Ajol. Décédé à Etuz, suite de blessures, le 25 octobre 1870. (Etat-civil d'Etuz).

Couval Charles-Auguste, garde, né au Val-d'Ajol.

Feivet Jules-Constant, sergent, né au Val-d'Ajol, décédé suite de blessures à Besançon, 30 octobre 1870.

Séguin Charles, garde, décédé à Etuz, suite de blessures, le 25 octobre 1870. (Etat-civil d'Etuz).

Vançon François, caporal, époux de Ory, Sidonie, fils de François et de Georges Anastasie, né à Ruaux, le 10 décembre 1847. (Jugement du Tribunal civil de Besançon du 30 mai 1872).

Duchêne Jean-Baptiste, garde, né à Bellefontaine.

Jacquot Frédéric, garde, né à Bellefontaine.

Laurent Jean-Baptiste, né à Bellefontaine, **mort à Besançon**, suite de blessures, le 25 novembre 1870.

Valentin Blaise, garde, né à Bellefontaine.

Mathiot Jean-François, né aux **Granges-de-Plombières**, décédé à Marseille, suite de blessures.

Burette Jean-Nicolas, garde, né à Saint-Etienne (Vosges).

Grégoire Louis-Célestin, caporal, né à **Saint-Etienne** (Vosges).

Remy Hippolyte, garde, né à Saint-Nabord, **décédé, suite** de blessures, à Besançon, le 13 novembre 1870.

Charles Alfred, garde, né au Thillot (classe 1868).

Gaspard Charles-Joseph, né au Thillot (classe 1868).

Picard François, garde, né au Thillot (classe 1868).

Berquand Auguste-Alexandre, caporal, né à **Bussang**.

Antoine Joseph, garde, né à Ferdrupt.

Lecomte Jules, garde, né à Fresse.

Parmentier Nicolas-Félix, né à Ramonchamp.

Andreux Nicolas-Philippe, né à Rupt-sur-Moselle, **tué en** traversant l'Ognon.

Stoupe Jean-Joseph, garde, né à Saulxures-les-Saales (Vosges annexées) le 16 novembre 1849, fils de Jean-Pierre et de Marie-Joseph Charpentier, noyé dans l'Ognon.

Colin Jean-François, garde, né au même lieu le 16 mars 1849, fils de Michel et de Catherine Thomas, noyé dans l'Ognon. Les familles Stoupe et Colin ont souscrit pour le monument de Cussey et se sont fait représenter à l'inauguration de ce monument.

Vincent Emile, garde, né à Plaine (Vosges annexées) le 16 novembre 1849, fils de Nicolas-Sébastien et de Marie Nicolle (le décès de ces trois mobiles a été constaté par jugement du Tribunal civil de Besançon du 28 septembre 1872).

Lemarquis Prosper, garde, né à Granges (Vosges) le 8 septembre 1847, fils de Jean-Baptiste et de **Marie-Thérèse** Perrotin.

Laurent Célestin, garde, né à Basse-sur-le-Rupt.

Abel Jean-Baptiste, garde, né à la Bresse, décédé à Besançon le 22 novembre 1870.

Antoine Isidore, garde, né à Saulxures.

Mathieu Jean-Joseph, né au Tholy, décédé, suite de ses blessures, à Besançon, le 14 février 1871.

Nous pouvons enfin nommer parmi les prisonniers des compagnies autres que la 5ᵉ :

Résal Paul, de Plombières, sergent-fourrier (Landshut).

André Eugène, sergent (Landshut).

Margaine Adolphe, de la Croisette-Val-d'Ajol, garde, (Landshut).

Fresse, du Val-d'Ajol, garde.

Pfhil, de Ramonchamp, caporal.

Picard, sergent-fourrier.

Le 22 octobre au soir, les Badois font traverser les ponts aux officiers prisonniers, puis les ramènent à Etuz. Pour quel motif? Sans doute pour leur donner le triste spectacle de leurs camarades morts déposés sur les trottoirs du pont.

Les prisonniers quittent Cussey à 7 heures du matin. Ils n'ont rien mangé la veille. Les Allemands les emmènent sans leur donner de nourriture.

Cependant, dans un village, vers une heure, des paysans apportent des vivres aux malheureux.

A droite et à gauche de la route, sur les ponts et sur la chaussée, ils voient en passant les cadavres de leurs camarades que je n'ai pu relever que plus tard.

Avant d'arriver à Oiselay, on fait prendre à travers champs aux prisonniers pour laisser passer l'artillerie allemande. Leur première étape est à Oiselay, où ils sont logés à l'église.

A Oiselay, surpris qu'une poignée d'hommes mal équipés, mal armés, aient pu tenir tête à son armée pendant une journée entière, le général de Werder questionne lui-même les mobiles séparément et les fait interroger par son officier d'état-major, cet officier que j'appelle, ignorant son nom, Pot à tabac, pour sa ressemblance à ces lourds et laids récipients où certains fumeurs mettent leur tabac.

Un mobile, surpris de l'entendre parler aussi bien français, lui demande où il a appris notre langue. « J'ai été employé à Rambervillers », répond l'officier. J'ai fait bien des recherches à Rambervillers, Pot à tabac y est inconnu. Il avait dû y passer et gardait un mauvais souvenir de cette héroïque ville vosgienne.

D'Oiselay, nos camarades sont dirigés sur Vesoul.

Le 24 au matin, les Allemands font une distribution de vivres, la première, et bien maigre. Ce qui est abondant de leur part, ce sont les injures et les coups.

Le 25 octobre, à Vesoul, les mobiles couchent au manège de cavalerie, dans de mauvaises conditions. Les officiers sont logés à la Préfecture abandonnée.

Le lendemain 26 octobre, distribution de vivres. Puis en marche par Faverney pour Saint-Loup. A Faverney, les habitants donnent à manger aux prisonniers.

A Bains, les mobiles couchent à l'église, où il y a une bonne paille. Les habitants leur apportent des vivres de toutes sortes. Les officiers sont libres sur parole. Les Allemands, surtout les Badois, sont moins brutaux. Il est juste de dire que plusieurs officiers badois ont été bons pour nos malheureux compatriotes.

Quelques prisonniers s'échappent, entre autre Fresse, du Val-d'Ajol. Simulant la fatigue, Fresse, à Bains, reste en arrière ; il s'est procuré de l'eau-de-vie, il en offre au Badois qui le surveille. Le Badois accepte et néglige quelque peu son prisonnier. Fresse en profite. Il saute un mur, enlève ses guêtres et gagne Plombières, où il est bien reçu. Domestique de culture au Val-d'Ajol, il revient chez son maître, fort surpris de le voir. Puis il reprend du service.

Le 28 octobre, coucher à Xertigny, à l'école. Là, des Wurtembergeois remplacent les Badois. Pour la première fois, les officiers allemands font manger avec eux, dans une auberge, les officiers français.

Le lendemain, 29 octobre, arrivée et coucher à Epinal. Les prisonniers sont logés à la nouvelle prison.

Ce sont des Prussiens ivres et malveillants qui gardent avec rigueur nos camarades et les rudoient brutalement.

Le 30 octobre départ pour Charmes, par la rive droite de la Moselle, le pont de Charmes étant détruit, puis de Charmes, vers les prisons allemandes, en chemin de fer. Il est défendu de descendre du train, même aux arrêts. La nuit, le train s'arrête en pleine campagne. C'est seulement à Ulm que les prisonniers peuvent sortir du train pour se restaurer.

J'ai relaté quelques-uns des crimes et des déprédations commis à Etuz et à Cussey par les Allemands.

Les villages voisins ont également souffert.

« Dans l'après-midi du 23 octobre, écrit Euvrard, la reconnaisance badoise, se dirigeant sur Besançon, traverse Auxon. Les éclaireurs qui la précèdent, inspectent un groupe de paysans rassemblés sur le chemin. Parmi ceux-ci se trouvait un pauvre casseur de pierres, le nommé Bertrand, âgé de 69 ans, et qui, pour avoir chaud, portait, mal dissimulé, sous un haillon, un pantalon de mobiles laissé la veille dans la maison Royet ; il est saisi et entraîné, dans la direction de Cussey. en compagnie du nommé Auguste Grand, que d'autres éclaireurs venaient de prendre dans la tranchée du chemin de fer, tandis qu'il se sauvait vers Miserey. Chemin faisant, Bertrand cherche à s'échapper ; les Allemands tirent dessus, le blessent et l'achèvent à coups de baïonnette dans les champs des Varennes ».

« Le nommé Claude Jeandemans se trouvait en curieux au-dessus de la côte entre Auxon et Miserey ; les dragons l'arrêtent, le fouillent et finissent par découvrir sur lui une chemise achetée chez un fripier et portant un numéro matricule.

« Aussitôt, sans autre forme de procès, ils lui attachent les mains derrière le dos et le fusillent.

« Pour justifier cet acte, ils mettent en évidence sur le cadavre, le coin de la chemise qui portait le numéro. (Même auteur).

« On allait enterrer Jeanneney, tué la veille pour n'avoir pas voulu laisser prendre son cheval. Un des amis de ce pauvre paysan, le nommé Chauvey, se met à sonner la cloche de l'église ; il est saisi quelques minutes après, par des dragons badois arrivant au galop. On le condamne à la peine de mort. Mais Chauvey fait entendre des protestations tellement énergiques, que le général Degenfeld donne l'ordre de surseoir à l'exécution. Les Badois l'oublièrent le lendemain matin à Cussey, et il est rentré à Auxon avec Auguste Grand. (Même auteur).

« Le 22 octobre, les Badois entrèrent à Voray à 3 heures trois quarts. Le nommé Jeantot, qui se trouvait au bas du village, devant sa porte, fut fusillé par les Badois.

« Un certain nombre d'habitants s'étaient réfugiés dans la grotte de la Baume... L'un d'eux, Jeanneney, de Voray, qui cherchait à gagner Devecey, fut tué dans le trajet par les Badois » (même auteur).

Dans Grenest, page 210 et suivantes, nous relevons ce qui suit : « J'ai vu, nous a dit M. Alfred Prost, relever un capitaine des Basses-Alpes, traversé par une balle, et auquel des détrousseurs avaient enlevé sa montre pendant qu'il râlait sur le champ de bataille. » (Il s'agit évidemment ici du capitaine Jeauffrey, du bataillon des Hautes-Alpes.)

Soigné d'abord à l'ambulance, puis chez la comtesse douairière de Vezet, où il se rétablit complètement, il m'a conté lui-même, dit M. Prost, cet acte de honteuse rapine.

Grenest continue ainsi : « *Plaisirs allemands. La veuve d'Auxon-Dessus.* Le 22 octobre, nous dit Gustave Nadaud, dans l'intéressante petite brochure qu'il a publiée après la guerre, sous le titre : *Mes Notes d'infirmiers,* les Allemands occupèrent le vilage d'Auxon-Dessus, près de Besançon, ils en furent chassés le soir par les zouaves; mais on se souviendra longtemps de leur passage. » « Quelques jours après, dit Nadaud, je visitais le champ de bataille où s'étaient livrés les combats de Cussey, d'Etuz et de Châtillon-le-Duc. Deux pans de murs, un tas de pierres et des poutres noircies restaient seuls d'une construction considérable. En regardant ces débris encore fumants, je me demandai si cet incendie avait été allumé par le hasard des obus ou la main des hommes.

« Une femme, vieille, longue, sèche, sortait de ces ruines. Elle resta quelques instants muette, puis elle m'aborda. « Cette maison est la mienne, me dit-elle, je suis veuve, j'ai... j'avais un fils, j'y demeurais avec lui. Samedi dernier, les Prussiens sont venus. Nous avions un cheval auquel Pierre (Claude-Pierre Jeanneney) tenait beaucoup. Les Prussiens voulurent le prendre. Mon fils ne leur refusa pas : on n'a rien à refuser à ces gens-là, mais il ne put s'empêcher de se plaindre.

« Alors, Monsieur, savez-vous ce qu'ils ont fait? Ils ont fusillé mon enfant, là, dans le jardin.

« Et ici, ils ont pris un fagot et des allumettes, et ils ont mis le feu à notre maison.

« Maintenant, je n'ai plus de quoi m'acheter une robe de deuil. »

Et le poète ajoute, dit Grenest : « Une maison brûlée, un paysan fusillé. C'est peu de chose, et il n'est pas un village des contrées envahies qui n'ait eu ses *incidents* et ses *accidents;* mais il faut que chacun apporte sa note au concert des malédictions, on pourra alors faire la légende de la terrible invasion. »

J'arrête les citations sur cette phrase de Grenest : « C'est ce que nous essayons de faire en ce moment. » (Notes n°s 34 à 44.)

CHAPITRE XV

La marche vers les Vosges (28 octobre 1870).

Par décret du 4 octobre 1870, le gouvernement de la Défense Nationale adjoint Gambetta à la Délégation de Tours.

Gambetta, après s'être échappé de Paris par ballon, s'emploie immédiatement à relever le moral des civils et des militaires, à organiser partout la défense du territoire. Ardent patriote, il met au service de la France, en danger, sa haute intelligence, sa prodigieuse activité, sa vaillance inlassable, son incomparable esprit d'organisation. Oubliant leurs divisions, les Français l'écoutent enthousiasmés, s'inclinent devant ses décisions, lui obéissent avec ardeur. Gambetta incarne la Patrie et la République. Gambetta est la plus belle figure, le plus noble esprit, la plus haute personnalité des temps modernes. Les étrangers, même nos plus inplacables ennemis, les Allemands, s'inclinent devant ce nom : Gambetta, le « Terrible Français », comme ils l'appellent.

Nous, Français, nous ne devons le prononcer, ce nom, qu'avec le plus profond respect, avec vénération.

Bismarck, l'homme impitoyable, sans cœur, sans scrupule, sans conscience, symbolise la Prusse farouche, brutale, sauvage, sanguinaire, cruelle, féroce.

Gambetta, c'est la France aimable, accueillante, magnanime, généreuse, bienveillante, bonne, fraternelle, mais courageuse et forte.

Gambetta avait compris que sa présence était utile dans l'Est. Arrivé à Besançon le 18 octobre, il en repart le 21, laissant aux troupes une proclamation que nous ne connûmes que plus tard.

Comme toujours et partout, Gambetta avait fait à Besançon œuvre utile, voyant tout, se rendant compte de tout, encourageant les uns et les autres, faisant l'union, préparant la résistance aux envahisseurs. « A peine arrivé à Tours, (écrit GRENEST), et se trouvant par conséquent en pleine période de réorganisation et de formation, Gambetta n'hésita pas à venir se rendre compte de la situation, et, le 18, il se trouvait à Besançon avec M. Spuller. » Gambetta, écrit le même auteur, reçut les colonels Perrin et Keller; celui-ci commandant les corps francs de la Haute-Alsace.

« Perrin demanda immédiatement à retourner dans les Vosges pour les défendre, à la tête d'une colonne mobile de 6.000 hommes. Gambetta lui accorda sa demande, réduisant toutefois le chiffre de la colonne à 5.000 hommes (notes du colonel Perrin). « Le colonel Perrin est nommé commandant d'une colonne mobile de 5.000 hommes chargée d'opérer, dans les Vosges, autour du massif du Thillot. Il devra se mettre en route immédiatement pour commencer ses opérations. » (Ordre du 18 octobre, signé : Gambetta, DUMAS, page 82).

Cambriels envoie la brigade Perrin sur l'Ognon le 21 octobre.

C'est heureux pour Besançon. Mais si les 5.000 hommes de Perrin étaient partis, conformément aux instructions données par Gambetta à Perrin, directement pour les Vosges, où, en trois jours, c'est-à-dire plusieurs jours avant la capitulation de Metz, ils pouvaient arriver non seulement au Thillot, mais en Alsace, que serait-il advenu? Peut-être la marche des évènements eut-elle été modifiée! En tous cas, l'arrivée d'une armée française dans les Vosges et en Alsace eut été un précieux encouragement pour nous, un sujet d'inquiétude pour l'ennemi, contraint d'opposer à cette colonne française de forts contingents allemands. La brigade Perrin part donc le 28 octobre de Besançon pour ariver le 31 au soir, à Melisey et aux environs.

A Melisey, ce sera la capitulation de Metz qui arrêtera encore la marche en avant, comme dans les Vosges, la capitulation de Strasbourg, laissant disponibles les troupes de Werder, avait empêché l'armée française de marcher sur l'Alsace.

Quoiqu'il en soit, n'oublions pas, amis lecteurs, que les mobiles du 3ᵉ bataillon des Vosges étaient exténués de fatigue, mal équipés, armés de la veille de nouveaux fusils dont ils ignoraient le maniement; que leur nombre était réduit de plus de moitié; que les compagnies étaient désorganisées, que certaines d'entre elles comptaient 60 hommes à peine; que les cadres avaient été complétés! N'oublions pas surtout que la dysenterie faisait de terribles ravages et cependant le 3ᵉ bataillon, parti le 28 octobre de Chalezeule, arrive à Melisey dans la nuit du 31 !

Regardez la carte, lecteurs, et constatez ce que les mobiles du 3ᵉ bataillon des Vosges ont fait de marches et de contremarches dans des conditions épouvantables, pendant le mois d'octobre 1870. C'est fantastique !

Si des Vosgiens, privés de sommeil, sans nourriture, mal vêtus, sont capables de faire de telles randonnées, que ne peut-on demander à des Vosgiens bien organisés, bien équipés, bien entraînés ? Cela montre qu'en cas d'attaque, la France peut compter sur les Vosgiens, et que les Prussiens auront en eux, Vosgiens d'Alsace, Vosgiens de Lorraine, Vosgiens de Franche-Comté, de rudes adversaires. Ne cessons de le redire.

La colonne mobile des Vosges, commandée par le colonel Perrin, se composait des 1ᵉʳ, 2ᵉ et 3ᵉ bataillons de mobiles des Vosges formant le 58ᵉ régiment de marche; du 2ᵉ bataillon des mobiles de la Meurthe; des deux bataillons des mobiles de la Corse et d'une batterie d'obusiers de montagne, ensemble près de 5.000 hommes.

D'après Dumas, la colonne Perrin était composée : « Gardes mobiles de la Corse : 2 bataillons, 48 officiers, 1.880 hommes de troupe; 58e régiment de gardes mobiles : 3 bataillons (Vosges), 32 officiers, 2.500 hommes; gardes mobiles de la Meurthe : 1 bataillon, 18 officiers, 500 hommes; 1er bataillon du train d'artillerie : 4e compagnie, 2 officiers, 79 hommes. »

Les Vosgiens, notamment, n'atteignaient pas le chiffre indiqué.

Le 28 octobre, le 3e bataillon arrive le soir à Baume-les-Dames. L'ami Mathieu, toujours débrouillard, a trouvé à l'hôtel une chambre pour lui et pour moi. Les hommes couchent à l'église. Ils y ont couché souvent, nos mobiles, dans ces églises de Franche-Comté;

Le lieutenant Blaison, en son patois, en apercevant, je ne sais où, une église nouvellement construite, s'était écrié : « Vin diou, lé bé moté! » (Vingt dieux, la belle église!) L'avons-nous répété souvent, cette phrase, à propos de tout et de rien! Nous étions jeunes, et malgré nos misères, nous restions gais.

Le samedi 29, il pleut. Le bataillon se met tard en marche, après une distribution de biscuit moisi et de viande gâtée. Le bataillon couche à Rougemont. Les cas de dysenterie augmentent, je suis atteint. Le commandant a son billet de logement, avec un autre officier, dans une belle propriété appartenant, dit-on, à un général. Il s'était présenté dans la soirée. Mais pour des motifs que j'ignore, il renonça à y aller coucher. Je prends sa chambre. La domestique qui me reçoit est fort surprise d'avoir à loger, au lieu d'un officier supérieur, un modeste médecin, sans galons. La chambre est bonne. Mais je ne puis reposer, je suis malade pendant toute la nuit.

Le dimanche 30, au matin, le bataillon part pour Vellechevreux. Je réquisitionne, à Rougemont, des voitures pour transporter mes malades. Un brave paysan, surpris de me voir marcher avec lui, à côté de la voiture, me dit : « Mais vous êtes plus malades qu'eux! » Il pleut. L'étape est pénible. A Vellechevreux je couche à l'auberge où nous avions pris le repas du soir, derrière le poêle bien chaud de la salle à manger, sur une bonne paille.

Le meunier du pays ayant refusé de recevoir deux officiers, ils reviennent à l'auberge. L'un se couche sur la grande table, l'autre près de moi. Nous avions des poux. C'est entendu, mais les uns en avaient plus que d'autres et de différentes espèces. Malheureusement pour moi, mon camarade en avait de terribles, aux couleurs allemandes, je crois. Il me fallut quitter ma paille et rejoindre sur la grande table l'autre officier. Bref, une mauvaise nuit.

Le 31 octobre, le bataillon part pour Ronchamp et Melisey, qu'une partie seulement de la brigade peut atteindre dans la nuit.

L'officier évincé du moulin fait saisir le meunier qui est emmené entre quatre mobiles. Les braves gens des pays traversés le voyant passer, et moi près de lui, le croyaient déjà mort. Mais au premier village le meunier est relâché. Il pleut toujours. L'étape est longue. La journée est pénible Il est nuit à notre arrivée à Ronchamp. Les chemins sont détrempés. Nous continuons sur Melisey où j'arrive vers minuit. Je suis logé et bien reçu chez de braves habitants.

Le lendemain, 1er novembre, je vais voir le médecin de Melisey, je suis, avec beaucoup de mes camarades, dans un piteux état. A part quelques compagnies restées en arrière, la brigade est réunie à Melisey.

On apprend la reddition de Metz. Il faut retourner sur Besançon. Je quitte le bataillon. Je le retrouverai plus tard. Le Dr Wittmann va reprendre son poste. (Notes n° 45 et 46.)

CHAPITRE XVI

Le retour à Besançon (2 novembre 1870).

Le 2 novembre, au matin, l'artillerie lourde rebrousse chemin. Le 3ᵉ bataillon suit de près, il couche partie à Crevans, partie à Courchaton.

Pendant la nuit, alerte sans suite.

Le bataillon arrive, le 3 novembre, à l'Isle-sur-le-Doubs.

Le vendredi, 4 novembre, le bataillon gagne Rang. Il est fait une distribution de pain. Le 5 novembre, la 3ᵉ compagnie est de grand'garde à Médière. Elle rejoint, le 6 novembre, le bataillon à l'Isle-sur-le-Doubs. Alerte pendant la nuit. Le bataillon part pour Clerval à deux heures. Le 7 novembre, les canons sont braqués en face Clerval. Le pont est démoli. Le bataillon va à la gare. Le 1ᵉʳ bataillon des Vosges part dans la direction de Besançon, puis le 3ᵉ.

Le 3ᵉ bataillon arrive à Mouchard, par chemin de fer, à 2 heures du matin le 8 novembre. Les Garibaldiens sont tous bleus de froid, (écrit le mobile de la 3ᵉ compagnie). Alerte le soir. Une compagnie est de grand'garde. On parle d'armistice. Le mercredi, 9 novembre, rappel. « Nous sommes sur les rangs, (écrit le mobile de la 3ᵉ) les troupes défilent musique en tête. Quelques hommes vont au 3ᵉ zouaves. Le 1ᵉʳ bataillon des Vosges passe, puis le 2ᵉ. Quant au

3ᵉ, il s'arrête. Le défilé continue, il n'y a plus que nous. Demi-tour sur Besançon. Encore des troupes, l'artillerie, les traînards, le 6ᵉ régiment de chasseurs d'Afrique. »

En remplacement du général Cambriels, le général Crouzat avait commandé, provisoirement, l'armée de l'Est, en attendant l'arrivée du général Michel. Le 9 novembre, le général Michel commande. Le 3ᵉ bataillon arrive le soir à Quingney. Le 10 novembre, le bataillon gagne, à Besançon, la caserne Saint-Paul. Le 11 novembre, repos. Du 12 au 26 novembre, 150 à 200 hommes travaillent aux tranchées, à la Chapelle, à Saint-Claude. (Ordres de la Place.)

Je donne quelques extraits des rapports de l'adjudant. Trois registres, contenant ces rapports, m'ont été remis : l'un par M. le capitaine Parisse, dont j'ai eu le vif regret d'apprendre le décès à Reims, pendant que j'écrivais ces notes; les autres, dont l'original, par M. Charles François, ex-sous-officier au 3ᵉ bataillon, qui les tenait de l'ami Thiaucourt.

A compter du 17 novembre, le bataillon fournit des postes à la Porte Saint-Pierre, à Saint-Claude. (Rapport du 16 novembre.) M. le lieutenant-colonel de l'Estoile passera l'inspection des bataillons de la garde nationale mobile. (Rapport du 21 novembre.) Les malades sont nombreux. « Jean-Baptiste Abel, mobile des Vosges, légèrement blessé et en bon état de guérison est mort subitement. Les obsèques auront lieu demain, mercredi, à 10 heures et demie du matin, aux Frères-de-Marie, Place Saint-Jean. Le bataillon fournira pour le service funèbre 16 hommes commandés par un caporal, 8 seront pour porter le cercueil. Cet homme est décédé à l'ambulance Saint-Jean. » (Rapport du 24 novembre).

« Les corps de la garnison sont informés que par suite de l'interruption des communications le charbon de terre sera remplacé par le bois. » (Même rapport.)

« Tous les bataillons de la garde mobile en garnison à

Besançon choisiront, dans leur casernement, un local convenable pour y établir une infirmerie dans laquelle seront traités les hommes atteints de maladies légères... » (Rapport du 24 novembre).

« Les hommes continuent à sortir en très mauvaise tenue, sans ceinturon, sans sabre, leurs capotes jetées sur leurs épaules au lieu d'être mises convenablement. Il y en a même qui sortent en sabots, sous prétexte que leurs souliers les blessent. Tous ces motifs attirent journellement des reproches... Ces abus ne peuvent durer plus longtemps. et il est expressément défendu aux sous-officiers de planton à la porte de laisser sortir un homme qui ne soit pas en tenue propre et régulière. » (Rapport du capitaine Dumont, 27 novembre.)

« Conformément aux ordres de M. le général commandant la division, le conseil de révision devra se réunir mardi, à 9 heures du matin. à l'hôpital pour statuer sur la position des hommes ayant des motifs de réforme... » (Rapport du dimanche 27 novembre.)

Le 28 novembre, à 2 heures, Monsieur le Dr Wittmann passe la visite.

Le 29 novembre, un certain nombre de mobiles sont renvoyés dans leurs foyers. Parmi eux mon correspondant de la 3e compagnie. Je le remercie de ses notes si précises.

Du 28 novembre au 1er décembre le bataillon continue à fournir 125 hommes, 1 officier, 2 sous-officiers et 3 caporaux pour le service du génie.

A partir du 29 novembre, le bataillon fournit le poste de la Porte Brézille. Il cesse de fournir le poste de Saint-Claude.

Le 1er décembre, les 1re et 2e compagnies sont détachées à Chalezeule, les 3e et 4e à Palente pour y exécuter, sous les ordres du lieutenant-colonel de l'Estoile, des travaux de fortification passagère. (Ordre signé du commandant Thiéry, 30 novembre.)

« A envoyer, demain 1er décembre, à 8 heures moins un quart, à l'ambulance de l'hôtel Mesay, rue de la Vieille-Monnaie, pour l'enterrement du nommé Perrotey Eugène, garde mobile des Vosges, 3e bataillon, 3e compagnie, décédé aujourd'hui 30 novembre à 8 heures du matin, 8 porteurs et une députation de 8 hommes et un caporal en tenue du jour pour assister à la cérémonie. (Rapport du 30 novembre.)

Le 2 décembre, 100 hommes, un officier, 2 sous-officiers et 3 caporaux sont mis à la disposition du génie.

Ordre de la division.

« Officiers, sous-officiers et soldats de toutes armes.

« Le gouvernement de la Défense nationale vient de m'appeler au commandement de la 7e division militaire en me conférant le grade de général de division dans l'armée auxiliaire.

« Je veux répondre d'une manière complète au témoignage de confiance que le gouvernement vient de me donner, et je compte sur votre concours le plus entier et le plus absolu pour défendre notre patrie outrageusement sacrifiée à l'égoïsme d'un despote. Nous ne devons avoir qu'une pensée : Vengeance, haine à l'étranger; qu'un but : le chasser.

« Rappelons-nous sans cesse les maux que nous souffrons, nos pères, nos enfants, nos frères égorgés, nos demeures incendiées, nos biens sacrifiés, et par dessus tout le sol sacré de la patrie violé et foulé par un peuple qui fait la guerre comme au temps les plus reculés de la barbarie. Nous sommes tous solidaires. Réveillons-nous donc. Que notre ardeur prouve qu'un sang généreux coule encore dans nos veines. Apprenons à manier le fusil qui nous a été confié. Soyons disciplinés d'une manière absolue. Que les chefs donnent l'exemple, que les inférieurs obéissent. Abandonnons cette vie facile et par trop légère qui nous affaiblissait. Devenons soldats, et nous pourrons dire : « Vive la France! car elle ne périra pas ».

Besançon, le 7 décembre 1870. Signé : ROLLAND.

Pour copie conforme et par ampliation, signé : BONAMY.

Le capitaine de vaisseau Rolland, nommé général de division au titre auxiliaire, est appelé, le 1er décembre, au commandement de la division de Besançon, en remplacement du général de Prémonville.

Le général Rolland est un officier brave, énergique. J'ai eu affaire à lui. Prompt dans ses décisions, Il est toujours juste. Le général Rolland avait déclaré qu'il ne rendrait pas la ville. Il ne l'aurait pas rendue. Se retirant dans les forts avec les hommes valides, il l'eut détruite si c'eût été nécessaire. Il organise les troupes qui arrivent à Besançon. Il sait imposer sa volonté, fait respecter ses ordres, rétablit la discipline quelque peu relâchée dans certains corps. C'était un chef.

Le 8 décembre, le général Rolland donnait aux troupes placées sous son commandement des instructions précises et fermes.

Le 9 décembre, il organisait la prévote.

Le canon Parisse

Je crois devoir relater un fait qui honore grandement un de nos compatriotes et sa famille. Monsieur Nicolas Parisse père, manufacturier à Faymont, commune du Val-d'Ajol, avait inventé un canon en acier, se chargeant par la culasse, muni d'une fermeture simple, ingénieuse, permettant un tir sûr et rapide, et en avait construit une batterie de 4 pièces.

Ces canons sont essayés le 7 octobre à Saint-Etienne, près Remiremont, dans la prairie. Ces essais donnent d'excellents résultats. Mais la retraite des Vosges est annoncée et M. Parisse père, craignant une dénonciation, enfouit ses canons dans la vase du canal de l'usine de Faymont.

M. Parisse ne perd pas courage.

Voulant contribuer à la défense de la patrie dans la mesure du possible, il charge un de ses canons, recouvert de sacs et de bâches, sur une voiture à quatre **roues**, dite char-à-bancs, appartenant à M. Gadenel, restaurateur à Remiremont, près du marché, beau-père du sous-lieutenant Mathieu, dit Gadenel.

Par un temps de neige épouvantable, M. et Mme **Parisse** partent pour Besançon. M. Gadenel conduit **la voiture.** Madame Parisse sait ce qu'elle contient. Il lui fallut **du courage** pour entreprendre un voyage aussi **dangereux.**

Tout va bien jusqu'à Rougemont. Mais dans cette **ville,** un poste allemand arrête la voiture et un officier **interroge** les voyageurs.

Soit que la présence de Madame Parisse ait donné confiance à l'officier, soit que les réponses de M. Parisse l'ait satisfait, l'allemand laisse partir les voyageurs sans faire de recherches.

Au moment du départ, M. Parisse salue l'officier d'un Güte nacht (Bonne nuit), l'officier répond par le salut militaire.

Se penchant vers sa femme, M. Parisse lui dit : « **Voilà** que les Allemands saluent mon canon, tout ira bien maintenant. »

Que fut-il arrivé, si le canon avait été découvert? Vraisemblablement c'était la mort pour les hommes, la **prison** pour Madame Parisse, peut-être la mort!

Les voyageurs arrivent à Besançon le 8 décembre. Le 10, ils vont à Chalezeule où les mobiles des Vosges sont heureux de revoir des compatriotes.

Le 11 décembre, le capitaine Parisse, accompagne ses parents à la Place, où le général de service remercie M. Parisse de son dévouement, de son courage, de ce qu'il avait exposé sa vie pour contribuer à la défense de la patrie et exprime le souhait que beaucoup de Français suivent son exemple.

Accablé de travail, n'ayant pas les éléments nécessaires pour faire examiner le canon Parisse, le général ne peut l'utiliser.

Le 16 décembre, à 2 heures et demie, le lieutenant-colonel de l'Estoile passe la revue du 3ᵉ bataillon des **Vosges**, près la tuilerie de Palente.

« Le commandant du 3ᵉ bataillon organisera, aujourd'hui même, la 8ᵉ compagnie en compagnie de dépôt. Il retirera de cette compagnie tous les hommes armés et équipés, moins les cadres. Il y versera tous les hommes non armés et non équipés des autres compagnies. La 8ᵉ compagnie sera rendue demain, 18 courant, au collège catholique. Elle sera casernée à 10 heures du matin. » (Ordre du 17 décembre. Lieutenant-colonel de l'Estoile).

A partir du 19, les compagnies de Palente et de Chalezeule doivent fournir au génie pour aller travailler près la tuilerie de Palente : 1 sous-officier, 2 caporaux et 40 hommes. » (Même ordre).

« Tous les hommes non armés devant fournir la compagnie de dépôt se réuniront à Chalezeule à 7 heures et demie du matin pour être conduits, par M. le capitaine Hanus, à leur nouveau casernement. » (Ordre du commandant Thiéry).

« Les gardes mobiles, dont les noms suivent, seront rendus demain, 18 décembre, à 8 heures du matin, caserne de la Visitation, pour être mis à la disposition de M. Hafner, tailleur : Denis Petitjean, Fleurot Charles-Eugène, 1ʳᵉ compagnie; Laheurte Jean-Louis, 4ᵉ compagnie; Didierlaurent,

5ᵉ compagnie; Veckmann Hippolyte et Sshniedenger, 7ᵉ compagnie. » (Ordre de la Place, 17 décembre).

« A partir de ce jour, les clairons seront placés ainsi dans les compagnies et titulaires de ces compagnies :

1ʳᵉ compagnie : Prony;

2ᵉ compagnie : Cornu;

3ᵉ compagnie : Herrey;

4ᵉ compagnie : Houot;

5ᵉ compagnie : Gstalder;

6ᵉ compagnie : Claude;

7ᵉ compagnie : Defrance;

Dépôt : Douché. »

« Le fourrier Heintz est nommé adjudant, en remplacement de M. Febvey passé sous-lieutenant. » (Ordre du 20 décembre, le commandant Thiéry).

« La 5ᵉ compagnie ira en reconnaissance le 21 décembre, à 6 heures du matin. » (Même ordre).

« 200 hommes des 1ʳᵉ, 3ᵉ, 5ᵉ et 6ᵉ compagnies seront envoyés au chantier de Palente le 21 décembre. » (Ordre du génie).

Le 21 décembre, M. le commandant Thiéry, dont la démission est acceptée, a cessé ses fonctions. Ses mobiles le voient partir à regret.

Le 21 décembre, M. le chef de bataillon Pougnet prend le commandement.

« Le capitaine Hanus, de la 8ᵉ compagnie, du bataillon des Vosges, remplissant, au collège catholique, les fonctions de commandant de Place, donnera un casernement à chacun des petits-dépôts. » (Hautes-Alpes, Haute-Garonne, Tarn-et-Garonne).

« Il y a, à l'intendance, 1.700 paires de souliers. » (Ordre du 21 décembre, de l'Estoile).

« Par circulaire du 21 décembre courant, le ministre de la guerre prescrit de prendre des mesures contre l'ivrognerie. Il ordonne que tout soldat, dont l'état d'ivresse étant de service aura été constaté, sera tenu aux grand'gardes pendant trois jours consécutifs, et il sera surveillé spécialement; s'il lâche pied au feu, il sera fusillé immédiatement, sans que l'ivresse soit pour lui une excuse. »

« Le ministre recommande en outre de veiller à ce que les hommes ne quittent pas leurs rangs sous prétexte d'aller porter un blessé à l'ambulance. Le règlement proclame sagement que le meilleur moyen de garantir les secours aux blessés, c'est d'assurer la victoire. Cet ordre sera lu à trois appels consécutifs aux troupes assemblées. » (Ordre de la division, du 21 décembre, signé Rolland).

La discipline devient de plus en plus sévère.

La cour martiale se réunit. En voici une décision : « Au nom de la patrie envahie, la cour martiale convoquée par le président le vingt-et-un décembre, mil huit cent soixante-dix, et composée de : MM. Cornillot, major de Place, *Président;* Mansion, capitaine au 15e bataillon de chasseurs à pied de marche; Couturier, capitaine au 63e régiment de marche; Pélet, lieutenant au 1er régiment d'artillerie; Viant, sergent au 3e bataillon des Vosges (58e régiment); *Juges.* Maracciole, sergent-major au 60e régiment de marche, *greffier.*

« Tous nommés par le général commandant la division et délibérant à huit clos. Le président a posé la question ainsi qu'il suit :

« Le nommé Claude Joseph-Antoine, garde mobile à la 4e compagnie du 3e bataillon des Vosges (58e régiment), est-il coupable d'abandon de son poste en présence de l'ennemi?

« Les voix recueillies séparément en commençant par le grade inférieur, le président ayant émis son opinion le dernier, la cour martiale déclare le dit Claude Joseph-Antoine, à la majorité des voix, non coupable.

« En conséquence la cour l'acquitte de l'accusation dirigée contre lui.

« En foi de quoi le présent jugement a été signé par les membres de la cour martiale, par le président et par le greffier.

« Fait à Besançon, les jours, mois et an que dessus.» Suivent les signatures.

« On a surpris, dans les corps irréguliers et même dans l'armée active, des engagés volontaires de nation allemande qui, munis de faux papiers, avaient réussi à s'y faire incorporer. Le général commandant la 7e division militaire appelle l'attention des chefs de corps sur cette nouvelle et dangereuse forme d'espionnage de l'ennemi. » (Ordre n° 107, du 25 décembre 1870).

« Le général commandant la 7e division militaire prévient MM. les chefs de corps et commandants de détachements qu'il les rend personnellement responsables des dégâts commis par les troupes sous leurs ordres dans les cantonnements ou logements qui leur sont ou pourront leur être affectés.

« Le général est décidé à ne plus tolérer aucun abus. » (Ordre du 27 décembre 1870).

Le 30 décembre, ordre : « à partir d'aujourd'hui, 350 hommes seront toujours, sur les travaux de Palente, à la disposition du colonel du génie.

Les officiers des compagnies de travailleurs seront continuellement sur les chantiers à surveiller leurs hommes et à activer le travail. »

« Par décision du ministre de l'Intérieur et de la Guerre, aucune personne étrangère à un corps d'armée en campagne ne sera admise à pénétrer dans les campements de ce corps ou au quartier général, si elle n'est porteur d'un sauf-conduit qui devra être signé par le ministre ou par son délégué... » (Tours, 30 novembre 1870, le délégué du département de la guerre, signé de Freycinet. — Besançon, ordre du 30 décembre 1870).

« Rapport du 1er janvier 1871, matin.

« Ministère de la Guerre. (Circulaire). Bordeaux, le 23 décembre 1870. Général. Le gouvernement de la Défense nationale de Paris, a maintenu, en la modifiant, l'institution de la médaille militaire. Les titres ayant servi à la notification des mentions honoraires seront échangés ultérieurement contre des brevets de médaille dont la délivrance s'effectuera par les soins du département de la Guerre, en même temps que la remise des décorations. Pour le ministre de l'Intérieur et de la Guerre : le Délégué du département de la Guerre, signé : de FREYCINET. L'officier de service, signé : HERY. »

Il existe peut-être encore des mobiles ayant obtenu une mention honorable qui, ignorant cette circulaire, n'ont pas reçu la médaille militaire. J'estime qu'ils sont toujours en droit de la demander.

Le registre du capitaine Parisse finit par deux ordres du jour du bataillon, du 31 décembre 1870 et 1er janvier 1871, nommant à différents grades de sous-officiers, caporaux, soldats de 1re classe, clairons. Ces nominations figurent au chapitre des cadres.

CHAPITRE XVII

Marche sur Belfort.

Le 4 décembre 1870, l'armée allemande avait repris Orléans. Séparés des 16ᵉ et 17ᵉ corps, les 15ᵉ, 18ᵉ et 20ᵉ corps se replient sur Bourges et vont former, sous les ordres du général Bourbaki, l'armée de l'Est ou armée de Bourbaki, avec mission de débloquer Belfort.

Le général Bourbaki fut intrépide soldat. Nous lui devons la victoire de Villersexel dont malheureusement il ne sut pas profiter. Il n'était pas chef d'armée. Indignement trompé à Metz par Bazaine qui, voulant se débarrasser d'un homme loyal et d'un vaillant soldat, l'avait envoyé en Angleterre, sous un prétexte faux, près de l'impératrice Eugénie, Bourbaki à son retour, n'avait pu rentrer à Metz et s'était mis à la disposition du Gouvernement de la défense nationale. Mais il manquait d'énergie. Il n'avait plus confiance.

Les 18ᵉ et 20ᵉ corps se mettent en marche le 19 décembre vers Besançon. Le 15ᵉ corps vient ensuite. Les troupes voyagent, partie par terre, partie par fer. Les hommes souffrent cruellement du froid et de privations de toutes sortes. Les malades sont nombreux, il y a beaucoup de décès.

Apprenant la marche des Français vers l'Est, les Allemands, que la belle défense de Nuits le 18 décembre avait impressionnés, abandonnent Dijon le 25 décembre. Bourbaki y arrive le 1ᵉʳ janvier 1871.

Le 2 janvier, le 18ᵉ corps est à Pesmes.

Le 4 janvier, le général Bourbaki entre à Besançon où le 24ᵉ corps est en formation.

J'ai conservé du passage à Besançon des troupes de Bourbaki, un souvenir douloureux. Je revois ces longues théories de fantassins harassés de fatigue, les cuirassiers de la garde impériale avec leurs grands manteaux rouges couverts de boue, ces braves turcos mal vêtus et dont un grand nombre étaient sans chaussures, ces artilleurs épuisés avec leurs tristes attelages. Tous ces hommes en loques dont beaucoup étaient malades marchaient avec courage à l'ennemi qu'ils devaient battre à plusieurs reprises malgré leur dénuement et leur misère, alors que l'ennemi bien reposé, bien nourri, bien vêtu, ne manquait de rien.

Le 9 janvier a lieu la bataille de Villersexel. Ce serait sortir du cadre que je me suis tracé que d'en faire le récit. J'engage les lecteurs à lire les ouvrages qui parlent de cette bataille. Je dois dire cependant que les mobiles Corses, qui avaient été avec nous à la brigade Perrin, se sont admirablement conduits à Villersexel. Ce sont encore des montagnards, ces braves insulaires !

Les Corses étaient arrivés de bonne heure à Villersexel où ils avaient trouvé deux compagnies du 2ᵉ bataillon des mobiles des Vosges qui y avaient passé la nuit. Toujours les premiers au feu, ces Vosgiens ! (Note n° 47).

Les Vosgiens eurent le capitaine Antoine grièvement blessé. Le capitaine fut porté à l'ordre de la division et plus tard décoré. Son lieutenant fut frappé à mort, le sous-lieutenant fait prisonnier après avoir été blessé. Ces trois officiers appartenaient à la 4ᵉ compagnie (Epinal) qui défendait le pont au début de l'action.

Le sous-lieutenant Durand Emile, ancien sous-officier, d'abord sergent-major à la 4ᵉ compagnie fut décoré plus tard. C'était le frère du lieutenant Durand tué à la Bourgonce.

A Villersexel, les Corses perdent leur vaillant chef, le lieutenant-colonel Parran, 9 officiers et 300 hommes du 1ᵉʳ bataillon, 4 officiers et 80 hommes du 2ᵉ bataillon.

Mais revenons à notre bataillon. Des mobiles d'autres bataillons ayant été versés au 3ᵉ bataillon fin décembre 1870, l'effectif était d'environ 700 hommes.

Le 9 janvier 1871, le 3ᵉ bataillon des Vosges quittait Chalezeule à l'exception de la 8ᵉ compagnie, capitaine Hanus, qui formait le dépôt et restait à Besançon. C'était la compagnie la plus nombreuse. Le 3ᵉ bataillon ne fait plus partie de la brigade Perrin, il appartient à la colonne commandée par le lieutenant-colonel Bousson, ancien commandant du 3ᵉ bataillon des mobiles du Doubs. Le colonel Bousson a en outre sous ses ordres le bataillon des mobiles des Hautes-Alpes et le 4ᵉ bataillon des mobiles de la Haute-Saône. Cette colonne est, sur le papier, de la 1ʳᵉ brigade (Minot) de la 1ʳᵉ division (Dastugue) du 15ᵉ corps (Martineau des Chesnez).

En fait, le 3ᵉ bataillon n'a pas marché avec la brigade Minot, il n'a pas eu de relations avec le colonel Bousson et n'a connu que son chef de bataillon, le commandant Pougnet, qui seul recevait de rares ordres du colonel Bousson.

La brigade Minot s'est distinguée sur la Lisaine.

Le 3ᵉ bataillon arrive le 9 janvier à Baume-les-Dames. Le lendemain, il séjourne à Clairval et à Rang, avec d'autres troupes d'infanterie et de la cavalerie bien mal équipée. (Curien).

Le 11 janvier, le 3ᵉ bataillon, en longeant le Doubs, atteint l'Isle-sur-le-Doubs. L'ennemi est proche. Les voitures et l'arrière-garde se trouvent séparées du bataillon et retournent à Besançon, rejoindre le dépôt.

Une rencontre sans importance a lieu avec l'ennemi sur les hauteurs de l'Isle-sur-le-Doubs.

Le 12 et le 13 janvier, le bataillon est de grand'garde aux environs de l'Isle. Des vivres sont distribués aux hommes qui n'avaient rien touché depuis 4 jours.

Le 14 janvier, le bataillon part pour Colombier-Chatelot et Saint-Maurice.

Le 15 janvier, il est à Colombier-Fontaine, puis Dampierre-sur-le-Doubs. On entend la canonnade.

Le 16 janvier, le bataillon arrive à Audincourt, où il a, au cimetière, une escarmouche avec l'ennemi qui se trouve sur la rive gauche du Doubs.

Le 17 janvier, le bataillon se dirige sur le moulin d'Audincourt. Détachée aux environs, la 3ᵉ compagnie ne peut rejoindre le 3ᵉ bataillon et regagne Besançon. Le 3ᵉ bataillon des Vosges n'a pas pris part aux grandes batailles des 15, 16 et 17 janvier, à ces journées de la Lisaine, qui décidèrent du sort de l'armée de Bourbaki, à ces batailles qui, si nous avions été vainqueurs et Belfort débloqué, auraient contraint les Prussiens à être moins exigeants lors de l'armistice et du traité de paix.

« A Versailles, 18 janvier.

A l'Impératrice Reine Augusta à Berlin.

« Bourbaki, après une bataille de trois jours, a dû se replier, en présence de l'héroïque résistance de Werder. Ce général et ses valeureux soldats méritent toute notre reconnaissance. »

Signé : Guillaume.

Même dépêche 18 janvier.

« L'armée du général Bourbaki, par suite des victoires remportées sur elle pendant trois jours par le général

Werder a échoué dans sa tentative pour débloquer Belfort, et est en pleine déroute. »

Signé : de PODBIELSKI (FILIPPI).

Le télégramme de l'empereur Guillaume à l'impératrice Augusta indique toute l'importance que l'état-major prussien donnait aux batailles sur la Lisaine.

Le 17 janvier, l'armée de Bourbaki commence sa retraite sur Pontartier. Avec le corps franc des Vosges du colonel Bourras, le 54e régiment de marche (mobiles du Doubs, lieutenant-colonel de Vezet). la compagnie franche des zouaves du commandant Lavallière, les mobiles des Hautes-Alpes, le 3e bataillon des Vosges forme l'arrière-garde et protège la retraite.

Le 17 janvier, le bataillon couche à Audincourt.

Vers 9 heures du soir, le commandant Pougnet reçoit l'ordre de partir le lendemain pour Valentigney.

Le 18 janvier, Bourras se bat vaillamment à Abbevillers, de Vezet à Blamont et à Bondeval.

L'ennemi, qui occupe le plateau de Seloncourt, veut prendre les Français à revers par la route d'Audincourt vers Blamont qui longe la rive droite du Doubs.

C'est ce passage que va avoir à défendre le 3e bataillon des Vosges qui est à l'extrême arrière-garde de l'armée.

En quittant Audincourt, une route longeant la rive droite du Doubs passe entre cette rivière et le plateau de Seloncourt. A l'extrémité d'Audincourt, à la hauteur des « Usines sous Roches », une première route se détache de la précédente, gagne le plateau, se dirigeant vers Hérimoncourt. Plus loin, un second chemin, au-delà du pont-de-Gland, passe également sur le plateau allant vers Bondeval.

La première route, lorsqu'elle atteint la fabrique Peugeot, en face Valentigney, sur la rive droite du Doubs, avons-nous dit, est resserrée entre les constructions de cette usine : à gauche, venant d'Audincourt, des bâtiments étroits, dominés par des roches, « sur les roches » qui surplombent à pic d'environ 30 mètres; au-dessus de ces roches, le plateau traversé par la route de Bondeval, puis plus loin par la route d'Audincourt à Hérimoncourt par Seloncourt; à droite de la route, longeant le Doubs, en face des bâtiments dont il vient d'être parlé, ceux plus importants de l'usine, puis le Doubs. Entre « Sur les Roches », et le Doubs, il y a une largeur d'environ cent mètres : bâtiments, route, bâtiments. Une route traverse ces derniers bâtiments et conduit, par un pont sur le Doubs, à Valentigney, sur la rive gauche du Doubs. Ce pont avait été détruit par les Allemands avant l'engagement du 18 janvier. Au-delà du pont, sur la rive gauche du Doubs, la ville de Valentigney que traverse une rue faisant suite au pont.

Le 18 janvier, à 10 heures du matin, le bataillon arrive à Valentigney. Il ne compte plus que six compagnies : les 1re, 2e 4e, 5e, 6e, 7e, pour environ 400 hommes. La 4e occupe des travaux de défense aux « Usines sous Roches », à Audincourt, sur la rive gauche du Doubs.

Les 5e, 6e et 7e compagnies défendent Valentigney, toujours sur la rive gauche du Doubs. Ces trois compagnies comptent ensemble 230 à 240 hommes ?

A 1 heure et demie, le poste des « Usines sous Roches » est canonné par les Allemands. Après avoir résisté près d'une heure à un ennemi pourvu d'artillerie et bien supérieur en nombre, le capitaine Grombach, qui commande la 4e compagnie et n'a qu'environ 70 hommes sous ses ordres, est contraint de se replier, par les champs, sur le Bois de Voujaucourt, vers la ferme des Buis, laissant sur le terrain, un officier grièvemnt blessé, deux morts : le sergent Joly, de Remiremont, et le garde Choffel Antoine de Pouxeux; et une dizaine de blessés.

Le capitaine Grombach s'est vaillamment conduit à Nompatelize, le 6 octobre, à la tête de la 7e compagnie, à Cussey, le 22 octobre, et à Audincourt, le 18 janvier.

Le sous-lieutenant Humbert observait l'ennemi avec une lorgnette. Une balle lui traverse la tête de part en part. Transporté chez les Messieurs Peugeot, il y mourut vers 11 heures du soir. Inhumé le lendemain, à Mathay, avec ses camarades tués le 18, quelques semaines plus tard son frère, M. l'abbé Humbert, alors vicaire au **Val-d'Ajol**, puis curé du Girmont-Val-d'Ajol, alla rechercher le corps du lieutenant Humbert, accompagné de **M. Seitz**, industriel à Granges, dont Humbert était un excellent employé, pour le ramener à Granges (Vosges) où il fut inhumé à nouveau avec l'assistance de toute la population.

Humbert, appelé à un bel avenir dans l'industrie, était un brave officier, serviable, discipliné, courageux, aimé de ses chefs, de ses camarades et de ses hommes.

Sur la photographie des officiers du 3e bataillon, photographie faite après Cussey, Humbert a la main appuyée sur l'épaule d'Arnoul. Unis dans la vie, ils sont partis le même jour morts pour la patrie, l'un à Audincourt, l'autre à Valentigney, en faisant leur devoir.

A Valentigney, l'adjudant-major Curien plaçant un poste en dehors du village, voit des paysans qui observaient un mouvement de l'ennemi, à la lisière du bois, **du côté de** Vaudoncourt. L'adjudant-major prévient de suite le commandant Pougnet qui, avec une longue vue, constate que les Allemands établissent des pièces d'artillerie dirigées sur Voujaucourt, les « Usines sous Roches » et Valentigney. Immédiatement, le commandant fait placer la 5e compagnie à droite du village, dans les maisons ou à côté, la 6e au centre, la 7e à gauche. Ignorant ce qui se passe « Sur les Roches », l'adjudant-major est autorisé par le commandant à aller en reconnaissance. Le directeur de la fabrique Peugeot accompagne courageusement Curien. Ils découvrent un batelier qui bravement, lui aussi, consent à les passer. Arrivés sur la rive droite du Doubs, Curien et le directeur grimpent sur les Roches. Ils aperçoivent l'ennemi qui avance en masses importantes sur le plateau dans leur direction. Ils regagnent à la hâte la fabrique. Curien retrouve difficilement sa barque et repasse le Doubs couché au fond du bateau pour ne pas être vu des Allemands qui, d'Audincourt, marchent sur Valentigney. Au même instant la canonnade et la fusillade se font entendre. La 4e compagnie est aux prises avec l'ennemi aux « Usines sous Roches ». L'adjudant-major n'a que le temps de rendre compte de sa mission au commandant et de reprendre sa place au milieu des mobiles. Il est 2 heures. Les Allemands ont deux pièces au Pont-de-Gland et d'autres « Sur les Roches ». Les mobiles n'en ont jamais eu. Ils n'ont que leurs chassepots. Les Allemands canonnent du Pont-de-Gland, exécutent un tir plongeant et nourri depuis « Sur les Roches », enfin fusillent les mobiles depuis la fabrique Peugeot. Le feu devient intense. Fidèles à leur devoir, les mobiles répondent avec bravoure et ténacité. Malgré les obus et les éclats d'obus qui endommagent les maisons et les balles qui sifflent comme grêle de tous côtés, les mobiles vosgiens tiennent ferme à leur poste comme de vieux soldats; ils répondent à l'ennemi par un tir bien dirigé, bien suivi. Plusieurs manquent de munitions. Pour en chercher, il faut traverser la rue balayée par les balles et les obus, c'est dangereux. Les mobiles brûlent 30 à 40 cartouches chacun. A Valentigney, les mobiles conservent leurs positions. Vers 4 heures et demie, l'ennemi cesse le feu le premier, puis il se retire, laissant seulement un poste à la fabrique Peugeot, sur la rive droite du Doubs en face Valentigney.

Sa marche, pour prendre à revers les troupes qui combattent à Bondeval et au-delà, est arrêtée. C'est un résultat très important. Le combat du 18 janvier constitue un fait d'arme qui fait honneur au 3ᵉ bataillon des Vosges. Les 5ᵉ, 6ᵉ et 7ᵉ compagnies ont eu, à Valentigney, 28 blessés et 3 tués : 1 officier, le sous-lieutenant Arnoul, de la 6ᵉ compagnie, le sergent-major Bougel et le sergent Bazin, de Bussang, de la même compagnie.

D'après certains rapports, dit Curien, sur un effectif d'environ 3.000 hommes, avec de l'artillerie, les Allemands auraient perdu 102 hommes. Mais nous le savons, les Allemands ont toujours caché leurs pertes le plus possible.

Après le combat, les 4ᵉ, 5ᵉ, 6ᵉ et 7ᵉ compagnies du 3ᵉ bataillon des Vosges ne comptent plus que 250 hommes environ.

La 6ᵉ compagnie a le plus souffert. Postée sur les bords du Doubs, près du pont détruit, elle a reçu les premiers coups de feu et a été la plus exposée.

Le sous-lieutenant Arnoul, de Bussang, avait pris un fusil et de la deuxième fenêtre du premier étage de la première maison à droite du pont, en regardant le Doubs, il tirait sur les Allemands établis de l'autre côté de la rivière. Atteint d'une balle à la tête, vers 3 heures et demie, il est mort, à 10 heures du soir, à l'ambulance du Dʳ Wittmann, aide-major du bataillon. Un mobile de Rupt-sur-Moselle avait trouvé, dans les poches du lieutenant, 123 francs qui furent remis à sa famille.

Le sergent Bazin, blessé au poumon droit, dans la même maison, à 3 heures trois quarts du soir, est mort la même nuit, à 2 heures du matin.

Quant au sergent-major Bougel, tué d'un éclat d'obus, il était de Xertigny. Ancien sous-officier, il avait 14 ans de services. Il fut atteint en traversant un chemin et resta dans la position où la mort l'avait surpris.

Les Allemands ont donc cessé le feu les premiers. Les Vosgiens restent maîtres de la situation à Valentigney, sur la rive gauche du Doubs.

Le commandant Pougnet se rend alors à Mathay, accompagné d'un officier et de deux hommes. De Mathay, il envoie à Valentigney les 1re et 2e compagnies pour remplacer les 4e, 5e, 6e et 7e compagnies. Sur l'ordre du commandant Pougnet, le lieutenant adjudant-major Curien rassemble les 4 compagnies et les conduit à Mathay où elles arrivent dans la soirée. C'est la Ce compagnie qui la dernière quitte Valentigney, après 5 heures du soir, pour atteindre Mathay à 10 heures.

Le capitaine Germain, qui commandait cette compagnie, a fait, pendant la campagne 1870-1871, tout son devoir, je voulais écrire plus que son devoir, mais on ne fait jamais plus que son devoir ! Après la guerre il a beaucoup travaillé. Il a élevé une fort nombreuse famille. C'est un digne homme. Ce fut un brave officier.

Si les décorations attribuées sur les champs de bataille de 1870 ont été méritées, il n'en a pas toujours été de même de celles distribuées après la guerre et nombreux ont été les oubliés! Il en existe encore et le gouvernement de la République s'honorerait en pensant à ces braves, en accordant aux uns des médailles militaires, à d'autres la croix de la Légion d'Honneur, à d'autres encore, auxquels la fortune n'a pas souri, ou des secours annuels, ou plutôt de ces modestes situations, bureaux de tabac, recettes buralistes qui leur permettraient de finir en paix leurs jours.

Puisse ma voix être entendue ? Ils ne sont plus nombreux les moblots vosgiens!

Les 1re et 2e compagnies passent la nuit à Valentigney sans être inquiétées.

Le lendemain 19 janvier, ces deux compagnies rentrent à Mathay. Les corps des six camarades tués sont ramenés également à Mathay où ils sont inhumés, accompagnés à leur demeure dernière par leurs compagnons d'armes et les habitants du pays. Le commandant fait leur éloge et prononce un discours patriotique.

Le lieutenant adjudant-major Curien et le sergent Marion sont mis à l'ordre du jour pour leur belle conduite à Valentigney.

A ma connaissance, les officiers survivants du 3e bataillon des Vosges sont :

MONNIN, capitaine; GROMBACH, capitaine; GERMAIN, capitaine; LAURENT, capitaine; CURIEN, lieutenant adjudant-major; MÉLINE, lieutenant, amputé à Cussey; JEANDEL, sous-lieutenant, officier-payeur.

Messieurs Grombach, Germain et Curien ont pris part aux combats de la Bourgonce, Cussey et Valentigney, et tous trois s'y sont distingués. Tous trois, ils ont constamment marché à la tête de leurs compagnies, de Remiremont en Suisse.

Les seuls officiers décorés du bataillon à la suite de la campagne sont : MM. POUGNET, commandant; OSTERTAG et PUNY, capitaines; MÉLINE, lieutenant.

De suite, après les hostilités, les officiers suivants avaient été proposés pour la Légion d'Honneur par la division de Besançon au Ministère de la Guerre : M. le commandant POUGNET, décoré lors de l'inauguration du monument de Cussey; M. CURIEN, lieutenant adjudant-major; M. DUMONT, capitaine-major; M. MÉLINE, lieutenant, décoré après Cussey.

Depuis 1870, et à plusieurs reprises, la croix de la Légion d'Honneur a été demandée pour M. Curien. sans résultat hélas! (notes nos 48, 49.)

Ce livre contribuera-t-il à faire réparer un oubli profondément regrettable? Nous l'espérons.

Voici, (d'après GRENEST), ce qu'a écrit le commandant Pougnet dans son historique; historique que je n'ai pu découvrir au ministère de la Guerre :

« Le 18, à deux heures de l'après-midi, les Prussiens qui occupaient les positions de Seloncourt et Audincourt, voulant exécuter un mouvement tournant pour couper la retraite à un bataillon du 54e de marche qui occupait Bondeval, foudroyèrent le poste d'Audincourt placé sur la rive droite occupée par une compagnie du bataillon.

« Cette compagnie, ne pouvant pas tenir devant l'artillerie, après avoir perdu un officier, plusieurs hommes et des blessés, dut se replier dans les bois en arrière.

« Au bruit de la canonnade, le commandant fit prendre les armes aux trois compagnies de Valentigney, et fit placer ses hommes dans les maisons et les jardins bordant la route.

« Les Prussiens firent garnir les hauteurs dominant le village par de l'infanterie et laissèrent leur artillerie sur la route qui passe entre ces hauteurs et le village, et va couper celle de Bondeval à Blamont... l'action dura jusqu'à cinq heures et demie. Les Prussiens abandonnèrent leur mouvement tournant, et se replièrent sur Audincourt et Seloncourt.

« Pendant la défense de cette route, les Prussiens avaient placé de l'artillerie sur le plateau de Seloncourt et nous envoyèrent une soixantaine d'obus. Deux maisons du village furent démolies (endommagées faut-il lire) par les projectiles. Le bataillon resta maître de la position.

« Là, encore, le 3e bataillon des Vosges, avec 4 compagnies fortes de 75 à 80 hommes, a tenu tête à une colonne prusienne trois fois plus forte, ayant de l'artillerie, et l'a empêchée d'opérer le mouvement projeté ; ce qui a permis au bataillon du 54e de se replier sur Blamont. »

« Nous avons combattu jusqu'à la nuit, écrit Bégel. Tout près de moi, M. Arnoul ayant demandé un fusil pour tirer, eut un œil crevé, il tomba. Le premier obus qui nous a été envoyé a percé le temple protestant et a éclaté sur le grenier de la mairie où était le poste. »

« Grand état-major prussien, 18 janvier, page 1066 : Le général Debschitz, qui avait devant lui des forces moindres, était passé à l'offensive ce jour-là. Sur son aile droite, le major Bruckmann, avec 3 compagnies, une batterie,

3 et 45 Hoschberg 3 Tilsitt, la batterie bavaroise de sortie, et un peloton de uhlans, débouche d'Exincourt par Audincourt, d'où ses obus refoulent l'ennemi qui se montrait sur la rive opposée. La petite colonne occupe les maisons de Valentigney, situées à l'est du Doubs, et détruit le pont. Bondeval est ensuite enlevé. »

« Le 18, l'ennemi attaqua inopinément et vigoureusement les positions de Roche, Blamont et Bondeval... » (*Bulletin des Hautes-Alpes*).

C'est le 18 janvier 1871, le jour où les Vosgiens se battaient à Valentigney, que l'Empire Allemand est proclamé à Versailles.

C'est une grande date pour la maison des Hohenzollern. C'est une date sombre et douloureuse pour la France. L'Allemagne vit sous le joug prussien. L'Europe est dans l'attente d'un coup de force de Berlin. Je n'insiste pas. (note n° 50.)

CHAPITRE XVIII

L'Armistice.

Le 26 janvier 1871, à Besançon, le général Bourbaki, découragé, se tire une balle de revolver dans la tête. Il ne succombera pas à sa blessure.

Le général Clinchant, remplaçant Bourbaki, prend le commandement de l'armée de l'Est.

Le 27 janvier, l'armée se dirige vers Pontarlier.

Le 29, après midi, la division Thornton est aux prises avec l'armée allemande. Prévenu de l'armistice, le général Clinchant fait cesser le feu et parlemente avec l'ennemi, qui, toujours de mauvaise foi, n'en continue pas moins sa marche en avant.

Le 29, au soir, le général Manteuffel est averti que l'armistice ne concerne pas l'armée de l'Est.

Le général Clinchant proteste. L'armée française perd deux jours en pourparlers inutiles. L'ennemi profite de nos hésitations, il continue à avancer et cherche à envelopper l'armée française. Peut-être ces deux jours bien employés eussent-ils sauvé les 80.000 hommes de Clinchant !

Le général Clinchant n'est pas en faute. L'armistice de 21 jours, signé après la reddition de Paris, le 27 janvier à Versailles par le comte de Bismarck pour l'Allemagne et par Jules Favre pour la France, ne vise pas l'armée de l'Est.

Le 31 janvier, le général Clinchant n'a plus d'autre ressource que de gagner la Suisse.

Il se rend aux Verrières et signe avec le **général suisse Hertzog** une convention réglant le passage en Suisse (note n° 63.)

Le 31 janvier et le 1ᵉʳ février, les troupes françaises se battent vaillamment à la Cluse, au fort de Joux et au fort du Larmont.

Cette belle résistance permet à la plus grande partie de l'armée française, à d'importants convois dont l'ennemi se serait emparé, de passer en Suisse.

« Le combat de la Cluse (écrit Grenest), engagé et soutenu par nous, dans les effroyables conditions de misère que l'on sait, est un effort sublime. C'est peut-être pour nous celui qui en dit le plus long sur ce que notre pays peut attendre de ses soldats. »

Lisez ou relisez, mes chers compatriotes, l'armement, par 20° de froid, et la belle défense du fort de Joux.

Les 1ᵉʳ et 2 février, l'armée française entre en Suisse.

« Il n'est personne qui ignore en France, dit Grenest, la manifestation, l'explosion, pourrait-on dire, d'affectueuse charité et d'amitié touchante qui se produisit dans les populations de la Suisse à l'égard de nos soldats.

« Sur ce sujet, les historiques de nos régiments sont unanimes et c'est à qui prodiguera à cette petite sœur de notre nation les assurances les plus chaleureuses d'éternelle reconnaissance. »

Citant le journal du 2ᵉ bataillon des mobiles de l'Yonne, Grenest continue :

« C'est ici qu'il faut terminer ce journal, mais on ne le fera pas avant de manisfester une profonde reconnaissance envers ce brave peuple qui nous a si bien accueillis, si bien soulagés, si bien consolés.

« Nous nous souviendrons toujours d'avoir vu hommes, femmes et enfants tendre les bras, en pleurant, à nos braves et bien pauvres soldats, en s'efforçant par mille soins de calmer leur douleur et leur profond chagrin.

« Merci du fond du cœur à la Suisse! Merci à nos chers et bien aimés voisins. »

Le Général Pallu de la Barrière, le colonel Poullet, le colonel Bourras et sa légion, d'autres officiers et soldats ne voulurent pas entrer en Suisse. Ces braves soldats au milieu des neiges, par un froid terrible, à travers mille dangers de toutes sortes, gagnèrent, en une semaine, le département de l'Ain et Lyon.

« Pendant la retraite de l'armée de l'Est, (écrit ABDOUIN-DUMAZET), le colonel Bourras se montre sous tout son jour. Nos régiments entraient en Suisse. Tout autour du corps franc se fermait le cercle ennemi. Le colonel réunit ses officiers, leur dit qu'ils étaient libres de suivre le mouvement général, mais que, pour lui, il allait où était le devoir, en essayant de gagner un point que l'armistice garantissait de toute attaque et d'où il pourrait encore être utile au pays... officiers et soldats jurèrent de le suivre. »

« Grand état-major prussier, page 1215. Le général Pallu-de-la-Barrière, le colonel Poullet, accompagnés de quelques hommes décidés, gagnaient par des sentiers le département de l'Ain. » (notes n°s 51 à 67.)

CHAPITRE XIX

La Victoria de Berlin.

Pourquoi Jules Favre avait-il signé un armistice ne comprenant ni Belfort, ni l'armée de l'Est?

De savants historiens ont voulu élucider cette grave question. Il ne m'appartient pas de les suivre.

A mon avis, Jules Favre a été circonvenu, indignement trompé par le comte de Bismarck.

Déjà lors de l'entrevue de Ferrières, que Jules Favre avait décidé seul et malgré l'avis contraire des autres membres du Gouvernement, Jules Favre, espérant apitoyer le forban, était allé trouver Bismarck. Jules Favre n'obtint rien. Bien au contraire, Bismarck sut tirer profit habilement des renseignements que lui donnait Jules Favre sur la triste situation de Paris.

A Versailles, comme à Ferrières, Bismarck s'est joué de Jules Favre.

Nos vainqueurs voulaient notre anéantissement complet, la destruction pleine, entière et définitive de toutes nos armées.

« Comment Jules Favre enfermé dans Paris pouvait-il tracer la ligne de délimitation des armées dont il ignorait le mouvement ? (Louis Thomas, marches de l'Est, extrait d'une lettre du 1er février 1871 de Charles de Varigny).

La convention de Versailles portait bien : « Dans les départements de l'Est, le tracé de la ligne de démarcation entre les armées en présence sera réservé à une entente qui aura lieu aussitôt que les parties contractantes seront renseignées sur la situation actuelle des opérations militaires en exécution dans les départements de la Côte-d'Or, du Doubs, du Jura ».

Mais le gouvernement de Paris n'eut ni le temps, ni la possibilité de se renseigner. Immédiatement après la signature de l'armistice, le maréchal de Moltke informait le général de Manteuffel, généralissime des armées allemandes de l'Est que : « Les départements de la Côte-d'Or, du Doubs et du Jura ne seraient compris dans la trêve que lorsque les opérations commencées de notre côté auraient amené un résultat ».

Bismarck s'était joué de Jules Favre et du gouvernement de la défense nationale comme il s'était joué du gouvernement de l'empereur Napoléon III en différentes circonstances, notamment en falsifiant la dépêche d'Ems ; comme il s'était joué de Bazaine.

Ces procédés de mauvaise foi se renouvelleront quand l'Allemagne se croira assez forte pour se jeter sur nous. A nous d'être prudents et maîtres de nous.

Bismarck avait traîtreusement exclu l'armée de l'Est de l'armistice.

Les télégrammes suivants établissent que la guerre ne devait cesser qu'après l'anéantissement de notre dernière armée. Et ces télégrammes émanent non de Bismarck, ou de Moltke, mais de S. M. l'empereur d'Allemagne à S. M. l'Impératrice. Guillaume était d'accord avec les chefs de son gouvernement et la grande majorité du peuple prussien, pour nous écraser totalement.

178e dépêche. — Versailles 1er février. « A l'Impératrice reine à Berlin. — « L'armée de Bourbaki, forte d'environ 80.000 hommes, est entrée sur le territoire neutre de la

Suisse, près de Pontarlier, à la suite d'une convention. Voici donc la 4e armée française qui est réduite à l'impuissance et ne peut plus combattre. GUILLAUME.

Berlin 2-2-1871-PR de P. de Wurmb.

180e dépêche. — Pontarlier 2 février. — Combats acharnés d'arrière-garde livrés les 30 et 31 janvier et 1er février notamment à la Cluse.

181e dépêche. — Versailles 5 février. — A l'Impératrice et reine à Berlin. — En l'honneur des derniers et décisifs combats, de l'entrée forcée sur le territoire suisse de l'armée ennemie forte de 80.000 hommes, ainsi que de la prise de possession de tous les forts de Paris, il faut faire tirer Victoria. — GUILLAUME.

Berlin, 5 février 1871 — P. R. de P. de Wurmb (FILIPPI).

Souvenez-vous toujours, Français, de la 181e dépêche de l'empereur Guillaume à l'impératrice Augusta.

Armez-vous, soyez forts, soyez prêts. Comptez sur vous-mêmes. Comptez sur votre armée. Ne vous laissez pas prendre aux paroles mensongères des Allemands. Les Prussiens n'attendent que l'heure pour se ruer sur nous.

Si vous voulez, et vous le voulez, Français, que la Victoria de Berlin, n'annonce plus de nouveaux désastres, peut-être irréparables, si vous ne voulez pas, et vous ne le voulez pas, voir se renouveler les brutalités, les actes de sauvagerie, les pillages, les vols, les incendies, les assassinats de blessés, de vieillards, d'hommes sans défense, de femmes, d'enfants, les viols, les crimes de toutes sortes commis par les hordes teutonnes ; si vous ne voulez pas être traités comme nous l'avons été et comme le sont encore les Polonais, les Danois, les Alsaciens-Lorrains, préparez-vous à repousser l'envahisseur.

Français, n'oubliez jamais la victoria de Berlin.

CHAPITRE XX

Passage en Suisse.

Revenons à notre 3e bataillon. Toujours à l'arrière-garde, soutenant la retraite de l'armée de Bourbaki, le 3e bataillon des Vosges quitte dans les neiges le 20 janvier, Mathay pour Ecot. Il arrive à Pont-de-Roide où une distribution de vivres est faite.

Le 22 janvier, le bataillon gagne Saint-Hippolyte, il est de grand'garde sur les hauteurs. A Saint-Hippolyte, le bataillon retrouve le corps franc des Vosges du colonel Bourras, qui quitte Saint-Hippolyte pendant la nuit. Les blessés de Valentigney restent à Saint-Hippolyte où ils sont soignés. Le bataillon séjourne à Saint-Hippolyte jusqu'au 25.

Le 25 janvier, le bataillon parvient aux Bréseux, puis à Maiche ; il est aux Fontenelles le 27 janvier, le lendemain au Russey à l'exception de la 5e compagnie qui reste détachée aux Fontenelles. Cette compagnie est commandée par le capitaine Didierlaurent, encore un brave officier aujourd'hui disparu.

Le 29 janvier, le bataillon se dirige sur Morteau. En cours de route, le commandant Pougnet reçoit la nouvelle d'un armistice. Les armées en présence devant, d'après les usages, reprendre chacune leurs positions, le commandant fait faire demi-tour au bataillon.

La 5e compagnie retourne aux Fontenelles, en arrière-garde. La 6e et la 7e compagnie sont détachées entre les Fontenelles et le Russey. Le reste du bataillon revient au Russey. Le 30 janvier, croyant à l'armistice, le commandant Pougnet rejoint sa famille à Besançon, laissant le commandement au plus ancien capitaine, le capitaine Puny.

Je m'abstiens d'insister sur l'acte du commandant Pougnet, de même que je me suis abstenu de le juger à Valentigney. Après avoir quitté le premier le champ de bataille de Valentigney, le commandant Pougnet laisse son bataillon au Russey dans une situation critique. Le bataillon est isolé des autres troupes d'arrière-garde. Il manque de chef, de munitions, de vivres. Il est traqué par l'ennemi.

Un exprès vient vers midi avertir au Russey, les officiers que les Allemands arrivent en nombre aux Fontenelles où était la 5e compagnie.

Le lieutenant adjudant-major Curien, les lieutenants Remy et Guenot, ce dernier comme interprète, et le clairon Gstalder Emile avec un fanion blanc, vont à la hâte en traîneau parlementer avec l'ennemi.

Arrivé au premier poste, le général Schlinger, prévenu, se rend près des parlementaires. Il explique que l'armistice ne s'applique pas à l'armée de l'Est. Ne voulant pas discuter avec des officiers subalternes, le général garde près de lui deux officiers de mobiles, les lieutenants Remy et Guenot. Un officier allemand se rend au Russey avec le troisième officier français. Au Russey, où le télégraphe ne fonctionne plus, le sous-lieutenant Valroff, de Bussang, part à cheval pour Morteau, où se trouve le général en chef Manteuffel. Valroff tardant à revenir, l'officier prussien retourne vers les siens sur le traîneau qui avait déjà conduit les parlementaires ; les Allemands s'avancent vers le Russey, avec la 5e compagnie.

Après de nouveaux pourparlers, le général allemand

invite les mobiles à quitter le Russey dans le délai d'une heure, les menaçant de reprendre les hostilités dès le lendemain.

Le bataillon part donc et arrive à Noël-Cerneux à 10 heures du soir. L'ennemi occupe un hameau voisin à un kilomètre environ. Le bataillon quitte Noël-Cerneux à 2 heures du matin le 31 janvier pour arriver aux Gras vers 10 heures, suivi de près par l'ennemi. La ligne de retraite sur Pontarlier est coupée. Placé à l'extrême arrière-garde, le bataillon ne pourra plus, comme l'intrépide corps franc de Bourras, qui avait pu prendre les devants à Saint-Hippolyte, traverser les lignes ennemies et gagner Bourg ou Lyon. Poursuivis par un corps ennemi, ayant devant eux sur la route de Pontarlier en Suisse le gros de l'armée de Manteuffel, les mobiles vosgiens, le 1er février, sont obligés de quitter les Gras pour se réfugier sur les hauteurs dans la forêt. A 10 heures du matin, ils sont aux fermes françaises de la frontière, non loin de la Brévine. Sur ces hauteurs, 1.300 mètres d'altitude, le froid est terrible. Les mobiles sont dans le plus profond dénûment. Dans les fermes, les vivres manquent. Le lendemain 2 février, le capitaine Germain va en traîneau avec des hommes, à 20 minutes de distance, au village suisse de la Brévine pour acheter des provisions.

Le commandant suisse de la Brévine fait comprendre aux mobiles qu'étant cernés de tous côtés, ils n'avaient plus qu'un parti à prendre : celui d'entrer en Suisse, conformément à la convention passée le 1er février entre la France et la Suisse.

« Le 2 février 1871, écrit Curien, le 3e bataillon de la mobile des Vosges profita de l'hospitalité de nos bons voisins.

Les officiers présents tinrent conseil, ils décidèrent que faute de ressources, faute de munitions, une plus longue résistance était impossible. Les mobiles furent rassemblés.

A 4 heures du soir, le bataillon franchit la frontière pour gagner la Brévine où il arrive à 5 heures du soir, la mort dans l'âme, songeant à la chère patrie toujours foulée par les talons des hordes teutonnes ».

Le bataillon ne comptait plus que 232 hommes, officiers compris, il avait en outre avec lui le cheval du commandant. Le 1er février, 72 hommes étaient déjà passés en Suisse. Ils étaient commandés par le capitaine Grombach. Ce détachement se composait de la 4e compagnie, capitaine Grombach et pour partie de la 5e compagnie. A Noël-Cerneux, le capitaine Grombach, qui de son côté était allé en parlementaire et avait appris que les Allemands étaient à Morteau, avait objecté qu'il était impossible de prendre la direction de Morteau et avait gagné Villers. A Villers, ne trouvant pas de place, le capitaine Grombach et ses hommes s'étaient rendus aux Brenets-France. Là, les mobiles sont bien reçus, mais à 1 heure du matin, le 1er février, on annonce l'arrivée des Allemands. La petite troupe passe aux Brenets-Suisse, où elle est désarmée. Les mobiles regardent une dernière fois avec mélancolie, les chassepots en faisceaux, puis départ pour le Locle et la Chaux-de-Fonds.

Ainsi donc les 1.300 combattants, que comptait le bataillon au début de la campagne, sont réduits à 300 !

L'adjudant-major Curien et le lieutenant Remy avaient été délégués pour aller prévenir le commandant suisse de la Brévine de l'arrivée du bataillon.

Le bataillon est désarmé et dirigé sur le Locle où il arrive à 11 heures du soir. Il campe dans le temple protestant.

« A l'arrivée au Locle, écrit encore Curien, il est distribué à chaque homme un bouillon bien chaud qui réconforta ces braves mobiles exténués de fatigue et de privations supportées avec une résignation digne de tous les éloges, en plus du pain, de la viande et une tasse de thé.

Aussi des larmes de reconnaissance coulaient de tous les yeux en voyant tant de sympathie de la part de cette brave et honnête population si dévouée à soulager toutes les misères. C'est un doux souvenir pour ceux qui ont été témoins de cet accueil et ce souvenir sera légué aux générations futures. »

« La réception qui nous fut faite au Locle, me disait récemment le capitaine Germain, est inoubliable. Les habitants formaient la haie sur notre passage offrant des vivres, du vin, du tabac, tout ce qu'on voulait. »

Jeunes Français, n'oubliez pas les atrocités commises par les Allemands, atrocités qu'ils renouvelleront demain, s'ils le peuvent, avec plus de sauvagerie encore.

Jeunes Français, n'oubliez pas l'accueil fait en Suisse à vos anciens. Si, pour nous écraser, les Allemands cherchent à violer la neutralité Suisse, souvenez-vous!

Le 3 février, à 9 heures du matin, les 232 mobiles du 3e bataillon, auxquels se sont joints les mobiles entrés précédemment, partent à pied pour La Chaux-de-Fonds où le bataillon arrive à 11 heures.

On dîne à La Chaux-de-Fonds. Puis, le soir, le bataillon gagne, par chemin de fer, Neufchâtel où il couche. Envoyés au café Gut, pour y passer la nuit, les officiers sont assez mal reçus. C'est le seul mauvais souvenir qu'ils aient conservé de leur séjour en Suisse. Les mobiles sont logés à la caserne. Les cartes d'internement sont délivrées. Les officiers seront internés à Lucerne, jusqu'au jour où ils seront désignés pour ramener chacun un détachement en France. Les officiers sont logés en ville. Ils se réunissent à l'Hôtel des Alpes et répondent à l'appel tous les cinq jours.

Ces officiers sont :

M. le capitaine Puny, de Remiremont ;

M. le capitaine Grombach, de Remiremont ;

M. le capitaine Didierlaurent, de Gérardmer ;

M. le capitaine Parisse, du Val-d'Ajol ;

M. le capitaine Germain, du Thillot ;

M. le capitaine Gœury, de Gerbépal ;

M. le Dr Wittmann, de Phalsbourg ;

M. le lieutenant adjudant-major Curien, de **Cornimont** ;

M. le lieutenant Remy, de Cornimont ;

M. le lieutenant Kinsbourg, de Remiremont ;

M. le lieutenant Guénot, de Bavilliers ;

M. le sous-lieutenant of.-payeur Jeandel, de Remiremont;

M. le sous-lieutenant Barbier, de Remiremont ;

M. le sous-lieutenant Mathieu, de Remiremont ;

M. le sous-lieutenant Valroff, de Bussang ;

M. le sous-lieutenant Frey, de Ventron ;

M. le sous-lieutenant Clasquin, de Paris.

Le 4 février, les mobiles sont dirigés sur Pfaffikon où les habitants les reçoivent avec cordialité. **Les survivants** s'en souviennent et le rappellent à leurs enfants.

Le 25 mars 1871 fut le dernier jour du rapatriement. Le capitaine Grombach (cet officier a conservé **sa feuille de route suisse**), assisté du lieutenant **Curien et du sous-**lieutenant **Frey**, fut envoyé à Aarwangen et y prit des troupes qu'il ramena à Bourg (Ain). Les hommes remis aux autorités militaires, les trois officiers regagnent les **Vosges**.

Les autres officiers eurent eux aussi des soldats à ramener en France.

Indépendamment des mobiles du 3e bataillon internés en Suisse, quelques-uns et plusieurs sous des déguisements purent rentrer en France ou regagner Besançon depuis Les Gras : Les frères Bégel, de Rupt; Wichard, de la Bourgonce et d'autres. Le mobile Valroff Joseph-Victorien, de Ventron, classe 1869, 5e compagnie, chargé d'accompagner les voitures, pendant la retraite de Bourbaki sur la **Suisse**, parvint à s'échapper et rentra à Besançon avec quelques camarades.

Confiants dans l'armistice, des mobiles avaient été faits prisonniers au Russey, notamment le sergent **Adolphe**

Fleurot, le caporal Jules Gury, le caporal Emile Fleurot et le mobile Amand Constant-Alexandre, ancien ordonnance du commandant Thiéry, tous quatre du Val-d'Ajol et appartenant à la 1re compagnie. Les Allemands n'avaient pas le droit de faire prisonniers ces mobiles. Mais personne n'intervint en leur faveur et ils furent emmenés en captivité où ils eurent beaucoup à souffrir.

Le 3e bataillon des Vosges a vécu. Officiers, sous-officiers et soldats ont fait leur devoir. Ils ont beaucoup souffert. Jeunes Vosgiens, souvenez-vous de vos anciens. Vous êtes mieux préparés qu'eux, si la patrie en danger vous appelle, ne laissez plus l'Allemand envahir notre pays.

J'aurais voulu voir, déposé au musée d'Epinal, les drapeaux et fanions des mobiles vosgiens.

Le drapeau du 58e de marche (gardes mobiles des Vosges) n'a jamais existé, que je sache. Je n'en ai jamais vu au 3e bataillon. Seul, le 1er bataillon a eu un drapeau, m'écrit un ancien officier de ce bataillon. Une souscription fut ouverte à Epinal pour l'acquisition de ce drapeau, offert au nom des Spinaliennes. Le commandant Simonin ne l'accepta pas et le bataillon qui s'est vaillamment comporté dans les Vosges, sur le Doubs, sur la Loire, et en Franche-Comté, partit sans drapeau.

Resté dans une ancienne famille d'Epinal, le drapeau du 1er bataillon pourrait être placé au musée départemental avec une mention spéciale. Le Conseil général des Vosges et l'administration apprécieront. (notes nos 68 à 72.)

CHAPITRE XXI

Conclusion.

Je publie ce livre, je le répète, non seulement pour rendre hommage aux braves combattants de 1870, mobiles et autres, mais surtout afin d'apprendre à nos jeunes compatriotes ce qui s'est passé dans cette fatale campagne; de leur faire connaître, et la faiblesse de l'organisation supérieure et la vaillance de nos soldats mal préparés, et la barbarie de nos adversaires.

Le Français oublie trop vite.

Il faut lui rappeler le passé.

Napoléon Ier, écrasé à Leipzig, à Waterloo, a laissé la France démembrée aux mains d'un roi incapable et protégé par nos ennemis. Lors des invasions de 1814 et de 1815, nos régions de l'Est ont été ravagées par les alliés moins féroces toutefois que les Prussiens de 1870.

En ma jeunesse, on me montrait au Val-d'Ajol, sur la place de l'Eglise, devant la maison qui appartient actuellement à la famille Voirin-Perrin, une armature en fer sur laquelle s'appuyait une trappe de cave lorsqu'on l'ouvrait. C'est à cette armature qu'étaient attachés, par les alliés, et cruellement bâtonnés, sous le plus futile prétexte, les soldats étrangers et les habitants du pays.

Un de mes grands parents maternels avait été nommé receveur spécial de la commune pour le règlement des réquisitions en nature. J'ai conservé ses notes. Le détail en est fantastique !

Ces faits nous les ignorons. Nous ne nous souvenons plus de provinces et de colonies détachées de la France. Ce qui est plus grave encore, en 1852, nos pères ne se rappelant que les gloires du premier Empire, oubliant en quel abîme les dernières années du règne de Napoléon Ier avaient précipité notre pays, ont de nouveau acclamé l'Empire.

Français, ne vous laissez pas prendre aux paroles mensongères des partisans de l'Empire, comme s'y sont laissés prendre nos anciens en 1852 et lors du Plébiscite, en 1870. Une nouvelle monarchie amènerait de nouveaux désastres, un démembrement peut-être définitif.

En Allemagne, les éducateurs de la jeunesse enseignent à leurs élèves la haine de la France. Dans le Palatinat, notamment, on donne comme bons points aux petits, des images représentant des actes de brutalité commis par les Français envahisseurs. Ces récits sont mensongers, inexacts, exagérés tout au moins. Mais ils frappent l'imagination des enfants, ils entretiennent parmi les jeunes Allemands la haine du Français, de l'ennemi héréditaire, comme ils disent. N'imitons pas les Allemands, soyons sincères. Contentons-nous de relater les faits tels qu'ils se sont passés. N'ayons pas de haine au cœur. Ne cherchons pas la vengeance. Mais souvenons-nous ! Souvenons-nous de l'incapacité, de l'inertie, de la faiblesse du gouvernement de Napoléon III ; souvenons-nous que la Prusse a provoqué par un faux la guerre de 1870, que pendant de longs mois elle a ravagé notre pays avec une cruauté inouïe ; qu'elle nous a volé deux provinces bien françaises, qu'elle administre avec une brutalité sauvage ; que tous ses efforts tendent à nous anéantir définitivement.

J'ai dit : Après le coup d'Agadir, quelle sera la menace de demain ? La menace d'aujourd'hui ce sont les incidents de Saverne.

La Prusse, en cherchant à exaspérer les Alsaciens, voulait nous pousser à bout.

Le moment, d'après elle, était choisi. En présence du renforcement des effectifs allemands, nous avions dû revenir au service de trois ans, augmenter nos forces de l'Est, construire de nouveaux casernements. Le parti militaire prussien pensait que, bien qu'étant en période de transformation militaire, n'étant pas prêts d'après lui, nous déclarerions follement la guerre, comme en 1870, pour soutenir nos frères d'Alsace et qu'étant les agresseurs, nous serions isolés, abandonnés par nos alliés. Le Prussien s'est trompé. L'Alsace a supporté, une fois de plus, les violences de l'oppresseur et la France frémissante, mais sage, a continué son œuvre. Les événements de Saverne il faut les rappeler et ne pas les oublier.

Le principal héros barbare de Saverne est le très jeune lieutenant baron von Forstner. Il n'a que 20 ans. Le tribunal civil de Saverne attend qu'il soit majeur, en avril 1914, pour le poursuivre pour séduction d'une jeune mineure Alsacienne de 16 ans. C'est le fils d'un haut fonctionnaire prussien. Comme ses camarades, le lieutenant von Forstner agit d'après les ordres de son colonel, le baron von Reutter, qui commande le 99e régiment prussien d'infanterie dont les 1er et 2e bataillons tiennent garnison à Saverne et le 3e bataillon à Phalsbourg. Lui-même, le colonel, se conforme aux instructions du fougueux général von Deimling commandant à Strasbourg le 15e corps d'armée. C'est ce terrible général, von Deimling, qui veut qu'en Alsace, les cartouches des sentinelles soient toujours chargées à balles ! s'il y a un accident, une méprise, tant pis ! Un Alsacien tué par erreur, tant mieux !

Pendant les manœuvres de 1913, à Dettwiller, le lieutenant baron von Forstner blesse grièvement, à la tête, de son épée, Charles Blanck, un malheureux ouvrier cordonnier, infirme, 19 ans, incapable de se défendre, qui suivait tranquillement son chemin sans chercher querelle à qui que ce soit.

Le bourgmestre de Dettwiller a déclaré au correspondant du journal berlinois, la *National Zeitung* : « Charles Blanck, l'infirme, tomba sur le sol; on le releva, on le traîna à la mairie, tandis qu'il perdait son sang en abondance. Onze hommes se portèrent devant la mairie pour faire la garde. »

A Saverne, à la caserne, devant les hommes, le lieutenant baron von Forstner traite les Alsaciens de « Wackes » (voyous). Il offre 10 marcks à celui qui en tuera un. Le sous-officier Hœflich ajoute que de son côté il en donnera trois. Enfin, M. le lieutenant baron von Forstner dit aux recrues : « Wegen mir kœnnen sie auf die franzœsische Fahne sch... »

Ne traduisez pas, lecteurs, et une fois de plus excusez-moi d'écrire de telles malpropretés.

Cela fut dit — C'est bien prussien — Forstner n'a pas été inquiété pour ces propos. Mais d'un autre côté le gouvernement craignant une plus grande lumière a abandonné les poursuites contre les journalistes qui avaient reproduit les paroles ordurières du lieutenant.

Ces faits, et d'autres finissent par être connus des habitants de Saverne. Le lieutenant Forstner est l'objet des rires des enfants. Il ne sort plus qu'accompagné par 4 hommes baïonnette au canon, même pour des achats personnels insignifiants : chocolat, tabac, etc.

De son côté, l'ami intime de Fortsner, le lieutenant Schadt, tient, lui aussi, à faire une action d'éclat à la prussienne. Il fait arrêter un envoyé du *Daily Mail* qui veut le photographier. Un gamin ayant ri sur son passage, le lieutenant Schadt le poursuit presque dans sa maison. Des attroupements se forment sur la place du Château devant la caserne. Le colonel consigne les hommes et donne l'ordre de charger les fusils et les mitrailleuses. Le 27 novembre le lieutenant Schadt fait marcher la garde pour disperser les flaneurs.

Le 28 novembre, vers 7 heures du soir (d'après le *Temps* du 30 novembre), parmi un groupe de lieutenants sortant de la caserne se trouve le lieutenant Forstner. Quelques gamins se mettent à crier sur la place du Château, d'après le grand journal, « A la chienlit! » Ce n'est pas ce mot qui a été prononcé, mais le mot alsacien correspondant « Bettchisser », parce que, sans doute par des indiscrétions, les Savernois avaient appris que lorsqu'il rentrait chez lui abominablement ivre, ce qui lui arrivait fréquemment, Forstner salissait ses draps...

Le lieutenant Schadt rentre à la caserne, puis il revient ceint de l'écharpe de service accompagné de 4 hommes, baïonnette au canon, il fait arrêter un promeneur. Puis un roulement de tambour, 80 hommes en armes sortent de la caserne. Ils se mettent en deux rangs sur la place. Le colonel von Reutter paraît et commande de battre la charge. Puis il ordonne de charger les fusils et crie : « Les soldats vont faire usage de leurs armes contre toute personne qui ne quittera pas immédiatement la rue! » Les badauds ne comprennent pas. Le colonel répète ses paroles et la troupe avance. Des enfants se rendant à l'école du soir sont arrêtés, un jeune garçon a plusieurs dents cassées. La troupe pénètre dans la grande rue qu'elle occupe dans toute sa largeur. Des passants pris de panique se réfugient dans des magasins, les soldats avancent toujours et brisent plusieurs devantures. Les coups de botte et de crosse pleuvent pendant toute la soirée. Plusieurs personnes, des enfants sont arrêtés. Les enfants surtout sont brutalisés. Près du magasin de M. Heyl, chapelier, un soldat croit entendre un éclat de rire partant d'une fenêtre de la maison. Immédiatement un lieutenant accompagné de huit hommes, y pénètre et arrête M. Lévy, menuisier ; sa vieille mère paralysée est frappée d'une façon odieuse. On arrête le procureur et des juges sortant du tribunal, peu après ils sont relâchés. Mais les autres prisonniers, hommes, femmes, enfants, passent la nuit sans feu, sans nourriture, dans la cave de la caserne, cave dite des Pandours, qui avait été débarrassée à l'avance. Le lendemain, à 11 heures du matin, les prisonniers sont conduits devant le juge civil entre des soldats, baïonnette au canon. Le juge les fait immédiatement relâcher.

Voilà quelques faits. Venons aux sanctions. Un Alsacien, le sergent-major Baillet, de la 5ᵉ compagnie, à laquelle appartenait le lieutenant Forstner, et 9 soldats alsaciens de cette compagnie sont arrêtés, sous l'accusation d'avoir livré à la presse alsacienne (Zaberner Anzeiger Elsaesser) les propos du lieutenant Forstner. Trois de ces soldats seront sévèrement punis.

Incidemment, j'ajoute que les officiers prussiens quand ils ne sont pas malveillants, injustes, quand ils ne maltraitent pas les soldats alsaciens-lorrains, sont remplis de méfiance à leur égard. A Metz, le général von Mudra, commandant le xviᵉ corps, interdit l'emploi des soldats Alsaciens-Lorrains comme télégraphistes, téléphonistes, dans le service des chemins de fer, dans les exercices où l'on expérimente les canons pour tirer contre les aéroplanes. Pour les officiers prussiens, les soldats Alsaciens-Lorrains sont des Welches, des Français, des traîtres, des espions, ils les détestent.

Quant au lieutenant Forstner, après avoir été condamné par le conseil de guerre pour les brutalités de Detwiller, il est acquitté par le tribunal supérieur : il est excusé parce qu'il a été brutal par ordre.

Le colonel von Reutter a fait procéder arbitrairement à

des arrestations illégales ! Le colonel von Reutter, le lieutenant Schadt sont acquittés par le conseil de guerre.

Le colonel von Reutter reçoit une nouvelle décoration.

Les deux bataillons sont déplacés. Mais ils reviendront à Saverne.

Lors de leur départ de Saverne, c'est le vaillant lieutenant Schadt qui a l'honneur de porter le drapeau.

Ces tristes événements m'amènent à citer ces belles paroles, prononcées en Alsace, devant des jeunes étudiants Alsaciens-Lorrains, par M. Ernest Lavisse, directeur de l'Ecole normale supérieure, membre de l'Académie française, un de nos plus illustres historiens, un de nos plus dignes concitoyens : « Les jeunes gens se désolent d'être condamnés à vivre avec des vainqueurs, qui, après avoir conquis leur terre et leurs corps, les poursuivent jusqu'au tréfonds de leur être. Et moi, je m'afflige et m'indigne que la France, qui jadis compatissait aux souffrances de l'Italie et prit les armes pour l'affranchir, ait maintenant une Lombardie et une Vénétie : la Lorraine et l'Alsace. A ma grande tristesse se joint une sorte de remords. En écoutant votre plainte douloureuse, je baissais la tête ; je pensais : L'Alsace, la Lorraine, nous n'avons pas su les défendre. Mes amis, j'ai envie de vous demander pardon ». (*Revue de Paris*).

Beaucoup d'encre a coulé, en Europe, beaucoup de paroles ont été prononcées au sujet des incidents de Saverne. Au Landtag alsacien-lorrain, le député socialiste Peirotes a donné la note véritable dans le concert des protestations du monde civilisé contre la brutalité teutonne. « Le but de l'agitation militaire, a-t-il dit, n'est autre que de provoquer à tout prix une guerre avec la France, dans l'espoir d'une annexion supplémentaire de territoire français. Tout répondait à un plan dûment élaboré. L'insulte au drapeau français vint après l'insulte faite à l'Alsace et l'on pensait pousser les choses à l'excès en laissant les fusils partir tout seuls dans les rues de Saverne.

« Saverne ne devait être en quelque sorte qu'une deuxième édition d'Agadir.

« C'est le parti militaire qui non seulement fonctionne comme gouvernement d'à-côté, mais comme gouvernement effectif ».

« A notre avis, dit de son côté, le journal conservateur allemand la *Post,* dans son numéro du 19 janvier 1914, il faudrait battre la France encore une fois pour détruire dans le cœur d'une partie de la population (d'Alsace-Lorraine) tout espoir de se séparer de l'Allemagne. Nous vivrons en Alsace, tant que la guerre n'aura pas eu lieu, comme en un pays ennemi. (*Le Temps*).

Le militaire prussien n'a qu'un but : La guerre contre la France, l'anéantissement de la France. L'ancien précepteur français des enfants du roi de Saxe, jouant à Dresde, avec des officiers de cavalerie au Kriegspiel, le jeu de la guerre, le jeu en honneur dans l'armée allemande, un capitaine arrêta le jeu en disant : La dernière rencontre aura lieu vers Orléans. Elle durera plusieurs jours. Vous serez vaincus. Nous ferons la paix. Vous nous restituerez une ancienne province allemande, la Champagne, et nous serons bons amis. (D'après *Le Temps*). Même en plaisantant lourdement, l'Allemand cherche encore à nous humilier ! Je dois dire que dans cette belle ville de Dresde, dont les habitants sont en général aimables, policés et n'aiment guère la Prusse, beaucoup ne pensent pas comme ce capitaine, et que les Français y sont toujours cordialement reçus.

Le militaire prussien a des privilèges exorbitants pour notre époque. La police ne peut faire que de prudentes observations à l'officier qui commet une infraction. Elle n'a le droit de l'arrêter que s'il commet un crime et encore faut-il qu'elle soit dans l'impossibilité de faire procéder à l'arrestation par un de ses supérieurs ou par les hommes d'un poste.

Le règlement des préséances (Hofrangréglement) dicté par l'empereur Guillaume Ier, après 1871, porte que les sous-lieutenants sont Hoffœhig, c'est-à-dire admis à la cour, alors que de hauts fonctionnaires civils ne peuvent s'y présenter que lorsqu'ils en reçoivent l'ordre. (*Le Temps*, 5 décembre 1913).

En résumé, l'Allemagne est gouvernée par le cabinet militaire prussien. Les Allemands cherchent parfois à échapper à cette domination brutale. C'est en vain.

Après l'affaire de Saverne, le Reichstag, à une grande majorité, a protesté contre les incidents de Saverne. Protestation platonique, sans lendemain, sans résultat.

Le cabinet militaire prussien reste le maître absolu. La paix du monde est à la merci du parti militaire prussien. Mais laissons le cabinet militaire prussien, le gouvernement de Berlin et ses menaces passées, présentes, futures. Revenons à la France.

Lorsqu'on relit les différentes histoires de la guerre de 1870-1871, qu'on pense à tous nos désastres, aux provinces séparées de nous par la force, aux milliers d'hommes morts pour la patrie, aux malheureux estropiés ou affaiblis par le manque de soins, la misère et les maladies, tant en France que dans les bagnes allemands, aux cinq milliards de contribution de guerre, aux cinq milliards volés par ordre pendant la campagne, aux milliards dérobés par les pillards officiers et soldats des hordes teutonnes ou représentant la valeur des immeubles et des meubles détruits, lorsqu'on songe à tout ce lugubre passé et qu'on voit la France relevée de ses malheurs et respectée, le Français a le droit de se sentir fier et heureux d'appartenir à cette noble nation, mais il a surtout le devoir de conserver à la patrie sa force, sa puissance, son indépendance.

Les Français, à de rares exceptions près, comprennent le

péril allemand, si tous ne sont pas d'accord sur les moyens à employer pour organiser la défense du pays. La grande majorité des Français, surtout dans l'Est plus menacé, accepte le service de 3 ans. D'autres veulent revenir au service de 2 ans. Quelques-uns croient aux milices. Tous veulent la France forte, prospère, indépendante. Parmi les républicains d'avant-garde, un homme de grande valeur, Paul-Hyacinthe Loyson, a écrit ces lignes dans les *Droits de l'Homme* du 19 mai 1912 :

« ... Une formidable offensive allemande se dresse sur la frontière française. Il est donc du devoir de la France d'y faire front de tous ses efforts. Faute des 300.000 hommes qu'il lui faudrait, la France, qui est la plus riche nation du monde, doit à la sauvegarde de son sol des sacrifices d'or supérieurs à ceux que va consentir l'Allemagne. Notre premier devoir, le voilà donc : Armer la frontière jusqu'aux moindres mamelons des Vosges, jusqu'aux moindres pierres de nos hameaux, armer surtout nos calmes courages et attendre l'agression possible en comptant pour notre victoire sur le sentiment de notre bon droit, sur le haut-le-cœur de notre indignation. »

De notre côté, de grands efforts ont été faits pour la défense du territoire. Nous devons continuer. Le danger devient de plus en plus grand, de plus en plus pressant.

La guerre est atroce. Ses suites sont désastreuses. La guerre des Balkans nous en donne un exemple récent. Les Puissances balkaniques ont battu la Turquie, mais n'ont pu s'entendre pour le partage des pays conquis. La Bulgarie, après avoir attaqué sans déclaration de guerre ses anciens alliés, a été vaincue à son tour. Les hordes bulgares renforcées de recrues rassemblées à la hâte dans les pays occupés, se sont livrées, en battant en retraite, aux pires excès, rapines, incendies, viols, massacres. Les Bulgares se sont conduits en Orient, comme en France les

Prussiens en 1870. Mais les Bulgares, comme les Turcs, non moins cruels, sont des vaincus. N'insistons pas.

Il faut éviter la guerre, c'est entendu. La France ne l'évitera que si elle est assez forte pour se faire respecter.

La puissante Sozial-démokratie allemande, la bourgeoisie allemande, sur bien des points du territoire, sont fatigués du joug de fer qu'imposent à l'Allemagne le parti militaire prussien, les princes et les hobereaux allemands.

Il arrivera un jour où nos voisins briseront leurs liens et proclameront la République. Ce jour-là, les Alsaciens-Lorrains reviendront librement à la mère patrie. Et les deux grandes Républiques pourront s'entendre pour le grand bien de l'humanité. Mais ce jour est encore bien éloigné ! Il est à craindre que les Allemands ne se débarrassent de leurs oppresseurs qu'à la suite d'une catastrophe nationale.

En attendant, restons forts, si nous ne voulons pas la fin de notre France, un retour de l'Europe à la barbarie.

Le vaincu n'a pas le droit de se reposer.

Ayons confiance en l'avenir, les Russes, nos alliés, ont déjà arrêté la Prusse dans ses velléités de se ruer sur notre pays. La Prusse voit l'Angleterre avec nous. C'est pourquoi elle n'attaque pas, et parce qu'aussi, si elle attaquait follement, elle craint d'être abandonnée par l'Italie.

Mais si la France veut, le cas échéant, être appuyée par la Russie, l'Angleterre, d'autres nations, il faut qu'elle soit forte, il faut que seule au besoin elle puisse faire face au premier danger.

Comptons sur nous-mêmes, sur notre bon droit. Nos alliés nous soutiendront surtout si nous sommes forts, surtout si les torts ne viennent pas de notre côté.

Dans les premiers jours d'octobre 1912, par une belle soirée, alors que la mobilisation des peuples Balkaniques faisait craindre une conflagration européenne, je regardais, ou plutôt j'écoutais manœuvrer au Val-d'Ajol, sous la direction de M. Colnel, directeur de l'école du centre, et de ses adjoints. MM. Begel et Guenot, les jeunes gens qui se préparaient à entrer au régiment. Les ordres, clairs, nets, bien scandés, des maîtres étaient exécutés avec précision par ces futurs soldats. On entendait, au mot de MARCHE, le bataillon de Préparation militaire s'ébranler avec discipline et en un ordre parfait. Les sabots frappaient en mesure le sol durci. Les jeunes vibraient. Les vieux étaient empoignés, mais leur émotion passait inaperçue, la grande place de l'école étant obscure. Je me reportais à 40 ans en arrière et je revoyais, marchant à l'ennemi, bien organisé, nos mobiles mal armés, mal vêtus, mal chaussés, sans aucune préparation militaire.

Les anciens ont fait leur devoir, vous, les jeunes, saurez faire le vôtre.

Vous arriverez au régiment déjà préparés. Vous y serez équipés, exercés, dirigés par des chefs qui sont les premiers du monde.

Si la Prusse se rue sur notre pays, entraînant à sa suite, ou plutôt plaçant devant ses propres troupes, tel un bouclier, les peuples qu'elle domine, vous lui résisterez.

Vous ne laisserez plus envahir nos Vosges si faciles à défendre. Vous rejeterez les Allemands au-delà du Rhin.

Vous sauverez nos compatriotes du pillage, de l'incendie, du massacre.

Le pays a confiance en vous, compte sur vous. Continuez à vous exercer jeunes gens. Instruisez-vous.

Souvenez-vous que le second Empire a détruit la République par la fourberie et la brutalité. Souvenez-vous que par ses guerres inutiles il a affaibli la France, pour la laisser écraser, après avoir follement déclaré une guerre que Napoléon III n'avait pas préparée. Gardez-vous de retomber dans les mêmes erreurs que nos pères. N'appelez pas un monarque qui nous conduirait à de nouvelles catastrophes.

Gardez la République. Faites-la grande, forte, généreuse, aimée, respectée.

S'il vous faut repousser l'ennemi envahisseur ne reculez jamais. Les balles en 1870 ont tué beaucoup moins d'hommes que les bagnes allemands.

Ne connaissez jamais la peur, si vous ne voulez pas connaître la déroute.

Chaque année. M. Lavisse préside la distribution des prix des écoles primaires de son pays natal, Nouvion-en-Thiérache. A la distribution des prix du 6 octobre 1912, il a parlé de la peur aux jeunes élèves. Il leur a rappelé ces mots du grand philosophe Descartes :

« Pour exciter en soi la hardiesse et ôter la peur, il ne suffit pas d'en avoir la volonté; mais il faut s'appliquer à considérer les raisons, les objets ou les exemples qui persuadent que le péril n'est pas grand; qu'il y a toujours plus de sûreté en la défense qu'en la fuite; qu'on aura de la gloire et de la joie d'avoir vaincu, au lieu qu'on ne peut attendre que du regret et de la honte d'avoir fui... »

Et M. Lavisse ajoute :

« Pour suivre le conseil de Descartes, nous allons d'abord raisonner votre peur :

« De quoi avez-vous peur d'ordinaire? De l'éclair et du tonnerre, d'un craquement entendu ou de formes entrevues dans l'obscurité de la nuit; d'un chien rencontré sur une route, d'une vache qui vous regarde pendant que vous traversez une pâture...

« Mais, dites-moi, combien de vaches vous ont encornés? Combien de chiens vous ont mordus? Ces formes qui vous effrayèrent la nuit, n'était-ce pas, à la lumière revenue, votre jupe ou votre pantalon? Le craquement, combien de fois fut-il suivi de l'apparition d'un voleur ? Le tonnerre, combien de fois vous a-t-il tués?

« Peut-être la vie vous réserve des dangers. Peut-être connaîtrez-vous des heures où, devant la mort possible, votre corps tremblera et vos dents claqueront; mais alors, étant des hommes, vous appellerez à votre secours non plus votre petit amour-propre, mais les sentiments les plus élevés de l'âme humaine.

« Ne désespérez jamais de votre courage. Chers enfants, c'est donc le sentiment de notre dignité personnelle, de notre honneur et de notre devoir qui crée ou fortifie le courage dans chacune de nos âmes. C'est le même sentiment qui, avec l'amour de la patrie, inspire le courage national.

« Les nations ont leurs heures de péril. Vous entendez dire de temps en temps qu'il va y avoir la guerre; on le disait l'année dernière; on le dit à l'heure où je vous parle; on le dira l'année prochaine. Or, la guerre serait un événement grand et terrible. La France, qui fut vaincue et qui souffre d'une blessure toujours ouverte, le sait bien, et pourtant elle demeure tranquille. Il n'est pas vrai qu'elle soit plus orgueilleuse ni plus vaine que les autres nations; même elle est trop encline à se dénigrer elle-même; mais au fond, elle n'ignore pas ce qu'elle vaut. Elle sent en elle des vertus et des forces qui, plus d'une fois, au cours des siècles, l'ont tirée d'abîmes où on la crut perdue. Son histoire est grande et glorieuse, glorieuse par les armes et glorieuse par l'esprit. Comme toutes les nations, elle a fait sa part de mal, et mérite, à de certains jours, des malédictions; mais elle a racheté ses méfaits par des bienfaits innombrables. Des peuples furent affranchis par elle, qui s'en souviennent. Son esprit généreux et clair a révélé la dignité humaine à des hommes de divers pays, qui l'ignoraient. Elle se sait noble parmi les nations. Certes, le monde autour d'elle a bien changé depuis un demi-siècle. Un peuple s'est élevé près de nous, qui nous rappelle, à tout propos et trop souvent sur un ton de haine insolente, qu'il est grand et fort. Ce peuple est grand et fort en effet. Mais la France, qui ne menace personne, ne craint non plus personne. Elle sait qu'elle est la France, tout de même. »

Quand vous aurez quitté l'école primaire, jeunes gens de France, complétez votre instruction. Etudiez encore, étudiez toujours. Lisez. Suivez les cours d'adultes, les cours professionnels. Fréquentez les bibliothèques. Allez entendre les conférenciers littéraires, scientifiques, patriotiques, politiques.

Faites des exercices physiques. Les sociétés de gymnastique, de sports, de préparation militaire, de tir, sont le complément indispensable de l'école. Faites partie de ces sociétés.

Jeunes Français, travaillez, préparez vos muscles, fortifiez vos cœurs.

Vous deviendrez des citoyens libres, instruits, sains, robustes, entraînés à la marche, aux exercices physiques, résistants à la fatigue, pondérés, maîtres d'eux-mêmes.

Si l'Allemand nous attaque, mais il ne nous attaquera que si nous sommes faibles! Vous serez en état de le repousser. Vous pourrez supporter virilement, avec courage, les fatigues et les dangers de la guerre. Vous serez vainqueurs. Vainqueurs, conduisez-vous en hommes civilisés, non en brutes, comme nos ennemis de 1870. Respectez les blessés, les vieillards, les non combattants, les femmes, les enfants. Soyez généreux avec vos adversaires vaincus. Ne vous laissez pas prendre aux paroles flatteuses et mensongères de vos ennemis. Le verbe mentir est celui que le Prussien connaît le mieux et emploie le plus volontiers, à tous les degrés de l'échelle sociale, alors surtout qu'il s'agit d'abaisser le Welche. Que de fois Bismarck et ses collaborateurs ont menti, avant, pendant, après 1870!

Que de fois les soldats allemands, en 1870, ont levé la crosse en l'air pour laisser croire aux Français qu'ils se rendaient, puis relevé leur arme et tiré sur nos soldats sans méfiance! Cela s'est passé à la Bourgonce et ailleurs. Qu'on s'en souvienne.

Soyez bons, soyez humains, ne soyez pas dupes.

Jeunes Français, évitez l'alcool qui abétit et tue. Evitez les excès de toutes sortes.

Soyez des citoyens libres et indépendants.

Travaillez pour votre famille, pour vous, pour la France.

Aimez, défendez la République, seule la République rendra notre France grande, prospère, respectée, inattaquable.

Travaillez, travaillons, Français, selon le mot de Gambetta :

POUR LA PATRIE !
PAR LA REPUBLIQUE !

QUATRIÈME PARTIE

NOTES

Note 1

Lieutenant-colonel Rousset ; pièce justificative n° 1.
La dépêche d'Ems.

« Le 13 juillet 1870, le chef d'état-major, de Moltke, le ministre de la guerre, de Roon, et le chancelier, de Bismarck, étaient réunis à table chez ce dernier... quand tout à coup, arrive d'Ems, un télégramme signé du prince Radzivill, aide de camp du Roi... il était ainsi conçu : « Le comte Benedetti, qui a eu, ce matin, avec le roi, un entretien à la suite duquel un aide de camp a été envoyé au chargé d'affaires de France, pour lui communiquer que le prince de Hohenzollern avait confirmé par écrit au roi la renonciation de son fils, déclare qu'il avait reçu, après son entretien avec le roi, une nouvelle dépêche du duc de Gramont, par laquelle il était chargé de demander un nouvel entretien, afin que le roi : 1° approuvât la renonciation du prince ; 2° fournit l'assurance que cette candidature ne serait plus posée de nouveau à l'avenir. »

« Le roi a envoyé encore une fois son aide de camp chez Benedetti pour lui faire part de son approbation expresse à la renonciation. Quant au second point, le roi s'en est référé à ce qu'il avait dit ce matin à Benedetti. Néanmoins, Benedetti demanda un autre entretien. Là-dessus sa Majesté m'envoya, pour la troisième fois, près du comte Benedetti, qui se trouvait à table vers six heures du soir, pour répondre que sa Majesté devait décidément refuser d'entrer dans de nouvelles discussions au sujet de déclarations obligatoires pour l'avenir; que ce qu'il avait dit le matin était son dernier mot en cette affaire et qu'il ne pouvait que s'y référer simplement. Là-dessus, Benedetti déclara se contenter, de son côté, de cette déclaration. »

(En note de M. le lieutenant-colonel Rousset : M. de Caprivi, chancelier impérial, a, dans la séance du Reichstag, du 23 novembre 1892, prétendu que ce n'était point la dépêche de M. Radzivill qui avait été expédiée à Berlin, mais une autre du conseiller intime, de Abeken, dont la teneur serait la suivante : « Sa Majesté m'écrit : Benedetti m'a abordé à la « promenade pour me demader d'une manière finalement très pressante, « de l'autoriser à télégraphier que je m'engageais pour toujours à ne « jamais plus donner mon approbation, si les Hohenzollern posaient « de nouveau leur candidature. J'ai refusé d'un ton assez sérieux à la « fin de notre conversation parce qu'on ne doit pas et qu'on ne peut pas « prendre de pareils engagements à tout jamais »).

« Quand j'eus donné lecture de cette dépêche, dit M. de Bismarck, Roon et Moltke laissèrent tomber d'un même mouvement couteau et fourchette sur la table et reculèrent leur chaise. Il y eut un long silence. *Nous étions tous profondément abattus. Nous avions le sentiment que l'affaire se perdait dans les sables.* Je m'adressai alors à de Moltke et lui posai cette question :« L'instrument dont nous avons besoin pour la guerre, notre armée, est-elle réellement assez bonne pour que nous puissions commencer la guerre en comptant avec la plus grande probabilité sur le succès ?... » Moltke, avec une confiance inébranlable comme un roc : « Nous n'avons jamais eu de meilleur instrument qu'en ce moment, fit-il »...

« Je m'assis à une petite table ronde... *je rayai délibérément tout le passage où il était dit que Benedetti avait demandé une nouvelle audience etc...* Je ne laissai subsister que la tête et la queue. *Maintenant la dépêche avait un tout autre air.* Je la lus à Moltke et à Roon dans la nouvelle rédaction que je lui avais ainsi donnée. Il s'écrièrent tous deux : « Magnifique ! Cela va produire son effet. » *Nous continuâmes à manger de meilleur appétit.*

« J'ordonnai immédiatement de faire envoyer le plus rapidement possible la dépêche à tous les journaux et à toutes les missions. Et nous étions encore réunis que déjà nous recevions les renseignements désirés sur l'effet que la dépêche avait produit à Paris. *Elle avait éclaté comme une bombe.* Alors qu'on avait adressé à notre roi une dépêche humiliante, *la dépêche fit croire aux Français que leur représentant avait été brusqué par notre roi. Il était là, l'effet cherché.* » (ROUSSET).

Dans son numéro du 30 novembre 1913, le journal *Le Temps,* rend compte d'un ouvrage, (*Fürst Bismarck, 1890-1898* par HERMANN-HOF-MANN, Stuttgard 1914), d'un journaliste Hambourgeois qui vécut longtemps dans l'intimité du prince de Bismarck. Le récit d'Hofmann sur la dépêche d'Ems est conforme à celui du lieutenant-colonel Rousset :

« J'ai lu tout haut la dépêche aux deux généraux (Moltke et Roon), « dit le prince Bismarck; et aussitôt *ces deux vieux buveurs de sang* « ont laissé tomber sur la table couteau et fourchette avec des mines « navrées. La perspective de négociations pacifiques avec la France leur « avait, d'emblée, coupé l'appétit... »

Note 2

Rapports militaires écrits de Berlin, 1866-1870
par le colonel Baron Stoffel. (Garnier frères, éditeurs).

Rapport du 8 septembre 1866 (page 3)... D'un côté (celui de l'Autriche) un instrument médiocre mis à la disposition d'un chef incapable de le manier; de l'autre (du côté de la Prusse) un instrument supérieurement organisé, préparé longtemps d'avance et placé entre les mains de chefs habiles. Autrement dit : d'une part, une armée inférieure sous tous les rapports, commandée par un homme dépourvu de qualités nécessaires pour exercer le commandement suprême; d'autre part, une armée excellente à tous égards, conduite par des chefs intelligents, instruits et énergiques.

Rapport du 24 juin 1868 (page 184)... La Confédération de l'Allemagne du Nord, dans une grande guerre européenne, pourrait disposer de :
Armée active : 540.000 hommes;
Corps de réserve : 80.000 hommes;

Troupes de dépôt et de défense intérieure : 333.000 hommes;
Total : 953.000 hommes.

(Et les Etats du Sud, qui prirent part à la campagne de France, ne sont pas compris dans ces chiffres !)

Rapport du 12 août 1869 (page 300)... Comment vouloir comparer à la landwehr notre garde nationale mobile, formée de jeunes gens que la loi elle-même, par une clause impraticable, place dans l'impossibilité d'apprendre, ni exercices, ni manœuvres et dont on prétend improviser l'instruction pendant la guerre même ! La garde nationale mobile sera lettre morte, tant que l'article 9 subsistera dans sa teneur actuelle.

Page 302... 1º La guerre est inévitable et à la merci d'un incident; 2º La Prusse n'a pas l'intention d'attaquer la France;... 3º Mais la Prusse est assez clairvoyante, pour reconnaître que la guerre, qu'elle ne désire pas, éclatera infailliblement, et elle fait tous ses efforts pour ne pas être prise au dépourvu le jour où l'incident fatal se produira; 4º La France, par insouciance, par légèreté et surtout par ignorance de la situation, n'a pas la même clairvoyance que la Prusse.

Rapport du 28 février 1870. Du désarmement (page 402)... Il n'est aucun Prussien qui ne sache que la plus vitale de ses institutions, le service militaire obligatoire, rend un désarmement impossible.

Dépêche télégraphique du 16 juillet 1870 (page 464)... Après 20 jours,, comptés à partir du 15 juillet, la Prusse aura, sur différents points de nos frontières, plusieurs armées de 100 à 200.000 hommes chacune.

(20 jours après le 15 juillet, se livraient le combat de Wissembourg et les batailles de Forbach et de Wœrth.)

Note 3

Histoire générale de la guerre Franco-Allemande 1870-1871
par le lieutenant-colonel Rousset. (Tallandier).

Conclusion du deuxième volume. — Etude des causes de la défaite (pages 452 et 453)... « Le 2 août 1870, les forces allemandes, complètement mobilisées et prêtes à entrer en campagne, se trouvaient rassemblées autour de Mayence, de Cologne et de Landau, en trois masses dont la force totale se montait à près de 500.000 combattants. Les trois armées allemandes, disposées de façon à se prêter un appui réciproque, entamèrent, le 3 août, leur mouvement en avant et se préparèrent à aborder la frontière où six corps d'armée français, à peine organisés et manquant encore du strict nécessaire, étaient disséminés dans un désordre qui n'accusait que trop nettement l'irrésolution du haut commandement.

Au quartier général de l'empereur Napoléon, on en était arrivé, en effet, après une série de plans de campagne que l'imperfection de notre mobilisation rendit tous successivement impraticables, à ne plus avoir aucun but, aucun objectif, si ce n'est celui d'attendre passivement les événements. On y allait de désillusion en désillusion, de déboire en déboire. Après avoir refusé toute créance aux avertissements venus de divers côtés et signalant l'extraordinaire puissance du mécanisme de la mobilisation allemande; après avoir espéré qu'on pourrait être prêt avant l'ennemi et le devancer sur la ligne du Rhin, il avait bien fallu se rendre à l'évidence et confesser la réalité. Aux 500.000 Allemands, abondamment munis et pourvus du nécessaire, qu'on avait devant soi, aux imposantes réserves qui attendaient en arrière, l'arme au pied, le moment d'intervenir à leur tour, on n'avait à opposer, en tout et pour tout, que 223.000 hommes, à qui la pénurie lamentable de leurs moyens d'action semblait devoir interdire toute mobilité et toute possibilité d'attaquer.

Il était alors inutile, en l'état absolument désordonné des transports, de songer à pourvoir en temps opportun ces hommes de ce qui leur manquait; il était non moins inutile de tabler sur un renforcement ultérieur, puisque l'armée française était là tout entière, qu'il ne restait à l'intérieur que quelques régiments avec des dépôts vides de soldats exercés, et que la garde mobile, qui aurait dû former la troupe de seconde ligne, n'était ni instruite, ni équipée, ni armée, ni même régulièrement constituée.

Note 4

La guerre Franco-Allemande sous le roi Guillaume
par un officier d'état-major prussien. Bruxelles, Musquart, 1871.

Avant-propos... Il lui fut excessivement pénible, (au roi de Prusse) en 1866, de tirer l'épée contre elle (l'Autriche). C'est aussi pour cette raison qu'il sut, dans sa course victorieuse, s'arrêter aux portes de Vienne... et non aux portes de Paris.

Ce furent les événements de 1859 qui décidèrent positivement notre souverain à travailler immédiatement et énergiquement à l'intérêt général du pays dans le sens de ces convictions à l'égard de la France.

... La guerre contre la France était prévue longtemps avant que les différends, causes de ces deux premières campagnes (1864 et 1866) ne se fussent élevés. »

(Page 21)... « Nous connaissions, par expérience, la nature irrésolue de Louis-Napoléon; aussi faisions-nous tout ce que permettait notre dignité et notre sécurité, pour favoriser les tergiversations de l'empereur, en paraissant désirer le maintien de la paix. »

Note 5

La guerre Franco-Allemande de 1870-1871
rédigée par la section historique du grand état-major prussien.
Traduction par le chef d'escadron E. Costa de Serda, de l'état-major français.

Ire livraison. — Introduction (page 4)... « Il n'est pas de plus grand malheur pour un pays qu'un gouvernement faible... (Page 11)... « Dans toute cette affaire, Napoléon III paraît avoir joué un rôle passif, on pourrait presque dire inerte. »

Les rapports, si vrais et si détaillés du lieutenant-colonel baron Stoffel, attaché militaire français à Berlin, auraient dû convaincre le gouvernement de l'empereur que l'Allemagne était complètement en mesure de relever le gant qu'on lui jetait.

Mais, de son côté, le ministre de la guerre, Lebœuf, annonçait que « la France était archi-prête. »

Le ministre Ollivier déclarait qu'il assumait, avec un cœur léger, la responsabilité de cette guerre qui était imposée à la France...

Les préparatifs de la France étaient à peine commencés; sur aucun point encore une armée n'était réunie quand, le 19 juillet déjà, le chargé d'affaires français remettait à Berlin, la déclaration de guerre.

Note 6

La guerre de 1870-1871, par Ch. Beauquier (Lemerre).
(Chap. I, p. 3.)

« La France, enivrée par vingt années de despotisme, se trouva tout à coup déshabituée, d'agir et de vouloir, devant la banqueroute politique et morale. »

Note 7

L'invasion à Stenay par Héloïse Remy (sœur Julie).

« C'est horrible d'entendre dire tout ce que les Français ont souffert avant et après la reddition de Sedan. Les voitures de l'ex-Empereur encombraient la voie ferrée et la ville, si bien que nos pauvres soldats n'avaient pas de quoi vivre, même avant la bataille de Mouzon et de Sedan.

« Hier (29 mars 1871), Madame M. de Carignan, nous a ramené ses trois petites filles. Les habitants ont été témoins de choses aussi pénibles qu'impossibles à croire. Ainsi, après la bataille de Beaumont, les Français sont entrés toute la nuit à Carignan, ils mouraient de faim et la ville avait vu, pendant trois jours, passer les équipages de l'ex-Empereur.

« Aussi était-on outré de voir nos pauvres militaires manquer de tout, tandis que celui-là ne songeait qu'à sauvegarder son immense matériel ! »

Note 8

Le dossier de la guerre de 1870.
Publication du journal « La France », Garnier frères.

1re partie. — Le gouvernement dit : Nous sommes prêts. — Chapitre V. — « Nous sommes prêts » (pages 47 et suivantes).

« Quoi, une nation comme la France qui, en quelques semaines, peut réunir sous ses drapeaux six cent mille soldats, qui a dans ses arsenaux huit mille pièces de canon de campagne, dix-huit cent mille fusils et de la poudre, pour faire dix ans la guerre, ne serait pas toujours prête à soutenir par les armes, son honneur compromis ou son droit méconnu. » (*Mémoire du maréchal Randon*, avril 1867).

« A aucune époque, l'armée n'a reçu une éducation plus complète au point de vue de la guerre...

« Le nombre de nos nouveaux fusils dépasse à présent un million. On en fabrique encore 1.200 par jour... Nos magasins sont en bon état...

«... S'il était nécessaire d'appeler les réserves, qui font monter notre armée à 660.000 hommes, dans la situation actuelle, il ne faudrait pas longtemps pour les mettre en route.

« ...L'armée peut être facilement mise debout très promptement, *et il ne lui manque rien* ». (Enthousiasme du Sénat) (*Discours du maréchal Niel*, 9 avril 1869).

« Les soldats de la garde nationale mobile sont tous immatriculés sur les contrôles, organisés par circonscription...

« Nous avons une armée excellente, instruite, pleine d'ardeur, parfaitement organisée et pourvue de tout.

« ... Si la guerre devenait nécessaire, nous sommes parfaitement en mesure de la supporter ». (*Discours du maréchal Niel*, 20 mars 1869).

« Aujourd'hui, que nous soyons à la paix ou à la guerre, cela ne fait absolument rien au Ministre de la guerre. Il est toujours prêt.

« Je ne veux pas répéter ce que j'ai déjà dit plusieurs fois, comment l'armée peut entrer en huit jours sur le pied de guerre et avoir 600.000 hommes bien armés et aguerris. Il n'y a qu'un ordre à donner... *Si le moment de combattre venait, tout le monde serait prêt* ». (*Discours du maréchal Niel*, 12 avril 1869).

« Ma seule politique, la voici : c'est d'être toujours prêt... Si la guerre arrive, je dois être prêt, tel est mon devoir et je le remplirai ». (*Discours du maréchal Le Bœuf*, 30 mars 1870).

« Notre armement perfectionné, nos arsenaux et nos magasins remplis, nos réserves exercées, la garde nationale en voie d'organisation, notre flotte transformée, nos places fortes en bon état, donnent à notre puissance un développement indispensable.

« Le but constant de mes efforts est atteint. Les ressources militaires de la France sont désormais à la hauteur de ses destinées dans le monde ». (*Discours de l'Empereur*, 18 janvier 1869).

« ... Rappelons ce qui a été fait ; le tableau est assez grand pour se passer de commentaire :

« Une armée de ligne de 750.000 hommes disponibles pour la guerre ; près de 600.000 hommes de garde nationale mobile... 1.200.000 fusils fabriqués en moins de dix-huit mois, les places fortes mises en état et armées, les arsenaux remplis, un matériel immense prêt à suffire à toutes les éventualités quelles qu'elles soient... » (*Journal Officiel*, 16-17 avril 1869).

« ... L'empereur a su attendre, mais depuis quatre années il a porté à sa plus haute perfection l'armement de nos soldats, élevé à toute sa puissance l'organisation de nos forces militaires.

« Grâce à vos soins, la France est prête, Sire... Si l'heure des périls est venue, l'heure de la victoire est proche... » (*Discours de M. Rouher, 16 juillet 1870*).

« La France peut ainsi armer deux millions de défenseurs ; leurs fusils sont prêts et il en restera un million en réserve ». (*Déclaration de M. le général Dejean, ministre de la guerre par intérim*).

« ... Que les Prussiens prennent tout leur temps ! La France est prête ! » (Paul de Cassagnac, *Le Pays*, 9 juillet 1870).

« ... Personne n'ignore qu'en ce moment, nous avons vingt jours d'avance sur la Prusse. Nous sommes prêts, ils ne le sont pas ». (Paul de Cassagnac, *Le Pays*, 12 juillet 1870).

« ... Le maréchal Le Bœuf me répondit : Nous sommes prêts ! Nous sommes prêts !... Et alors nous entendîmes les trois ministres et particulièrement M. Ollivier et le maréchal Le Bœuf dire que nous étions prêts pour soutenir la lutte... qu'au point de vue militaire, nous étions absolument prêts.

« Lorsque, trois semaines plus tard, je me suis trouvé dans cette pièce, où les ministres nous avaient affirmé que nous étions prêts, et quand le général de Montauban nous eût exposé l'état de nos forces et de nos arsenaux, c'est alors que j'ai dit : Nous avons été trompés ! » (*Déposition de M. Dréolle devant la commission d'enquête*).

« Savez-vous pourquoi je n'ai pas été du nombre des douze députés qui ont voté contre la guerre de 1870 ?

« Nous avons été indignement trompés !... On nous trompait ! L'histoire, sévère et inexorable, dira sur qui doit peser cette effroyable responsabilité ! » (*Profession de foi de M. Lafond de Saint-Mur en 1876.*)

« M. le baron Jérôme DAVID. — La Prusse était prête et nous ne l'étions pas...

« *Voix diverses à gauche.* — Le ministère avait dit que nous l'étions ! Il nous a donc trompés ! Il a trahi la France !

« *M. Jules FAVRE.* — Il nous a jeté dans la ruine et dans la misère !

« *M. le comte de KERATRY.* — M. le Ministre de la Guerre a déclaré que nous étions prêts, absolument prêts !

« *M. Jules FERRY.* — Les ministres ont trompé le pays !

« *M. Emmanuel ARAGO.* — Le ministère nous a dit qu'il était prêt, il a trompé la France.

« *M. le comte de KERATRY* — Quand M. le Ministre de la Guerre est venu dans la commission, il a donné sa parole d'honneur que nous étions prêts et s'il nous avait dit qu'il n'était pas prêt, nous n'aurions pas voulu voter. » (*Corps législatif*, séance du 9 août 1870.)

DEUXIEME PARTIE

Nous n'étions pas prêts !

« Chapitre II.— Avertissements (pages 113 et suiv.).. La Prusse se propose tout simplement et très activement d'envahir notre territoire. Elle sera en mesure de mettre en ligne 600.000 hommes, 1.200 bouches à feu, avant que nous ayons songé à organiser les cadres indispensables pour mettre au feu 300.000 hommes et 600 bouches à feu.

« De l'autre côté du Rhin... les plus pacifistes considèrent la lutte comme inévitable et ne comprennent rien à notre inaction.

« Ils prétendent que notre empereur est tombé en enfance.

« ... Je commence à croire que notre gouvernement est frappé de démence... faisons tous nos efforts pour arrêter cette pente fatale qui conduit tout droit à des précipices. » (*Lettre du général Ducrot au général Trochu, 7 décembre 1866*).

« J'ai commandé la division de Strasbourg pendant cinq ans. Quand j'y suis arrivé j'ai voulu me rendre compte de ce qu'il y avait de réserves de toute espèce. Il y avait une direction d'artillerie et un arsenal considérable, un magasin de campement. Dans l'arsenal j'ai trouvé, je crois, 2.000 canons dont 4 ou 500 à peu près pouvaient servir. Tout le reste était du vieux bronze. Il y avait des boulets en pierre du temps de Louis XIV et une quantité énorme de fusils à silex... » (*Déposition de M. le général Ducrot*) — Personnellement, j'ai visité quelques années avant 1870 l'arsenal de Strasbourg. Quoique bien jeune, j'ai été frappé de la quantité de vieilles armes (bien entretenues) qu'il renfermait. C'était un musée !

« Le maréchal de Mac-Mahon arrive à Strasbourg, le maréchal Lebœuf vient l'y rejoindre... il me dit : Comment, c'est à présent que vous venez me dire que vous n'avez pas ce qu'il vous faut ! Je lui répondis : Monsieur le Maréchal, depuis 1866 et 1868, je ne fais pas autre chose que de vous avertir et j'ai pour témoin le général Ducrot, qui s'est associé à mes instances et qui a même pris l'initiative des mesures à prendre... Le maréchal Lebœuf s'emporta. » (*Déposition de M. l'Intendant de la Valette.*)

« Au mois de mars 1869, je voyais, comme bien d'autres, venir la guerre avec l'Allemagne ; il était bien facile de prévoir que, comme en Italie, comme toujours, nous étions destinés à entrer en opérations avec des moyens insuffisants. » (*Conférences de Vigo Roussillon, intendant militaire, 3 et 10 mars 1869.*)

« Chapitre III. — Déclaration de guerre. (pages 34 et suiv.)

« Tant que je vivrai, je me rappellerai cette terrible journée. Le corps législatif était réuni dès le matin et on vint nous lire la déclaration de guerre fondée sur les motifs que je viens d'exposer.

« Cinquante énergumènes me montraient le poing, m'injuriaient, disaient que je me déshonorais, que je souillais mes cheveux blancs. Je ne cédai pas. De ma place, je courus à la tribune où je ne pus faire entendre que quelques paroles entrecoupées. Convaincu qu'on nous trompait et qu'il n'était pas possible que le roi de Prusse... eût voulu nous faire un outrage, je demandai la production des pièces...

« On ne voulut rien entendre, rien accorder... Je fus insulté de toutes parts et les députés des centres intimidés, s'excusant de leur faiblesse de la veille, par leur violence d'aujourd'hui, votèrent cette guerre, qui est la plus malheureuse certainement que la France ait entreprise, dans sa longue et orageuse carrière » (*Déposition de M. Thiers devant la commission d'enquête sur le 4 septembre.*)

« M. THIERS. — S'il y a eu un jour, une heure où l'on puisse dire sans exagération que l'histoire nous regarde, c'est cette heure et cette journée... J'ai la certitude de remplir un devoir difficile : celui de résister à des passions patriotiques, si l'on veut, mais imprudentes. (*A droite : Allons donc !*)

« Sur un sujet si grave, n'y eût-il qu'un seul individu, le dernier dans le pays, s'il y avait un doute, vous devriez l'écouter; oui, n'y en eût-il qu'un...

« Voulez-vous qu'on dise, voulez-vous que l'Europe tout entière dise que le fond était accordé (retrait de la candidature Hohenzollern au trône d'Espagne) et que, pour une question de forme, vous vous êtes décidés à verser des flots de sang ? (*Réclamations bruyantes à droite et au centre — Applaudissements à gauche.*)

« *M. le marquis de PIRÉ.* —C'est tout le contraire.

« *M. THIERS.* — Prenez-en la responsabilité.

« *M. le marquis de PIRÉ.* — Oui, oui !

« *M. GLAIS-BIZOIN.* — Non.

« *M. THIERS.* — Ici, Messieurs, chacun de nous doit prendre la responsabilité qu'il croit pouvoir porter.

« *A droite.* — Oui ! oui ! Tout entière !

« *M. THIERS.* — ... Je demande donc, à la face du pays, qu'on nous donne connaissance des dépêches d'après lesquelles on a pris la résolution qui vient de nous être annoncée; car il ne faut pas nous le dissimuler, c'est une déclaration de guerre !

« *M. GRANIER DE CASSAGNAC.* — Je le crois bien.

« *M. THIERS.* — Quant à moi, je regarde cette guerre comme souverainement imprudente. » (*Extrait du compte-rendu analytique du 15 juillet 1870.*)

« Chapitre VI. — Les Dépêches (page 61). — Le 19 juillet la déclaration de guerre était notifiée à Berlin.

« Général de Failly, commandant 5ᵉ corps, à Guerre. — Bitche, 18 juillet 1870.

« Suis à Bitche avec 17 bataillons infanterie. Envoyez-nous argent pour faire vivre troupes. Point d'argent dans les caisses publiques. Point d'argent dans les caisses de corps.

« Le maréchal Bazaine au ministre de la Guerre. (19 juillet 1870.)

« Le général Failly me prévient... nous avons besoin de tout, sous tous les rapports. »

« Général Ducrot, au ministre de la Guerre. (19 juillet 1870.)

« Situation inquiétante au point de vue des subsistances, aucune mesure prise pour assurer les fournitures de viande. »

« Intendant général, à Blondeau, directeur administration Guerre, Paris. — Metz, le 20 juillet 1870, 9 h. 50 matin.

« Il n'y a, à Metz, ni sucre, ni café, ni riz, ni eau-de-vie, ni sel, peu de lard ou de biscuit. Envoyez d'urgence au moins un million de rations sur Thionville. »

« Général commandant 2ᵉ corps, à Guerre, Paris. — Saint-Avold, 21 juillet 1870.)

« Le dépôt envoie énorme paquet de cartes inutiles, pour le moment; n'avons pas une carte de la frontière de France. »

« Général Michel à Guerre, Paris. — Belfort, 21 juillet 1870, 7 h. 30 matin.

« Suis arrivé à Belfort ; pas trouvé ma brigade ; pas trouvé général de division. Que dois-je faire ? Sais pas où sont mes régiments. »

« Général commandant 4ᵉ corps, au Major général, Paris. — Thionville, 24 juillet.

« Le 4ᵉ corps n'a encore ni cantines, ni ambulances, ni voitures d'équipages pour les corps et les états-majors. Tout est complétement dégarni.

« Intendant 3ᵉ corps, à Guerre, Paris. — Metz, 24 juillet 1870, 7 h. soir.

« Le 3ᵉ corps quitte Metz demain. Je n'ai ni infirmiers, ni ouvriers d'administration ; ni caisson d'ambulance, ni fours de campagne, ni train...

« De l'intendant de la 5ᵉ division militaire. 24 juillet 1870.

« Metz, qui fournit aux 3ᵉ 4ᵉ et 5ᵉ corps, n'a plus ni biscuit, ni avoine.

« Intendant général à Guerre. Paris. 25 juillet 1870.

« Partout on réclame du matériel, voitures d'ambulances, cantines d'infirmerie, gamelles, bidons, munitions. »

« Colonel directeur parc 3ᵉ corps, à directeur artillerie, Paris.

« Les munitions de canons à balles n'arrivent pas. »

« Maréchal Bazaine, au général Ladmirault à Thionville-Boulay, 30 juillet.

« J'ai vu hier l'empereur à Saint-Cloud, rien n'est encore arrêté sur les opérations que doit entreprendre l'armée française. »

« Intendant 7ᵉ corps à Guerre, Paris. — Belfort, 4 août 1870, 7 heures 6 matin.

« Le 7ᵉ corps n'a pas d'infirmiers, pas d'ouvriers, pas de pain. »

« Général subdivision, à général division, Metz. — Verdun, 7 août. 5 heures 45 soir.

« Il manque à Verdun, comme approvisionnements de siège, vin, eau-de-vie, sucre et café, lard, légumes secs.., »

« Préfet des Vosges à Intérieur, 7 août 1870.

« A Epinal, depuis quatre jours, 4.000 mobiles sans armes.

« Préfet du Rhône à Intérieur, 7 août 1870.

« La garde mobile n'a pas encore un fusil. »

« Intendant 6ᵉ corps, à Guerre, Paris. — Camp de Châlons, 8 août 1870, 10 h. 53 matin.

« Je reçois, de l'intendant en chef de l'armée du Rhin, la demande de 400.000 rations de biscuit et vivres de campagne, je n'ai pas une ration de biscuit ni de vivres de campagne. »

« Préfet des Vosges à Intérieur, Paris. — Epinal, 12 août 1870, 8 heures 5 matin.

« Nous avons, à Epinal, 4.000 gardes mobiles sans armes, mal payés. »

« Commandant supérieur Langres, au ministre de la guerre, Paris. — Langres, 13 août 1870, 7 h. 35 soir.

« Nous n'avons que 400 fusils, modèle 1842 transformés, se chargeant par la culasse ; il nous arrive environ 6.000 gardes mobiles ; envoyez des armes de suite ».

Chapitre VII (page 75).

« **Le brave général Vinoy bat en retraite... sa préoccupation est de ne pas rencontrer l'ennemi, parce qu'il n'a pas de cartouches.**

« **Que dit le général Ladmirault ?**

« Il est impossible d'entreprendre une affaire de longue haleine, car à la première, on serait usé faute de munitions.

« **Que dit le maréchal Canrobert ?**

« Verneuille, 7 août 1870.

« Je n'ai plus de cartouches, plus de munitions d'artillerie.
(Discours de M. le duc d'Audiffret-Pasquier, **22 mai 1872**.)

« La première chose que nous disaient les commandants de batterie de mitrailleuses, c'est qu'il faudrait ménager les munitions, **parce qu'il n'y en avait pas.**

« En effet, à la bataille du 7 août les batteries de **mitrailleuses et** d'autres aussi ont quitté le champ de bataille...

« Le 6 août, l'ordre ayant été donné de faire sauter un pont, il ne s'est pas trouvé de poudre de mine dans tout le corps d'armée, **ni au génie, ni à l'artillerie !**

« Pas de cantines d'ambulances, ni de bâts; pas d'ambulances enfin, ni pour les divisions, ni pour les corps d'armée; le 7 août des milliers de blessés sont restés entre les mains de l'ennemi, rien n'étant préparé pour les transporter (lettre d'un officier général cité par le **général** Palikao).

« Les compagnies de chemin de fer françaises s'attendaient à trouver, pour chaque train, les effectifs qui leur avaient été indiqués en 1869.

« Grande fut leur surprise... Entre le régiment le plus nombreux et l'effectif normal, il y avait une différence en moins de **1.290 hommes.**

« L'intendance territoriale n'avait reçu aucune instruction pour la réception des vivres qui avaient Metz pour destination. (Jacqmin. *Les Chemins de fer pendant la guerre.*)

« Nous pouvons affirmer, sans crainte d'être démentis, que la France ne possède pas les 400.000 hommes présents sous les armes, **jugés indispensables...**

(L'auteur de l'article aurait pu ajouter : *et portés au budget.*)
(Constitutionnel, 25 mars 1870.)

« Le résultat de cet acte politique (le plébiscite)... a eu le grave inconvénient... de faire ressortir que le chiffre total des hommes **présents sous** les armes n'était que de 250.000 hommes. (Général de Palikao. — Un ministère de 24 jours.)

« **Chaque régiment d'infanterie ne comptait pas plus de 1.350 hommes** en moyenne.

« L'effectif total atteignait à peine, au commencement, **200.000 hommes.** Plus tard, après l'arrivée des contingents divers, il put s'élever à 250.000 hommes, mais ne dépassa jamais ce chiffre.

« L'organisation matérielle était incomplète.

« Les commandants de corps d'armée n'avaient encore connaissance d'aucun plan de campagne. Nous savions seulement que nous allions nous trouver en présence de forces allemandes d'environ 550.000 hommes, pouvant en très peu de temps être portés au double de ce nombre. »
(Général Frossard. — Rapport officiel.)

Je m'arrête. Lecteurs, réfléchissez !

Note 9

L'armée de l'Est, par Grenest (Garnier frères).

(Pages 84 et suiv.) Récit d'un prisonnier.

« On a vu que plusieurs centaines des nôtres avaient été faits prisonniers sur le champ de bataille de la Bourgonce. L'un d'eux, M. P. Bruchon, soldat au 32e de marche, va nous conter (*Neuf mois de captivité en Poméranie*. Corbeil, Drevet) comment lui et ses compagnons se virent traités par leurs vainqueurs.

Bons Français, nos chers compatriotes, toujours si généreux après le combat, à l'égard de votre ennemi, lisez et souvenez-vous. »

« Lorsque nous eûmes cessé le feu, faute de munitions, les soldats allemands se précipitèrent furieux... voulant à tout prix trouver des francs-tireurs dans nos rangs.

« Trois mobiles des Vosges, vêtus de blouses grises et coiffés de képis de même couleur, furent *éventrés*, et il est probable que tous ceux de cette arme auraient eu le même sort, si deux de nos officiers de l'infanterie, bien que blessés, ne fussent intervenus énergiquement et ne fussent parvenus avec bien des peines à faire entendre à ces forcenés que ces malheureux n'étaient pas des francs-tireurs... Une courageuse femme vint apporter à manger aux prisonniers. Elle avait son tablier plein de pommes de terre cuites... Qu'était-elle ? Nul ne le savait, un seul de ses noms était connu : Française... Nous arrivâmes bientôt à un pont qui traverse la Meurthe... la halte fut ordonnée, des postes furent établis aux deux bouts du pont... cette nuit fut mauvaise; une pluie glaciale ne cessa de tomber... De temps en temps, des chars de blessés, ainsi que des fourgons du train des équipages, traversaient le pont où nous étions entassés et nous passaient dessus sans crier gare : heureusement pour nous que nous ne pouvions dormir... (à l'arrivée à Raon-l'Etape, à l'église) un officier allemand, une brute, parmi les brutes, entre dans l'église revolver au poing... s'emporte sans aucun motif...

... Nous vîmes entrer des dames, ayant le brassard d'ambulance et portant des paniers de pain et des rations de viande... Les visages de ces braves et généreuses femmes étaient empreints d'une douloureuse tristesse, lorsqu'elles virent ces malheureux souillés de sang, de boue et pâlis par la faim, manger avec une telle avidité...

Deux jours et trois nuits se passèrent sans incidents bien importants; néanmoins, le fait suivant, que je tiens à publier, donnera une idée de l'éducation allemande :

Lorsqu'un de nous désirait satisfaire à un besoin naturel, il fallait qu'il en trouvât neuf autres qui fussent dans le même cas que lui : il était donc forcé, comme on le comprendra facilement, de prier des camarades de simuler le même besoin. Alors on donnait une escorte, et ces dix hommes, conduits, la baïonnette au canon et le fusil chargé, étaient amenés sur la place de l'église, et là, devant le monde, femmes et enfants !...

« Lorsque les Allemands en apercevaient qui simulaient, et il y en avait au moins huit sur dix, ils les faisaient rentrer à grands coups de crosse dans le dos...

« (A Baccarat)... malgré une pluie battante, nous vîmes arriver un boulanger, suivi d'une foule de femmes et d'enfants portant des pains. Cet homme taillait dans ses pains et femmes et enfants faisaient la distribution, disant en sanglotant : vous en aurez tous...

... Nous avions parmi nous des hommes légèrement blessés ; indépendamment de ceux-là, beaucoup étaient affaiblis... Lorsque, exténués, plusieurs de ces malheureux se laissèrent tomber sur des tas de pierres, à notre grande surprise, les soldats formant la haie ricanèrent et ce fut tout. Etonnés... nous ne savions que penser... Alors nous vîmes les uhlans pousser leurs chevaux sur nos malheureux blessés. Ceux-ci, pour éviter d'être écrasés se traînèrent comme ils purent; malgré cela, ils n'échappèrent pas aux coups de plat de sabre que ces bandits leur prodiguèrent pendant le reste de l'étape.

... (A Lunéville) des soldats de la landwehr formaient la haie ; ces soldats étaient plutôt des monstres que des hommes, leur lâcheté éclatait en exclamations sauvages et ils frappaient avec frénésie sur nous. Pas un seul ne s'est abstenu; soit des coups de plat de sabre, soit des coups de pied; les baïonnettes même piquaient à tort et à travers ceux qui ne pouvaient les éviter ; et, entre ces doubles rangs de lâches assouvissant leur rage sur des hommes exténués et sans défense, nous marchions comme un troupeau de moutons entourés de chiens activant sa marche à grands coups de dents.

Que ceux qui liront ces lignes se souviennent... »

« Oui, qu'on se souvienne ! Mais chez les éternels oublieux que nous sommes, ajoute Grenest, n'est-ce pas prêcher dans le désert ? »

Note 10

Enfants du Val-d'Ajol morts pendant la campagne de 1870-1871 et dont les noms figurent sur la plaque commémorative placée dans le vestibule de l'Hôtel-de-Ville.

André Aimé-Constant. — André Louis-Isidore. — Antoine Jean-Louis. Arnould Aimé. — Arnould Emile-Etienne. — Arnould Joseph-Emile. — Bolmont Joseph-Emile. — Bolmont Jules-Nicolas. — Chacha François-Joseph. — Cholley Louis-Joseph. — Clolery Célestin. — Clolery Jules-Joseph. — Couval Jean-Baptiste. — Couval Charles-Auguste. — Colin Jean-Joseph. — Colnot Félix. — Duval Vincent. — Feivet Jules-Constant. — Garnier Charles. — Garnier Michel. — Giraumé Jules-Georges. — Jacquot Désiré-Auguste. — Jacquot Emile-Victor. — Jacquot Amé-Eugène-Louis. — Ledrappier Cyrille-Auguste. — Leyval Louis. — Maxel Jean-Amé. — Mayer Constant. — Mougenot Eugène. — Mougenot Jean-Félix. — Mougenot Jean-Emile. — Nappé Auguste-Emile. — Nurdin Jean. — Petitjean Claude. — Pierre Eugène-Constant. — Richard Louis-Philippe. — Saintpère Auguste. — Simonin Cyprien. — Stourme Nicolas-Hydulphe. — Tisserand Jean-Joseph. — Thiéry Jean-Joseph. — Vial Jules-Amé. — Vincent Jules-Constant.

Note 11

Campagne de l'Est. (Crémer et Poulet, page 45).

Le 6 octobre, 8,000 Français, commandés par le général Dupré, furent attaqués par l'avant-garde prussienne sous les ordres de Degenfeld, entre Etival et Nompatelize, au sud de Raon-l'Etape. Les forces prussiennes étaient également de 8,000 hommes environ.

Les Français occupaient une bonne position, mais ils n'avaient pas d'artillerie. Une partie des troupes fit des prodiges de valeur...

Les mobiles des Vosges et les Francs-tireurs de Neuilly se battirent comme des lions. La victoire resta indécise...

Le général Dupré avait été blessé... Nous avions perdu 1,500 hommes environ. Les Prussiens, grâce à la supériorité de leur armement n'avaient eu que 8 à 9 cents hommes hors de combat. Le 8 octobre, le 14e corps prussien se trouvait tout entier réuni à Saint-Dié ; il comptait 23 bataillons, 20 escadrons et 72 bouches à feu.

Le 12, Werder, après avoir dû livrer plusieurs combats aux héroïques populations de Celles, Rambervillers et Epinal, entrait dans cette dernière ville.

Le général Cambriels prit le parti d'abandonner les Vosges et de se retirer à marches forcées sur Besançon. Ses troupes ne lui paraissaient pas assez solides pour affronter le choc de Werder ; il était presque entièrement dépourvu d'artillerie, et, chose plus grave, il était totalement dépourvu de munitions de réserve. Un grand nombre de ses mobiles étaient en blouse et en pantalon de toile, sans souliers. Le 19 il (Werder) entrait à Vesoul.

Note 12

Histoire générale de la guerre Franco-Allemande
par le lieutenant-colonel Rousset.

« L'état des troupes, dans le rayon de la place d'Epinal, était des plus misérables ; il y avait là une dizaine de mille hommes, insuffisamment exercés, mal habillés, dont beaucoup encore en blouse, portaient leurs cartouches dans un mouchoir, et qui, pourvus d'armes de modèles trop variés, semblaient hors d'état de produire une résistance quelconque... »

Le général Degenfeld va peut-être se trouver contraint à une retraite générale quand débouchent 3 compagnies de grenadiers et un peloton de dragons (2 h. 1/2), ainsi que deux pièces. Le général Dupré voyant le danger avait aussitôt massé en avant du village de la Salle ce qu'il avait à sa portée, les mobiles de la Meurthe, des Deux-Sèvres, des Vosges, plus quelques gardes nationaux accourus des environs. Ces braves gens résistèrent avec une remarquable opiniâtreté, et pendant plus d'une heure, réussirent à tenir l'ennemi en échec.

« Elles (les troupes) avaient combattu avec honneur, car, nullement exercées pour la plupart même au maniement du fusil, à jeun depuis la veille au soir, exténuées par trois nuits passées en chemin de fer et une quatrième en marche ou au bivouac, elles s'étaient cependant montrées pleines d'ardeur et de bravoure et avaient failli un moment bousculer les bataillons de vieux soldats qui leur étaient opposés ».

Note 13

Gaulois et Germains. Récits militaires. (Général baron Ambert, page 170).

Les Français étaient postés sur la hauteur du village de Nompatelize, que couvrirent bientôt d'épais nuages de fumée et qui, centre de l'action, ne tarda pas à être enveloppé d'un cercle de feu. A droite et à gauche du champ de bataille s'étendaient des forêts assez profondes ; à 3 heures, le général Dupré fut atteint d'une balle à la mâchoire inférieure et céda le commandement au colonel Hocédé. La victoire eut peut-être récompensé les efforts de ces braves soldats, si ce brillant officier n'eût été, au moment décisif, renversé par un éclat d'obus, qui lui brisait un bras et une jambe. Ce brave colonel mourait dans la matinée du 9 octobre. Vers midi, l'ennemi étonné, suspendait sa marche en avant ; à deux heures, commençait la déroute des Badois, fuyant dans la direction des bois voisins. Une heure plus tard, ayant reçu de sérieux renforts, ils se maintiennent d'abord, ils se décident assez mollement à reprendre l'offensive, puis essayent sans grand résultat, de déloger les Français du bois des Jumeaux...

Nous perdions dans cette affaire de Nompatelize, environ 1.400 hommes, dont 300 morts, 450 blessés et 650 prisonniers.

Note 14

**Le combat de Nompatelize, par le lieutenant L. Diez.
(Lavauzelle, conclusion page 53).**

Le succès des Allemands à Nompatelize n'est, on peut en juger, brillant ni dans ses moyens, ni dans ses effets matériels. Le général Degenfeld n'a vaincu que grâce à la faiblesse bien naturelle de ses adversaires et n'a fait preuve ni de coup d'œil, ni d'audace... il est essentiel pour préparer des troupes qui forment des éléments de succès de s'efforcer de développer dans les masses, par l'éducation de l'enfance, les leçons de la solidarité et de la discipline à tous les degrés. C'est évidemment le moyen le plus sûr d'obtenir un idéal de patriotisme et de loyauté qui donne la force d'aborder l'ennemi avec vigueur et de le battre avec entrain.

Note 15

Ch. Beauquier. La guerre de 1870-1871. (Lemerre).

... L'ennemi, du reste, ne sut pas profiter de son avantage ; le soir même il abandonnait le terrain. Nos pertes, quoique moindres que celles des Prussiens, furent cependant assez considérables, 600 tués ou blessés et 500 prisonniers.

Les mobiles des Vosges, armés de fusils à tabatière, montrèrent un courage et une solidité qu'on n'attendait pas de leur inexpérience.

Note 16

**Rapport du général Degenfeld. Gazette de Carlsruhe.
Journal de marche des mobiles de la Meurthe, page 120.**

« ... Les Français déployèrent à Nompatelize et dans les localités environnantes une résistance opiniâtre. Dans Nompatelize, il s'engagea un combat de village très violent qui dura plusieurs heures... »

« A l'aile gauche, le hameau des Feignes fut enlevé, non sans pertes assez sérieuses. L'artillerie française en batterie près de Nompatelize, fut réduite enfin au silence par les canons allemands...

« Vers deux heures, les Français recommencèrent l'attaque avec une nouvelle vivacité, mais ils furent repoussés et les obus de l'artillerie badoise leur firent beaucoup de mal.

« Cependant les Allemands qui cherchaient de leur côté, à s'avancer par les deux ailes, ne gagnaient que très lentement du chemin sous le feu supérieur de vitesse de l'ennemi ».

Note 17

Monsieur W. Filippi, Inspecteur principal aux chemins de fer de l'Est, a traduit et réuni en un opuscule (Lachaud, éditeur) les dépêches télégraphiques du quartier général allemand de S. M. le roi de Prusse à la reine Augusta. Au point de vue prussien, ces télégrammes résument la situation. Voici celui concernant le 6 octobre.

« 60ᵉ dépêche. Versailles 8 octobre... 6 octobre combat victorieux livré par la brigade badoise Degenfeld entre Raon-l'Étape et Saint-Dié, à de grandes masses de francs-tireurs et de détachements de troupes françaises, commandés par le général Dupré. Ce dernier a été blessé et l'ennemi a été dispersé ».

De Podbielski.

Berlin, 9 octobre 1870.

Présidence royale de police : De Wurmb.

Note 18

La guerre Franco-Allemande de 1870-1871, rédigée par la section historique du grand état-major prussien, traduction par le chef d'escadron E. Costa de Serda, de l'état-major français.

Le récit allemand contient beaucoup d'inexactitudes, souvent voulues. L'état-major cherche à diminuer l'adversaire, à abaisser le vaincu, à faire valoir l'organisation prussienne. Il faut que les jeunes générations le comprennent bien et ne se figurent pas que la France et le monde doivent obéir au moindre geste parti de Berlin.

(Voici quelques extraits de l'ouvrage de l'état-major prussien).

12ᵉ livraison, pages 301 et suiv.

« ... A hauteur de Nompatelize et de la Voivre, les patrouilles qui éclairaient le mouvement, essuyaient déjà des coups de feu. Mais un épais brouillard bornait momentanément les vues, et il était 9 heures du matin quand il devenait possible de préluder au mouvement offensif... Le bataillon de fusiliers du 6ᵉ se porte contre l'ennemi en position sur les hauteurs de Nompatelize. Le 2ᵉ bataillon du 3ᵉ marche sur Biarville. Après quelques coups de feu bien pointés des deux pièces de la 4ᵉ batterie légère qui marchaient avec la colonne, une moitié du bataillon de fusiliers pénètre dans la partie nord de Nompatelize ; l'autre moitié engage une fusillade avec des contingents français qui se trouvaient vers Saint-Remy...

Le 2ᵉ bataillon du 3ᵉ, après avoir atteint Biarville, entrait en ligne par les Feignes, sous un feu très vif qui le prenait en flanc. D'un rapide élan, deux de ses compagnies enlèvent la lisière nord de ce village, tandis que les deux autres entrent au sud dans Nompatelize et s'en emparent complètement, de concert avec les fusiliers qui s'y trouvaient déjà... Vers 11 heures, l'artillerie française se voyait contrainte, par l'apparition de 4 pièces de la 2ᵉ batterie lourde débouchant par Etival, d'abord de changer d'emplacement, puis de se retirer complètement. Quatre autres bouches à feu arrivaient quelques instants plus tard, prenaient position auprès de Biarville d'où elles canonnaient surtout le bois des Jumelles, fortement occupé par l'adversaire, et le village en flammes de Nompatelize, dont les Français avaient repris la partie sud vers midi. Mais pour la reperdre presque aussitôt. Les dix pièces badoises engagées sur le champ de bataille se réunissaient ensuite au nord-ouest de Nompatelize.

Pendant ce temps, le 1ᵉʳ bataillon du 3ᵉ régiment badois avait marché de la Voivre sur les Feignes et avec le concours des compagnies du 2ᵉ bataillon qui avaient déjà pris pied sur la lisière nord, il délogeait entièrement l'ennemi du village ; le commandant du régiment, colonel Muller, était grièvement blessé dans cette rencontre... A l'extrémité droite de la ligne de bataille badoise, le bataillon de fusiliers des grenadiers du corps, appelé d'Etival, avait occupé Saint-Remy, malgré une vigoureuse résistance...

... A midi et demi, une attaque prononcée contre la hauteur du Han réussissait avec l'aide de quelques fractions qui entraient en ligne de Nompatelize.

... En présence de la supériorité numérique bien constatée de l'adversaire, les Allemands ne regardaient pas comme prudent de pousser plus loin leur offensive. Le feu se ralentissait graduellement de part et d'autre, et à une heure, il avait totalement cessé, quand au bout d'une demi-heure, il reprenait brusquement par une attaque soudaine des Français... la situation commençait à présenter une certaine gravité, lorsque un peu après deux heures, trois compagnies de grenadiers du corps appelés de Raon-l'Etape font leur apparition sur le théâtre de la lutte à l'ouest de Nompatelize...

L'ennemi défendait le bois (des Jumeaux) pied à pied jusqu'à la crête...

Ce dernier engagement mettait fin à la lutte qui avait duré sept heures et l'adversaire se repliait avec une perte totale de 1,400 hommes (300 morts, 500 blessés, 600 prisonniers valides...) Les Allemands, qui avaient perdu 400 hommes environ, bivouaquaient sur le champ de bataille à la nuit tombante, l'extrême fatigue des troupes ne permettant pas une poursuite immédiate.

Supplément LXXXIII, page 44. 6 octobre. Combat de la Bourgonce, 5 officiers tués, 92 hommes tués, 20 officiers blessés, 314 hommes blessés, 5 hommes disparus.

Note 19

Lettre de l'ancien garde Durand, au capitaine Parisse.
Nancy, le 6 octobre 1896.

Mon cher Parisse,

Je vous remercie du certificat que vous avez bien voulu m'adresser, et j'ai été très sensible aux deux mots : *courageusement comporté*, qui me rappellent la belle confiance que nous avions.

Si cette qualification peut être justifiée pour moi, elle l'est aussi certainement pour vous, je vous ai vu toute la journée et dans l'ardeur de la bataille principalement et en avant.

Je vous serre la main.

Note 19 bis

Ordre du général von Degenfeld pour la journée du 6 octobre 1870.

Demain, 6 octobre, la colonne mobile, placée sous mes ordres, exécutera les mouvements suivants :

Le 1er régiment de grenadiers du corps, ainsi que l'escadron Rieslin, occuperont Raon-l'Etape et Etival.. Le colonel von Weckmar veillera à ce qu'aucune localité située sur la route de Lunéville ne barricade cette route, sous peine d'une contribution de guerre. Il fera patrouiller dans les directions de Baccarat et de Rambervillres et conservera les communicatios avec Schirmeck.

Le 3e régiment et le bataillon de fusiliers du 6e régiment, l'escadron Œlwang (3 pelotons) 2 batteries et le détachement du service sanitaire (2 sections), marcheront demain sur Saint-Dié sous mon commandement.

Le bataillon de fusiliers du 6e régiment et 2 pelotons de dragons précéderont la colonne et la flanqueront à droite d'Etival par Nompatelize, la Vacherie et la lisière du bois de la Madeleine.

Le 2e bataillon du 3e régiment, avec 2 pièces de la batterie Kuntz et une section d'ambulance suivra le bataillon du 6e régiment (major Kieffer) sur la route d'Etival-Nompatelize-Saint-Dié.

Le major Kieffer prendra le commandement de ce détachement. Sur la rive droite de la Meurthe, sur la chaussée, marcheront le 1er bataillon et le bataillon de fusiliers du 3e régiment, 3 pelotons de l'escadron Œlwang, 2 sections de la batterie Kuntz, la batterie Gœbel et une section d'ambulance, sous les ordres du colonel Müller.

Les troupes placées sous les ordres du major Kieffer se présenteront à 8 h. 30 à la sortie d'Etival; la colonne qui doit faire route par la rive droite de la Meurthe se rassemblera à la sortie sud de Raon-l'Etape et se mettra en mouvement à 7 heures.

Je ferai parvenir au major Kieffer un ordre de mouvement particulier. Cet officier devra viser, avant tout, à couper l'adversaire, qui pourra se présenter devant lui, autour de Saint-Dié, de la ligne de retraite sur Epinal, et il devra ordonner ses mouvements en conséquence.

Le détachement du 1er régiment de grenadiers du corps, désigné pour occuper Etival, devra se tenir prêt à marcher et ne rentrera dans ses quartiers qu'au moment où l'occupation de Saint-Dié lui sera notifiée.

Le convoi des troupes désignées pour marcher sur Saint-Dié suivra la **chaussée** de la rive droite, immédiatement derrière la **colonne du colonel Müller** et aura pour escorte une compagnie de grenadiers.

Le train se formera au parc à La Voivre, où restera une **section du** 3ᵉ régiment d'infanterie. Le mouvement du train et du convoi s'effectuera sur mon ordre.

(Je dois cette note à l'obligeance de M. le capitaine **Gridel**, ainsi que d'autres renseignements forts utiles.)

Note 20

Commandant Grenest. L'armée de l'Est, page 121.

« Les Badois à Laval. — M. Bernard, instituteur, a bien voulu me faire connaître les détails suivants :

« Vers 6 heures du soir (le 11 octobre), environ 30 Badois, conduits par un officier, arrivaient soudain à Laval. Ils se rendirent de suite chez le maire, tirant, avec une cruauté raffinée, dans les fenêtres des maisons devant lesquelles ils passaient.

« Arrivés chez le maire, M. Constant Mathieu, ils trouvèrent assis devant le feu deux militaires français (un franc-tireur et un mobile) en train de se chauffer et de manger.

« Les Prussiens se ruèrent sur ces malheureux et les lardèrent de coups de baïonnette, un seul fut tué (le franc-tireur Laurent, de Bruyères, appartenant au corps de Bourras, qui était venu voir un de ses parents) mais l'autre, quoique blessé, s'enfuit.

« C'est alors que les Allemands, furieux d'avoir laissé échapper une proie, se jetèrent sur un malheureux habitant qui se trouvait là et le tuèrent. C'était M. Jean-Baptiste Ferry.

« Non contents de cela ils mirent le feu à la maison, avec défense, sous peine de mort, de l'éteindre.

« Le fils du maire, Paul Mathieu, malgré cette défense, eut le courage de piétiner une botte de paille enflammée dans l'écurie; mais il lui en coûta cher : les Allemands se saisirent de lui, le traînèrent à quelques pas et le fusillèrent sur le champ, malgré les pleurs de sa femme et de ses enfants.

« Disons encore qu'en arrivant à Laval, ils avaient pris, par force, pour les guider, le nommé Joseph Georges. Quand ils eurent tous les renseignements nécessaires, ils le fusillèrent.

« M. Bernard termine son récit par une phrase indignée où se trouvent quatre mots que tout Français devrait prononcer sans cesse en lui-même.

« Donc 4 personnes tuées, dont 1 soldat et 3 habitants et une maison brûlée, voilà le triste souvenir que ces sauvages ont laissé dans l'esprit de nos enfants.

« *Qu'ils soient maudits !* » (GRENEST.)

« A quelques cetaines de mètres de nous, en pleine nuit (écrit un officier du 2ᵉ bataillon des Vosges), crépite une fusillade.

« C'était l'assassinat du maire de Laval, de son fils, d'un mobile, d'un franc-tireur et d'un habitant.

« Quelques instants après s'allumait un violent incendie, qui était celui de la maison du maire, sur les ruines de laquelle a été posée, plus tard, une plaque commémorative. »

Note 21

Commandant Grenest. — L'armée de l'Est.
Combat d'Epinal, 12 octobre, page 132.

« Les Prussiens joignent à leurs prisonniers un pauvre jeune homme sans bras, que son père doit accompager pour le soigner et l'aider à prendre ses repas...

« L'occupation de la ville fut naturellement marquée par ces actes de cruauté qui ont tant contribué à nous laisser au cœur la haine de nos adversaires de 1870.

« Quand les prisonniers français, faits à Failloux, arrivèrent près de la place des Vosges, un employé des contributions indirectes, nommé Colin, voulut serrer la main à l'un des captifs. Un soldat l'ayant brutalisé, il fit mine de riposter d'abord, puis voulut se perdre dans la foule, en se sauvant par la rue des Halles; mais le Prussien l'y suivit, arma froidement son fusil, et tira sur ce malheureux garçon de 19 ans, qu'il atteignit dans le dos et qui tomba en poussant un grand cri. L'Allemand ne se tint pas pour satisfait, il lui envoya un second coup qui l'étendit raide mort.

« Le malheureux Colin était allé tomber devant la maison Jacoby.

« M. Jacoby étant descendu au bruit de la détonation, se trouve en présence d'autres allemands qui se jettent sur lui, le frappent de coups de sabre, le percent de leurs baïonnettes, puis, le laissant pour mort, se précipitent dans la maison, la mettent au pillage, brisent les meubles, les carreaux et n'en laissent que les murs et les planchers. »

(*Le combat d'Epinal*, Epinal, Busy, 1871).

«... Il faut joindre au nom du jeune Colin, celui de Perroux Joseph, vieillard de 70 ans, qui fut tué au moment où il vaquait à des travaux domestiques autour de chez lui.

« Plusieurs habitants sont pris comme otages. La femme de l'un d'eux, Mme Morel, se voit envoyer un furieux coup de sabre, par un des soldats de l'escorte, au moment où elle tente de donner quelque argent à son mari qu'on emmène en Prusse. »

Note 22

Lieutenant-Colonel Rousset V, page 283.

« Le général de Werder continuait sa marche offensive ; le 21, le XIVe corps tout entier s'était avancé vers l'Ognon par les route de Pin, d'Etuz et de Voray. Le 22, le XIVe corps devait venir occuper les ponts de l'Ognon.

« De son côté le général Cambriels avait envoyé le 21 une reconnaissance qui, sous les ordres du colonel Perrin, s'était avancée jusqu'à Voray, sur l'Ognon. (Un bataillon du 85e, un bataillon de mobiles du Doubs, un bataillon de mobiles des Vosges et deux pièces.)

« Elle y passa la nuit et reçut là des renforts assez importants (bataillon des Hautes-Alpes, un bataillon des Vosges, et un détachement du 16e bataillon de chasseurs et 78e de marche.)

« Le lendemain de grand matin, le Commandant Perrin fit occuper

Cussey par les gardes mobiles qu'il venait de recevoir, puis il poussa un bataillon des Vosges dans la direction d'Etuz. A ce moment (7 h.) l'avant garde de la 2ᵉ brigade badoise débouchait devant le village, venant d'Oiselay, nos mobiles se déployèrent aussitôt et ouvrirent sur les têtes de colonnes ennemies une fusillade très vive, mais ils ne tinrent pas sous les obus et Etuz fut enlevé assez rapidement.

« Les Badois s'y établirent et lancèrent une compagnie à notre poursuite dans la direction de Cussey. Tout-à-coup ils aperçurent les contingents français qui, par Boulot et le bois de Retheu s'avançaient sur leurs derrières. C'étaient deux compagnies (85ᵉ et mobiles du Doubs) qui accompagnaient le colonel Perrin dans une reconnaissance.

« L'avant-garde ennemie dut battre en retraite précipitamment évacuant le village d'Etuz que les mobiles des Vosges réoccupèrent. Malheureusement le gros de la brigade badoise s'était rapproché sur ces entrefaites, un bataillon et une batterie furent adjoints à l'avant-garde, qui reprit son mouvement en avant et parvint vers 1 heure à nous chasser d'Etuz pour la seconde fois.

« Le général de Werder, arrivé à onze heures à Oiselay, avec les troupes prussiennes, y apprit que la 1ʳᵉ brigade venait d'occuper sans coup férir les ponts de Marnay et de Pin, où nous n'avions malheureusement personne, il lui donna immédiatement l'ordre de franchir la rivière et de se rabattre par Pin, sur le flanc et les derrières de nos forces de Cussey, que la 2ᵉ brigade continuait à contenir de front. Celle-ci se déploya alors au sud d'Etuz et aux abords de Montboillon ; de là elle engagea un combat de mousqueterie que nos mobiles soutinrent vigoureusement, en prononçant même de fréquents retours offensifs et qui se prolongea pendant toute l'après-midi, grâce à l'arrivée vers trois heures d'un renfort de trois compagnies des Hautes-Alpes, mais les ressources de l'ennemi étaient à ce dernier point de vue bien supérieures aux nôtres. Vers quatre heures il mit en ligne tout ce qui restait de disponible dans la 2ᵉ brigade et fit vigoureusement canonner le pont de Cussey par ses deux batteries. Sous l'avalanche des projectiles, les mobiles des Hautes-Alpes qui avaient franchi l'Ognon le repassèrent au plus vite, poursuivis par l'infanterie badoise. Puis après avoir un instant fait tête devant Cussey, ils abandonnèrent le village... page 287. Cette affaire était donc des plus honorables pour nous. Une poignée de soldats, à peu près tous improvisés, avait tenu tête pendant une journée entière à un corps d'armée ennemi

Note 23

Lieutenant-Colonel Rousset V, page 309.

« ...Ainsi prirent fin les premières tentatives essayées contre les communications de l'ennemi.

Entamées dans un désordre extrême, presque sans moyens ni plan défini, elles se terminaient au moment même où les troupes appelées à y prendre part devenaient capables d'agir avec quelque méthode. La campagne n'avait point cependant été sans honneur, ni intérêt. Les combats de la Bourgonce et de l'Ognon méritent plus qu'une simple mention, et le fait seul d'avoir détourné des autres théâtres d'opérations plus de 60.000 hommes prouve toute la valeur de l'idée qui avait un instant prévalu d'agir sur les derrières de l'envahisseur. »

Note 24

Capitaine Dumas. La guerre sur les communications allemandes en 1870. (Berger-Levraud, éditeurs, page 85).

Marche des Allemands sur l'Ognon. — Tentatives contre Besançon.

« Cependant, le général de Werder, aussitôt après être entré à Epinal, se préparait à continuer vers la Haute-Saône le mouvement qui lui avait été prescrit, quand un ordre du grand état-major lui avait enjoint de se porter contre les troupes du général Cambriels. Il avait donc pris, dès le 15, la direction de Vesoul ; le 18, il occupait cette ville ainsi que Lure, Luxeuil, Saint-Loup et Vauvillers. Le même jour, l'ordre lui parvenait de nous suivre jusque sous Besançon, puis de *marcher sur Bourges par Dijon.*

Le général allemand estimait que nos hommes, trop abattus pour soutenir la campagne, ne nécessitaient aucune poursuite de sa part et il s'apprêtait déjà à marcher directement sur Dijon, quand il apprenait que nous tenions la ligne de l'Ognon et que sa cavalerie s'était heurtée sans succès, près de Rioz, à nos chasseurs à cheval.

Ces nouvelles modifiaient son intention première et le 21, tout le XIV corps avançait vers l'Ognon par les routes de Pin, Etuz, Voray. Les trois brigades badoises marchaient en première ligne, suivies par les Prussiens. Elles avaient ordre d'occuper le lendemain les ponts de l'Ognon.

« Le 21 également, le commandant supérieur de la région de l'Est faisait éclairer le front de ses positions par une petite colonne mobile sous les ordres du colonel Perrin.

« La reconnaissance, composée du 4ᵉ bataillon du 85ᵉ (moins une compagnie laissée dans les bois de Chailluz), du 2ᵉ bataillon du Doubs, du 3ᵉ bataillon des Vosges et de la 1ʳᵉ section d'artillerie du 14ᵉ régiment, atteignait Franois, où on lui signalait l'ennemi dans la direction de Rioz. Elle y laissait un détachement et gagnait Voray où elle s'établissait pour la nuit, en installant ses grand'gardes à Geneuille, à Bussières et sur les routes de Boult et de Rioz.

« Conformément aux ordres du commandant supérieur, les gardes mobiles des Hautes-Alpes, étaient envoyés le 22 à Châtillon-le-Duc et aux Rancenières, ceux des Vosges à Auxon-Dessus. Environ 1.000 hommes du 16ᵉ Bataillon de Chasseurs et du 78ᵉ de ligne, arrivaient à Voray, afin de soutenir la reconnaissance.

« Le colonel Perrin ordonnait aussitôt aux gardes mobiles des Vosges et à ceux des Hautes-Alpes de gagner Cussey et Etuz ; quant au 16ᵉ bataillon et au 78ᵉ il les dirigeait sur Buthiers et Voray. Lui-même franchissait l'Ognon et poussait sa reconnaissance sur la rive droite par le bois de Voray dans la direction de Boulot. En même temps il donnait l'ordre (7 heures du matin) au 3ᵉ bataillon des Vosges, d'occuper le pont de Cussey et de le défendre énergiquement.

Combat de Châtillon-le-Duc ou de Cussey (22 octobre):

« Au moment où ce bataillon arrivait à Etuz, vers 7 heures du matin, la 2e brigade badoise atteignait la plaine de Bonnevent et son avant-garde débouchait en vue d'Etuz. Elle était signalée par les coups de feu de nos chasseurs à cheval et 5 compagnies étaient aussitôt envoyées en avant du village. Elles ouvraient le feu contre les éclaireurs allemands qui se repliaient. L'avant-garde badoise faisait aussitôt donner son artillerie et entrait sans difficulté dans Etuz ; le 3e bataillon des Vosges, encore peu solide, et d'ailleurs bien inférieur en nombre, se portait en arrière, malgré les efforts de ses officiers.

« Cependant la reconnaissance, que dirigeait en ce moment le colonel Perrin dans les bois de Boulot et de Retheu, arrivait sur les derrières de cette avant garde, engagée un peu légèrement à grande distance du corps principal. Le colonel n'hésitait pas à la faire attaquer par une compagnie du 85e et une compagnie de mobiles du Doubs, sous les ordres du commandant d'Olonne, qui la forçait à se replier dans les bois de Longe-Queue ; le bataillon des Vosges profitait de ce mouvement pour occuper Etuz. En ce moment, le gros de la brigade badoise arrivait à Velloreille. Son chef envoyait immédiatement à son avant-garde un renfort d'une batterie lourde et lançait un bataillon contre le bois de Retheu.

« Le chef de la reconnaissance française craignait alors pour ses communications avec la rive gauche de l'Ognon, sentant qu'ainsi en l'air, sur la rive droite, il risquait d'être enlevé, il se rabattait sur Voray. En ce moment l'avant-garde allemande renforcée, entrait pour la deuxième fois dans Etuz, dont son artillerie avait puissamment préparé l'attaque. Mais les Badois ne parvenaient pas encore à nous rejeter entièrement sur la rive gauche et nous tentions de fréquents retours offensifs contre Etuz. Le général de Werder, qui avait atteint Oiselay avec les troupes prussiennes, envoyait alors la première brigade badoise par Pin sur le flanc et les derrières de nos troupes de Cussey. Six compagnies de mousquetaires de la 2e brigade entraient également en ligne pour soutenir les troupes qui combattaient à Etuz. Le reste de la brigade se déployait vers Montboillon.

« Vers 4 heures du soir, 3 compagnies de gardes mobiles des Hautes-Alpes arrivaient au secours du bataillon des Vosges, mais, à peine débouchaient-ils de Cussey que les Allemands renforçaient leurs troupes de trois compagnies de mousquetaires et canonnaient vigoureusement le pont de l'Ognon et la partie nord du village. La tête de colonne du bataillon des Alpes s'arrêtait sous ce feu, puis rétrogradait. Nous abandonnions la rive droite de l'Ognon. La brigade badoise nous suivait ; nous l'arrêtions quelques instants à l'entrée de Cussey, enfin elle y pénétrait en même temps que nous et ses dragons accompagnaient notre retraite jusqu'au bois de Cussey.

« Les Allemands poussaient vers Bussières, Geneuille et Auxon-Dessus, afin de couper la retraite aux troupes qui tenaient encore à Voray. Sur ce dernier point en effet, nous avions à lutter contre la 3e brigade badoise, qui s'était avancée en refoulant jusqu'à l'Ognon les enfants perdus répandus sur notre front. La reconnaissance du colonel Perrin avait alors terminé heureusement son mouvement. Elle était venue prendre position dans le bois situé au sud de Voray et en arrière du chemin de fer (bois des Mouillottes).

« La compagnie du 16e chasseurs à pied et le détachement du 78e régiment, chargés de garder Buthiers, avaient énergiquement défendu ce village. Ils avaient même effectué un retour offensif contre les Allemands, mais les forces très supérieures de ces derniers les avaient contraints de céder le terrain ; ils se repliaient par le pont de Buthiers et gagnaient Bonnay en luttant courageusement. L'ennemi incendiait aussitôt ces deux villages, ainsi que celui de Voray.

« Les ordres donnés par le général Cambriels au colonel Perrin spécifiaient qu'en cas d'attaque sérieuse il devait se replier sur la *position de combat*. En présence de forces contre lesquelles il eut été téméraire de s'engager à fond, il n'y avait donc pas lieu de tenter de nouveaux retours offensifs pour réoccuper la ligne de l'Ognon, les hauteurs de Châtillon-le-Duc et d'Auxon constituant, en effet, la véritable ligne de défense. Aussi le colonel Perrin y réunissait-il ses troupes, comptant sur les renforts que le général Cambriels et la place de Besançon ne manqueraient pas de lui envoyer.

A Besançon, l'ordre venait en effet d'être donné à la garde nationale sédentaire et à l'artillerie de la garde mobile du Doubs d'occuper dans les forts et sur les remparts les postes de combat qui leur étaient assignés. Le général Cambriels réunissait lui-même :

1 bataillon de gardes mobiles des Deux-Sèvres ;
2 bataillons de zouaves ;
1 batterie d'artillerie

et il les portait vers Châtillon-le-Duc ; le colonel Perrin avait déjà déployé 2 compagnies du 78e en avant du contrefort de Châtillon. Il avait envoyé le bataillon du Doubs en réserve aux Rancenières. Vers 4 heures la légion bretonne et 2 pièces de montagne atteignaient Châtillon et ouvraient aussitôt le feu contre les Allemands.

« Le général Cambriels arrivait sur la position et disposait ses troupes sur les hauteurs qui s'étendent entre Châtillon-le-Duc et Auxon-Dessous, dominant ainsi le terrain situé au Nord et défendant la trouée d'Ecole. Les 6 pièces étaient mises en batterie sur les routes qui, de Valentin, divergent sur Cussey et sur Voray.

« Les Allemands, malgré cet appareil, tentaient toutefois de continuer à gagner du terrain vers la place ; la colonne badoise sortait de Cussey et se portait contre Auxon-Dessus. Elle était repoussée et nous la rejetions dans le bois du Paquier et dans le Grand Bois.

« Au centre, 3 batteries allemandes, établies près de Cussey et près de Bussières, préparaient l'attaque de Châtillon-le-Duc, mais le bataillon allemand, lancé contre cette position, ne parvenait pas à l'atteindre et se réfugiait à grand' peine dans le bois de Chailluz. Ces mouvements entraînaient toutefois l'évacuation du bois de Vauvereille, que nous occupions encore en avant du front, et 2 bataillons ennemis, sortis de Geneuille, en prenaient aussitôt possession.

« Pendant que nous repoussions ainsi avec succès les diverses attaques prononcées sur tout le front de notre position, la brigade badoise de droite tentait de tourner notre gauche. Elle avait franchi l'Ognon à Marnay et à Pin et, gagnant la route d'Emagny à Montcley, débouchait du bois de Cussey. Mais son mouvement avait été ralenti et elle arrivait en ligne trop tard pour prendre part au combat.

« Enfin à notre extrême gauche, une colonne d'un demi-régiment badois se dirigeait par Chaucenne sur Auxon-Dessus. Nous repoussions sa première attaque contre ce village, mais elle la renouvelait, soutenue par les bataillons qui avaient précédemment gagné les couverts du bois du Pasquier. Le nombre forçait les mobiles des Vosges et les zouaves à reculer jusqu'à Auxon-Dessus. Cependant la nuit avait déjà mis fin au combat ; sur toute la ligne, sauf sur ce point, les troupes prussiennes repassaient l'Ognon, la majeure partie des bataillons badois gagnaient Cussey, Geneuille et Voray. Auxon-Dessous restait toutefois au pouvoir de l'ennemi ; cette position pouvait devenir un point d'appui important pour la journée du lendemain.

« Le bataillon des zouaves profitait donc de la nuit pour y rentrer à la baïonnette et les troupes badoises qui l'occupaient, se repliaient sur l'Ognon.

« *Conclusion.* — Les Allemands avaient échoué dans leur tentative contre la place. Nous avions conservé nos positions, préservé Besançon et l'armée en formation, lutté avec succès enfin contre des forces très supérieures.

Il était aisé de constater que l'entraînement logique auquel on avait soumis nos contingents, produisait déjà d'heureux résultats. Nos hommes, bien conduits et puissamment soutenus par le courage inné de leur race, avaient tenu solidement devant des troupes régulières, amplement pourvues et bien supérieures en nombre. Près de 24.000 hommes en effet, soutenus par 36 pièces, avaient été employés contre nos faibles contingents. Le moral se relevait et l'élasticité du caractère français aidant, il était déjà permis d'espérer que quelques engagements prudemment conduits donneraient à nos hommes la solidité et le calme qui leur avaient fait défaut jusqu'alors ».

Note 25

Commandant Euvrard. La première armée de l'Est, page 63.

« A 7 heures du matin le commandant Brachet, du 3ᵉ bataillon des Vosges, cantonné à Geneuille et à la papeterie Chalandre, reçut du colonel Perrin l'ordre de se porter en toute hâte, en avant du pont de Cussey.

« Le bataillon se mit en marche... quelques instants après, ses éclaireurs, parvenus à la lisière Nord du village d'Etuz, se trouvèrent en présence des dragons de pointe de la brigade Degenfeld. Ils se mirent à tirer sur ces cavaliers qui s'empressèrent de tourner bride. Averti par ces coups de feu, de l'approche des Allemands, le commandant Brachet dut immédiatement faire choix d'une position pour barrer la route dont la garde lui était confiée... Il fut donc amené à prendre pied, entre Etuz et le pont de Cussey, l'Ognon à dos, dans une position si extraordinaire que, sur le terrain, on ne peut se défendre d'un premier mouvement d'étonnement.

« Trois compagnies sont en tirailleurs : la 5ᵉ couronne le mamelon

241, au Sud-Est d'Etuz, n'ayant aucune ligne de retraite ; la 2ᵉ (c'est la 1ʳᵉ) s'abrite derrière le remblai du chemin de Boulot, véritable parapet de 1 m. 30 de haut, et occupe comme avancée la maison Du Patin ; enfin, la 1ʳᵉ (c'est la 2ᵉ) est à l'Ouest de la route, couchée dans une légère ride de la prairie. La 3ᵉ chargée de garder les ponts, prend pied dans l'île qui les sépare.

« Quant aux trois (quatre) autres compagnies, elles sont en réserve : la 4ᵉ sur la place de l'église de Cussey, les 6ᵉ et 7ᵉ (et 8ᵉ) dans la partie haute du village.

« Le Bataillon des Hautes-Alpes occupait Auxon-Dessus, à 4 kilomètres seulement de Cussey, pouvait appuyer de suite le bataillon des Vosges, mais il n'en fut rien.

« Les bataillons étaient bien l'un derrière l'autre, à portée de se soutenir ; mais aucun chef supérieur ne reliant leur action, chacun d'eux agissait comme s'il eut été isolé !

« Nous avons laissé les éclaireurs du bataillon des Vosges à la dernière maison Nord d'Etuz, tiraillant sur la pointe de dragons de l'avant-garde de la brigade Degenfeld. Il était environ 9 h. 15. A ce moment, le capitaine Unger qui commande cet avant-garde, l'arrête et envoie une reconnaissance sur la croupe, entre Etuz et son moulin, Peu de temps après elle lui fait connaître que les Français occupent solidement le village et sont appuyés par de l'artillerie et de la cavalerie.

« A la réception de ce compte rendu absolument inexact, le capitaine badois prend ses dispositions pour enlever Etuz, qu'il croit bien gardé. D'après ses ordres, la section d'artillerie se met en batterie au point 248 et dirige son feu sur cette localité ; elle a comme soutien la 2ᵉ Compagnie du Bataillon d'avant-garde. Deux autres compagnies se déploient en première ligne et entament l'attaque, la première se maintenant à cheval sur la route, la 3ᵉ s'avançant sur la croupe à l'ouest du village pour le déborder. La 4ᵉ, en réserve, suit le mouvement. Enfin, des patrouilles de cavalerie sont lancées sur les flancs de ce dispositif, principalement vers Boulot.

« L'historique du 3ᵉ régiment badois nous fait alors assister à une lutte homérique, dans laquelle Etuz aurait été conquis maison par maison. Ce récit n'est qu'un effort d'imagination... Les Badois pénétrèrent sans difficulté dans le village, chassant devant eux nos éclaireurs. Quant aux compagnies des Vosges, elles restèrent immobiles dans leurs positions entre Etuz et l'Ognon. Seule la 5ᵉ qui du haut de son mamelon, apercevait l'ennemi à la limite d'emploi du fusil à tabatière ouvrit sur lui un feu assez lent... suspension du combat d'Etuz de 10 heures à 11 heures 1/2...

« A 11 h. du matin, les troupes allemandes de la colonne centrale occupaient les emplacements suivants : l'avant garde de la brigade Degenfeld et le 1ᵉʳ bataillon du 4ᵉ Badois, à hauteur du saillant sud du bois de Longe queue ; le gros de cette brigade à Bonnevent ; la brigade prussienne à Oiselay avec le quartier général. A 11 heures 1/2 environ, le capitaine Unger envoie sur Etuz les 1ᵉʳ et 3ᵉ compagnies, et ses deux pièces reprennent position au point 248. Seul, l'emplacement de sa réserve est modifié. Celle-ci, composée des 2ᵉ et 4ᵉ compagnies groupées, s'établit, face à Boulot. Mais bientôt ces 2 compagnies sont relevées par le 1ᵉʳ bataillon du 4ᵉ régiment accourant du bois de Retheu.

« Le capitaine Unger disposant alors de tout son monde, fait appuyer ses compagnies de 1re ligne par celles de la réserve et entre avec un élan superbe, dans le village d'Etuz, où il ne rencontre toujours personne, comme la première fois. Devant les Badois parvenus à la lisière nord du village, nos mobiles évacuent la maison du Patin, trop en l'air ; mais une vive fusillade part de toute leur ligne pour empêcher l'ennemi de déboucher. Il était environ 1 heure moins le quart.

« Le bataillon d'avant-garde déploie successivement ses quatre compagnies derrière les haies, les murs et les maisons, à 300 mètres des Vosgiens, qui nullement effrayés, tiennent bon. Mais le bataillon allemand, déjà fatigué, renonçait à marcher de front sur une troupe non entamée et attendait des renforts ;

« La lutte allait devenir très inégale. Le gros de la 2e brigade badoise s'était rapproché et avait pris une formation de rassemblement dans un pli de terrain vers la pointe sud du bois de Longe-Queue... Les Allemands allaient engager quatre bataillons, deux batteries et deux escadrons contre 700 mobiles ; plus tard ils firent même appuyer ces troupes par des fractions de la brigade prussienne qui venait d'entrer à Bonnevent.

« Le combat au sud d'Etuz continuait animé, et les Vosgiens exécutaient toujours un feu violent. Vers 1 h. 1/2, voyant les munitions épuisées, le commandant Brachet renforce sa 1re ligne par la 4e Compagnie primitivement en réserve sur la place de l'Eglise de Cussey. Elle traverse les ponts sous une grêle de balles, descend ensuite le talus de la chaussée pour aller doubler la 2e Compagnie (1re) derrière le remblai du chemin de Boulot.

« Du point 248 on ne voyait pas le pont de Cussey, masqué par le village d'Etuz. Le général Degenfeld fit chercher un meilleur emplacement pour le reste de son artillerie. On le découvrit sur le plateau 265, entre Etuz et Montboillon : il était remarquablement choisi ; de là, grâce à la dépression du ruisseau du moulin, on apercevait distinctement, jusqu'à leur pied, les arches du grand pont et les chaussées. On y trouvait cet autre avantage, que l'artillerie pouvait exécuter son œuvre de destruction à l'abri de tout mouvement offensif venant de Boulot et hors de portée du feu des défenseurs du mamelon 241. Les deux sections de la 4e légère et la 4e lourde gagnèrent rapidement l'emplacement indiqué et réglèrent leur tir sur le pont, distant de 2.000 mètres.

« ...Le commandant Brachet ordonne à la 7e Compagnie des Vosges, en réserve au-dessus de Cussey, d'occuper les pentes ouest de ce village, d'où elle peut tirer par dessus l'Ognon, sur l'aile droite allemande. Mais l'artillerie ennemie ouvre aussitôt le feu sur cette compagnie et brûle dans le quartier du moulin, la maison Simplot qui abritait une partie de ses hommes. Du côté opposé, c'est-à-dire à l'est du village le château Laurencin est également incendié.

« A 2 h. 1/2, la 4e batterie légère se rapproche et s'installe sur le plateau 245 à moins de 1.000 mètres du pont, mais toujours hors de la portée efficace du fusil à tabatière.

« Le général de Werder, arrivé à Bonnevent, juge nécessaire de faire appuyer cette brigade Degenfeld par de nouvelles troupes et il porte en avant deux bataillons du 30e prussien, deux escadrons du 2e dragon de réserve et la 2e batterie légère.

« A ce moment les Vosgiens manquent de munitions et il faut absolument les renforcer encore, si l'on veut éviter un désastre. Malgré la précision du feu de l'artillerie allemande, la 6ᵉ compagnie est jetée dans la fournaise. Brillamment enlevée par le capitaine Colle qui reçoit deux blessures, elle traverse le pont au pas de course et parvient à rejoindre les tirailleurs.

« 3 heures viennent de sonner au clocher de Cussey. Les lignes allemandes s'épaississent de plus en plus. Devant le demi-cercle de fer qui les étreint, nos malheureux mobiles reconnaissent que la lutte n'est plus possible, ils semblent attendre le coup de grâce sur cette position, où ils sont oubliés depuis de longues heures, quand survient un puissant renfort.

« Le bataillon des Hautes-Alpes entre à Cussey... Le commandant Brachet, des Vosges, se croyait toujours lié par les ordres reçus. D'accord avec le commandant Bauny, des Hautes-Alpes, il va demander aux mobiles des Hautes-Alpes un coup de force analogue à celui que Bonaparte lui-même, au pont d'Arcole, ne put obtenir des meilleures troupes dont l'histoire ait gardé le souvenir.

« A 3 h. 20, la tête de colonne du bataillon des Hautes-Alpes descendait la rue principale de Cussey. Après un arrêt très court le bataillon reprend sa marche. Le commandant Brachet est à gauche près de l'entrée du premier pont, surveillant le mouvement. En face de lui, se trouve un prêtre (l'abbé Barret curé de Devecey) homme superbe, les cheveux au vent, ayant déjà perdu son chapeau dans la bagarre ; il ne cesse depuis le commencement du combat, d'exhorter les mobiles, avec un mépris absolu du danger. L'allure se précipite et le premier pont est abordé au pas gymnastique.

« Mais l'artillerie allemande qui s'attendait à cette offensive, commence le feu rapide ; une vingtaine d'obus percutants éclatent sur les ponts et la chaussée qui les sépare (dix pièces tiraient sur le défilé. Le maximum de coups tirés dans le feu rapide est de deux coups par pièce à la minute). (Note du capitaine Dumas). L'infanterie badoise, de son côté s'est avancée jusqu'au ruisseau d'Etuz, à 500 mètres et tire à toute vitesse.

« Le sifflement des balles, les explosions formidables des obus, les cris des blessés, dépriment le moral de nos mobiles. L'entrain cesse, le désordre se met dans les rangs, les hommes échappent à la direction de leurs chefs. La tête de la 1ʳᵉ compagnie tourbillonne et arrête l'élan de cette unité. La 2ᵉ compagnie passe néanmoins. Les hommes se jetèrent à droite de la chaussée. Dans le reste du bataillon seules les 4 et 6ᵉ passèrent à leur tour le premier pont. Elles se déployèrent aussi dans l'île, mais à gauche de la route, près de la 3ᵉ compagnie des Vosges.

« L'infanterie badoise, va prendre l'offensive avec un entrain que décuple l'absence de tout danger. Le 1ᵉʳ bataillon du 4ᵉ régiment quittant le plateau entre Etuz et Boulot et enlève sans peine le mamelon 241, véritable clé de la position, d'où il prend d'enfilade le reste du front. Les mobiles des Vosges s'échappent alors au pas de course, sous un feu terrible. Le mouvement des Allemands se propage rapidement de gauche à droite et, pendant que la musique du 3ᵉ régiment, placée vers la Chapelle

Ste-Anne, exécute une fantaisie marche, ils se précipitent concentriquement sur le pont, que leur artillerie continue à cribler d'obus pendant l'écoulement des blouses blanches.

« La 3e compagnie des Vosges et les mobiles des Hautes-Alpes, qui occupaient l'île, virent bientôt qu'ils allaient être pris dans use souricière s'ils ne se dérobaient au plus vite. Un sous-lieutenant de 20 ans, Delang, commandant la 3e compagnie des Vosges, faisait sortir ses hommes par la chaussée et restait le dernier au poste d'honneur, quand il tomba, le front broyé par un éclat d'obus.

« Un certain nombre de défenseurs de l'île purent aussi s'échapper en utilisant la passerelle de la maison Duvaucel dont la grille ne fut ouverte qu'au dernier moment.... Dans l'île, l'action finit par des combats individuels...

« Quant à la 7e compagnie des Vosges, accourant de la lisière ouest de Cussey, elle s'établissait à la sortie sud de ce village, près du cimetière. Derrière cette troupe encore intacte, le commandant Brachet et le capitaine Méalhie (des Hautes-Alpes) essayaient de reformer les mobiles de deux bataillons. Ici encore, à l'endroit dangereux on retrouve le curé de Devecey. »

Note 26

Commandant Grenest. L'armée de l'Est, page 179.

« Commençons par le corps qui a le plus longtemps combattu et le plus souffert : le 3e bataillon des Vosges.

« C'est le commandant Brachet qui conduit les Vosgiens. Le 22 au matin, il reçoit l'ordre de se porter en toute hâte en avant du village de Cussey et de défendre la route d'Oiselay et le pont sur l'Ognon.

« Les cinq premières compagnies sont envoyées en avant de Cussey.

« Laissons maintenant la parole au commandant Charles Pougney.

« Une forte avant-garde prussienne parut bientôt; mais elle fut arrêtée court par les tirailleurs.

« La brigade Degenfeld vint alors pour forcer ce passage. Elle s'avança en colonne par peloton, couronna les hauteurs ainsi que les vignes qui se trouvaient à gauche du village d'Etuz. Elle ouvrit le feu sur toute la ligne, auquel répondit le bataillon. Le feu fut bien nourri de part et d'autre. Le bataillon était seul à défendre cette position que les Prussiens avaient cru enlever d'un coup de main. Devant la défense opiniâtre du bataillon, ils firent venir des renforts et cherchèrent à tourner la position.

« C'est alors que le général de Werder vint appuyer la brigade de Degenfeld avec son artillerie et sa cavalerie.

« L'artillerie ouvrit le feu et couvrit de ses projectiles la route, le pont et le village.

« Le bataillon perdit dans cette journée, tués : 2 officiers (un) ; 65 sous-officiers et mobiles ; blessés : 3 officiers, 135 sous-officiers et mobiles ; prisonniers : 12 officiers (7), dont le commandant Brachet et environ 150 hommes. La perte totale s'élevait à 367 officiers et soldats.

« En résumé. Les Allemands avaient donc complètement échoué dans le coup de main qu'ils venaient de tenter sur Besançon. Ils en étaient pour leurs frais et leur courte honte ; puisque avec près de 24.000 hommes soutenus pas 30 canons, ils venaient de se faire arrêter par nos jeunes soldats qui ne comptaient encore à la fin de la journée (du 23) que 8.000 hommes et 8 canons.

Note 27

Capitaine de Cissey. Etude critique, page 28.

« Le général Cambriels pouvait se féliciter, à plus d'un titre, d'avoir échappé aux coups des Allemands. En somme, il rassemblait sous les murs de Besançon les éléments d'une armée nouvelle qui, le 22 octobre, devait tenir en échec le XIVᵉ corps sur les rives de l'Ognon. »

Note 28

Bulletin de la Société d'Etudes des Hautes-Alpes.

« La convocation de la garde nationle, mobile des Hautes-Alpes eut lieu à Gap, chef-lieu du département, le 20 août. Le 22 septembre, le bataillon recevait l'ordre de se rendre à Vesoul (Haute-Saône).

« La municipalité de Gap remit le même jour entre les mains du commandant du bataillon, un drapeau que la ville offrait à la garde mobile des Hautes-Alpes.

« Les 1ʳᵉ, 2ᵉ, 3ᵉ et 7ᵉ compagnies partirent de Gap sous les ordres de M. Bauny, commandant. La 4ᵉ partit de Briançon sous les ordres de M. Guillemot, son capitaine. Ces deux détachements arrivèrent à Grenoble le 26 septembre.

« Les 5ᵉ et 6ᵉ compagnies partirent d'Embrun sous les ordres de M. Méalhie (ancien capitaine et chevalier de la Légion d'honneur), capitaine de la 6ᵉ, et arrivèrent à Grenoble le 29 septembre.

« Le bataillon des Hautes-Alpes était armé de fusils à silex transformés en fusils à percussion.

« Les détachements de Gap et de Briançon arrivèrent à Vesoul le 27, celui d'Embrun le 30 septembre.

« Le bataillon des Hautes-Alpes à son arrivée à Vesoul fut incorporé dans l'armée des Vosges, sous le commandement du général Cambriels.

« Le 7 octobre le bataillon reçut l'ordre d'occuper le cantonnement de Saint-Loup (Haute-Saône). ,

« Les 1ʳᵉ, 2ᵉ, 3ᵉ et 7ᵉ compagnies restèrent sous les ordres de M. le commandant dans cette petite ville. La 4ᵉ fut détachée à Bouligney, la 5ᵉ à Magnoncourt et la 6ᵉ à Corbenay.

« La 8ᵉ compagnie chargée de former le dépôt, était restée à Gap.

« Le 12 octobre le bataillon reçut ordre d'aller occuper Plombières ; il y arriva le soir même.

« A 7 heures du soir M. le commandant ayant reçu ordre de rétrograder réunit MM. les officiers dans une des salles souterraines des bains et leur enjoignit d'avoir à se tenir prêts à partir à 2 heures du matin. Les hommes furent réunis dans l'établissement des bains, à la mairie et à l'hôtel Napoléon ; les officiers se tinrent prêts à partir et la 6ᵉ compagnie sous les ordres de M. Méalhie fut établie en grand garde, dans une excellente position à 2 kilomètres en avant sur la route de Remiremont.

« Le bataillon partit de Plombières le 13, à 3 heures du matin, prit le chemin de fer à Aillevillers, et arriva le soir même à Besançon.

« Le 20 octobre, le bataillon reçut ordre d'aller occuper le village d'Auxon-Dessus, à 8 kilomètres de Besançon ; il faisait partie des troupes destinées à disputer à l'ennemi le passage de la rivière de l'Ognon et la route de Besançon.

« Le 22 octobre, à 5 heures du matin, la 5e compagnie reçut l'ordre d'aller faire une reconnaissance en avant sur la route de Cussey.

« A 11 heures environ la 5e compagnie se dirigea sur Geneuille. A peine y était-elle depuis quelques instants, que trois coups de canon tirés dans la direction de Cussey, la forcèrent à reprendre ses premières positions d'observation sur la route d'Auxon à Cussey.

« Une reconnaissance commandée par M. Roman, lieutenant, se porta en avant sur Cussey, cet officier entra dans ce village avec 2 hommes, il était occupé par un bataillon des Vosges. Le commandant des Vosges pria M. Roman d'engager le commandant du bataillon des Hautes-Alpes de venir à son secours, il le pria en outre d'engager le commandant des Hautes-Alpes à porter ses efforts sur la gauche de Cussey. M. Roman se dirigea vers le village d'Auxon-Dessus pour prévenir le commandant des Hautes-Alpes, malheureusement le commandant avait depuis une demi-heure environ donné l'ordre de marcher en avant vers Cussey en passant par Geneuille sur la droite. Le bataillon se mit en marche, décidé à faire son devoir, malgré son mauvais armement. A peu de distance de Cussey, le bataillon fut rangé en ordre de bataille : le commandant prit le commandement de la droite qui se composait des 1re, 2e et 3e compagnies. M. Méalhie, capitaine de la 6 compagnie, prit le commandement de la gauche, qui se composait des 4e, 6e et 7e compagnies. C'est dans cet ordre que le bataillon entra dans le village de Cussey, offrant une masse profonde au milieu de laquelle tous les coups des ennemis portèrent.

« Au moment où le bataillon débouchait dans la rue de Cussey qui aboutit en pente rapide au pont de l'Ognon, le commandant du bataillon des Vosges s'écria : « En avant, mes amis et vive la France ! » Ce cri fut répété par tous les officiers et le bataillon tout entier. La 1re compagnie en tête se précipita sur le pont. L'ennemi dirigeait sur cet étroit espace un feu terrible, les obus pleuvaient et éclataient de toute part en nous causant beaucoup de mal. En présence des décharges continuelles de l'artillerie ennemie, un mouvement d'hésitation et même de recul se produisit parmi les mobiles des Hautes-Alpes ; la plupart repassèrent le pont, mais la voix, l'exemple de leurs officiers leur redonna du cœur ; ils se mirent de nouveau en marche au pas de course, traversèrent le pont et coururent s'abriter en tirailleurs, derrière des peupliers et des tas de pierre et de terre qui garnissaient les deux côtés de la route. Les premières compagnies marchaient même plus avant et atteignirent le milieu d'un deuxième pont. Le peu de portée de leurs armes les laissait désarmés contre l'artillerie et les fusils de précision de l'ennemi.

« Les Prussiens faisaient un mouvement en avant, une forte colonne d'infanterie se portait à notre rencontre et sortait des bois d'Etuz ; tout l'espace compris entre les deux ponts de Cussey était balayé par les balles, tandis que de nombreux obus, parfaitement dirigés, battaient le premier pont en brèche et étaient destinés à nous rendre tout retour en arrière impossible.

« La position n'était plus tenable. M. le commandant des Hautes-Alpes fit battre en retraite.

« Le bataillon se reforma derrière le village d'Auxon-Dessus. En ce moment deux bataillons du 3ᵉ zouaves, un bataillon des mobiles des Vosges et deux batteries d'artillerie apparurent sur la route de Besançon à Cussey. Les zouaves prirent immédiatement position dans les jardins et les maisons inférieures du village.

« Les pertes de notre bataillon avait été sensibles : M. Bauny, commandant, avait été pris par les Prussiens ; M Méalhie, capitaine, avait été fait prisonnier au milieu des champs qui séparent Cussey des bois ; M. Laurençon capitaine et M. Manuel lieutenant, avaient également été faits prisonniers (M. Laurençon, conseiller général de Briançon, avait, à la tête de la 2ᵉ compagnie entraîné ses hommes jusqu'au 2ᵉ pont). »

« M. Clément Aubert, lieutenant, blessé à la main et à la jambe avait été fait prisonnier. M. Jauffrey, capitaine, avait été traversé de part en part par une balle. Près d'Auxon, 130 hommes manquaient à l'appel. »

Note 29

S. Droz. Notice historique sur la bataille de Cussey.

... Tandis qu'on s'occupe de Chatillon on oublie une poignée de braves, ils se sentent seuls ; rien autour d'eux n'indique qu'à une heure donnée ils seront relevés, secourus, ou protégés en cas de retraite ; n'importe, ils combattent sans regarder en arrière. Pourtant que serait-il advenu si, au second choc, c'est-à-dire à une heure de l'après-midi, quand l'ennemi avec toutes ses réserves descendait sur le champ de bataille, ils avaient lâché pied ?

Nous laissons cette question à résoudre à ceux qui, à ce moment, ont vu Chatillon-le-Duc et les abords de la place de Besançon... le torrent usera l'obstacle. L'action ne se prête pas aux péripéties de ces drames héroïques des bords de la Loire ; rien ne s'y compare que le courage des Lorrains à celui des Bretons. Cependant cette résistance touche à son terme. Les munitions manquent ! Tant que le service des munitions n'avait été qu'un acte de dévouement, il n'avait pas périclité ; le sergent Fleurot avait donné l'exemple. L'ennemi soupçonnant cette situation, prélude à son approche par un feu terrible sur l'entrée du village où se distingue la mairie avec son drapeau d'ambulance ; malgré cette sauvegarde du droit des gens, les murs, le vitrage, la porte sont criblés d'obus et les malades n'y sont plus en sûreté. Mais qu'importe à l'ennemi ? Le succès a ses heures. Pourquoi transiger avec les moyens ? Il incendie aussitôt le château à droite des ponts et une vaste métairie à gauche.

C'est contre ce formidable effectif — 18.000 hommes, commandé par 8 généraux — que 750 Vosgiens, c'est-à-dire 1 contre 24, sans artillerie et mal armés, soutiennent la lutte de 9 heures du matin à 4 heures du soir.

Les Allemands à Cussey s'emparent de nos maisons, abattent le bétail, vident les celliers dispersent les produits de la fromagerie, pillent ou profanent tout ce qui d'avance n'a pas été soustrait à leur rapacité... le soldat est devenu un voleur effréné. Ces voleries n'échappent pas aux regards des chefs... c'est un système ; seulement on ne sait s'il commence en haut ou en bas. Rien d'exagéré dans ces indications.

« Une nuée de racailles, dit M. de Wickede, correspondant de la « *Gazette de Cologne*, se précipitèrent d'Allemagne sur la France ; ils « s'intitulaient vivandiers, fournisseurs, infirmiers etc... mais ce n'étaient « que des gens de sacs et de corde... ils poussaient nos soldats à piller. Il « se passa alors bien des choses qui ne sont pas à l'honneur du nom « allemand et qui ont révolté à bon droit les Français ; il n'y a rien à « leur répondre quand ils nous accusent de barbarie et de brutalité ».

L'autorisation d'enlever les morts s'est fait attendre 24 heures. Les pillards, profitant de ce délai pour dévaliser les morts, enlevaient jusqu'aux papiers qui auraient pu certifier leur indentité.... Quand le sous-lieutenant Delang, à peine âgé de 21 ans, meurt comme un vieux soldat ; le lieutenant Méline gisant à terre, le genou fracassé par une balle oublie ses propres souffrances et encourage ses soldats à tenir bon ; le capitaine Colle reçoit deux blessures ; le capitaine Ostertag se fait remarquer par son activité et son sang-froid ; mais il faudrait les citer tous...

Le chef de la 8ᵉ compagnie monta aux combles de notre maison, pour se rendre compte de l'état des choses, puis ne consultant que son initiative, il entraînait sa troupe sur le théâtre de la lutte. (Le lieutenant Germain marchait à Cussey avec cette compagnie.)

Les Français n'avaient ni personnel médical, ni accessoires de secours. Vu l'imminence, du combat le commandant des Vosgiens avait dû requérir le médecin d'Etuz, M. Frayon, lequel se rend immédiatement à Cussey et organise en ambulance les deux salles de la Mairie, auxquelles s'annexaient bientôt comme succursales le presbytère et deux autres maisons.

Terminons ce bilan par un autre plus déplorable encore... nous voulons parler des assassinats et des incendies dont l'histoire couvrira d'un souvenir lugubre les journées du 22 et du 23 octobre 1870. Nous y trouvons 8 de nos compatriotes fusillés sous des prétextes futiles ou imaginés : un à Etuz, un à Cussey (l'instituteur), deux à Voray, trois à Auxon, un à Montboillon. Ajoutons 22 maisons incendiées : 5 à Buthier, 14 à Bonnay, deux à Cussey, une à Auxon. Ce dernier incendie a un caractère doublement odieux, il s'est effectué froidement, la torche à la main et quand le propriétaire gisait assassiné à côté de sa maison.

Note 30

Ch. Beauquier. La guerre de 1870-71, page 52.

« Ce fut le 3ᵉ bataillon de la Mobile des Vosges qui, descendu des hauteurs de Châtillon dans la plaine, eut l'honneur d'engager et de soutenir l'action.

« 18 pièces d'artillerie prussienne qui dominaient l'Ognon dirigeaient sur les mobiles un feu plongeant fort meurtrier. Mais nos troupes appuyant dans la direction d'Etuz, s'abritaient derrière les haies et les clôtures du village.

« La fusillade durait depuis cinq heures lorsqu'un bataillon des Hautes-Alpes, envoyé pour soutenir les Vosgiens, essaya de déloger les ennemis, les soldats des Hautes-Alpes se précipitèrent sur le pont à trois reprises différentes, mais les trois fois ils furent balayés. »

Note 31

Abbé Barret. Le dernier mot sur le combat de Cussey.

Il était 11 heures 1/4 environ. A ce moment une compagnie des Vosges était placée en tirailleurs en avant du pont, dans un repli de terrain et la rivière à dos ; une autre se tenait abritée derrière la chaussée qui sépare Cussey d'Etuz ; et deux compagnies occupaient et gardaient avec vaillance un mamelon s'élevant près d'Etuz, partie Sud, et commandant la chaussée, la rivière et le village. Du mur du château Laurencin, j'aperçois alors le colonel Degenfeld qui débouchait de Boulot, après une attaque imprévue du colonel Perrin embusqué dans les bois de Boulot et se dirigeant sur Etuz au pas accéléré. De la route de Boulot on domine le susdit mamelon d'Etuz qui est tout proche, ce général badois n'a pas pu ne pas voir nos soldats dans une position si aventurée. Comment ne lui est-il pas venu à l'idée de prononcer un mouvement sur la rivière ?... Werder aurait pu aller coucher à Besançon, comme il s'en était flatté.

A midi, le feu ennemi recommence sur toute la ligne. Nos mobiles ne se laissent point intimider, ils rendent coups pour coups, ils ne cèdent pas d'une semelle, malgré la grêle de balles et d'obus qui s'abat sur eux.

J'avance jusqu'au grand pont, et le cœur serré, je remarque que les mobiles du mamelon d'Etuz décimés par le feu, inondés de projectiles, flechisent et vont lacher pied, j'en avertis aussitôt M. Brachet : séance tenante il appelle le lieutenant Blaison et lui donne l'ordre d'aller avec ses hommes soutenir les défenseurs de la périlleuse position en avant d'Etuz. Pas un mot, pas un moment d'hésitation : l'officier tire son sabre, se met à la tête de ses soldats traverse tranquillement les deux ponts, marche la tête haute sur la chaussée, dédaignant de s'abriter contre les balles, derrière le talus de la route. Il est superbe de sang-froid et de vaillance. Cette fière attitude encourage les tirailleurs placés à gauche du pont qui le voient passer et en impose aux Allemands qui enragent. *Et il n'est pas décoré !*

Il était environ 1 heure. Ce renfort opportun a le don d'exaspérer l'ennemi ; son œuvre sanglante n'avance pas au gré de ses désirs... Il fait mettre en batterie plusieurs pièces à la droite du moulin d'Etuz d'où elles enfilaient sans obstacle aucun, la chaussée, les ponts, le clocher, le château Laurencin, en ce moment déjà affreusement troué. Alors le feu recommence, précipité, nourri, terrible ; les obus balaient le mamelon d'Etuz, et criblent le clocher de l'église. L'ambulance qui se trouve à côté de l'église n'est point épargnée malgré les drapeaux de la convention de Genève, les lois de l'humanité ? Allons donc ! il faut que le Germain obéisse à son génie de destruction.

Les blessés étaient nombreux, on le pense bien ; je les vois encore, tous étaient frappés au front ou à la poitrine, nobles blessures qui proclamaient avec éloquence leur manière de combattre !... Je vous le dis, sous ces blouses blanches, battait un cœur français, dans toutes ses fibres. Aussi comme je les aimais ! que j'aurais voulu dans cette journée avoir l'honneur d'une épaulette à graine d'épinard ! avec de tels hommes on pouvait faire des prodiges.

Les blessés affluent. Ah ! quel spectacle qu'une ambulance près d'un champ de bataille !

La tempête de l'artillerie continue ses ravages, l'ambulance regorge, les gibernes embarrassent le parquet, je les ramasse et vais offrir les cartouches aux mobiles blottis sous les arcades du pont et collés au mur de la propriété Duvaucel.

...Un docteur civil opérait seul, tout seul à l'ambulance à Cussey. Ce docteur mérite bien qu'on sauve son nom de l'oubli, il a bien mérité de la patrie et de l'humanité : c'est le docteur Frayon, d'Etuz. Depuis huit heures du matin, il est réquisitionné et il reste seul à l'ambulance, faisant le possible et l'impossible pour soulager sa trop nombreuse et si intéressante clientèle. Toute la journée sa vie est exposée avec un mépris complet de la mort.

Les artilleurs allemands redoublent de furie. Les brutes s'acharnent contre 300 mobiles abandonnés entre leurs feux et le pont...

Ils sont 8,000 contre 600 et ils n'osent attaquer de front !

Les Vosgiens du mamelon d'Etuz, débordés, écrasés, menacés d'être enveloppés, s'étaient repliés sur la ligne des tirailleurs, et tous, oh ! les braves, ils tiraillaient encore, ils tiraillaient toujours, ils brûlaient leurs dernières cartouches...

Il était trois heures. Le bataillon des Hautes-Alpes accourt au sacrifice, il descend le village de Cussey au pas gymnastique, tout haletant, mais plein d'entrain !

...La rage du feu de l'artillerie ne connaît plus de bornes. Les troupes allemandes s'étaient enfin démasquées en avant d'Etuz et s'avançaient lentement par un mouvement concentrique, broyant tout devant elles. Que n'ai-je la plume d'un écrivain militaire pour brosser le tableau saisissant de cette scène sanglante, dramatique, terrible ! Comme elle serait mise dans un vif éclat la vaillance des officiers subalternes, des Blaison, des Colle, des Méhalie, des Méline, ce lieutenant de 21 ans qui commandait la 2ᵉ compagnie de tirailleurs, des Delang, ce jeune sous-lieutenant de 20 ans qui reste le dernier au poste d'honneur, et tombe le front broyé par un éclat d'obus ! Je dirais ce qu'il y eut à ce moment suprême de luttes corps à corps, de traits de bravoure, de résistances héroïques qui faisaient rougir de honte et de colère, les fantassins allemands. Je voudrais les connaître tous pour les livrer au souvenir de la France reconnaissante.

Note 32

W. Filippi, Inspecteur principal aux chemins de fer de l'Est.

Collection de dépêches télégraphiques du quartier général allemand de S. M. le Roi de Prusse à la Reine Augusta.

72ᵉ dépêche du théâtre de la guerre.

Nouvelles militaires officielles.

Versailles, 25 octobre 1870

« Le général de Werder a rejeté le 22, à la suite d'un violent combat, au delà de l'Ognon et de Auxon-Dessus vers Besançon, l'armée dite de l'Est, formée de deux divisions, et commandée par le général Cambriels, qui se trouvait en position près de Rioz et d'Etuz. Nous avions engagé dans ce combat la brigade Degenfeld, des troupes des brigades Prince Guillaume et Keller, et deux bataillons du régiment n° 30. Nous avons perdu trois officiers et environ cent hommes. L'ennemi a subi de grandes pertes ; nous lui avons pris deux officiers d'état-major, treize autres officiers et cent quatre vingts soldats et il s'est replié dans le plus grand désordre. »

De PODBESKI.

Berlin, 26 octobre 1870
Présidence Royale de Police de Wurmb.

Note 33

Grand état-major prussien XII° livraison, page 314.

« Cependant ce jour-là (19 octobre) la nouvelle se répandait au quartier général de Vesoul, que les Français avaient fait halte sur l'Ognon et s'étaient cantonnés aux environs d'Etuz et de Marnay.

... Le 20, il (le général de Werder) commençait par faire appuyer les troupes prussiennes sur leur droite, vers Combeaufontaine ; puis le 21, il mettait tout son corps d'armée en marche vers l'Ognon par les routes de Pin, Etuz et Voray...

Page 315. — Combat sur l'Ognon, 22 octobre. — Le commandant du XIV° corps s'était borné à prescrire pour cette journée du 22 octobre, l'occupation des ponts de l'Ognon, se réservant de ne donner ses instructions ultérieures qu'après réception des rapports.

Page 316. — Dans son mouvement sur Etuz, l'avant-garde de la 2° brigade, composée du 1er bataillon, du 3°, d'un demi escadron des dragons du corps et de deux pièces de la 4° batterie légère, avait essuyé une vive fusillade ; mais après avoir lancé quelques obus sur le village, elle s'en emparait. Tandis que la 3° compagnie poursuivait au delà de l'Ognon (inexact) les Français en retraite sur Cussey ; sur la rive Nord d'autres contingents ennemis se portaient par Boulot et le bois de Retheu contre la ligne de marche de la brigade.

L'avant-garde presque tournée déjà, se rabat sur la lisière sud du bois de Longe-queue, couverte par la 4° compagnie qui fait face immédiatement du côté menacé. Sur ces entrefaites, le général de Degenfeld était arrivé avec le gros de la brigade à Velloreille et y avait reçu du commandant de la division à 11 heures du matin, l'ordre de déloger l'adversaire de la rive nord de l'Ognon. Il prescrit alors à son avant-garde de reprendre sa marche sur Etuz, en lui adjoignant la 4° batterie lourde, et il lance en même temps le 1er bataillon du 4° régiment, de Bonnevent, contre le bois de Retheu. A 1 heure de l'après-midi, l'adversaire évacuait pour la seconde fois Etuz sous le feu de l'artillerie badoise et deux compagnies occupaient le village.

Pendant ce temps le général de Werder était arrivé à 11 heures à Oiselay, avec les troupes prussiennes ; il y avait été informé que les ponts du bas Ognon étaient au pouvoir des Allemands et il avait ordonné à la 1re brigade badoise de se porter, par Pin, sur le flanc et les derrières des forces ennemies rassemblées à Cussey ; à la 2e brigade de se borner provisoirement à contenir l'adversaire.

Par suite de ces dispositions, une fusillade incessante s'échange, pendant plusieurs heures, entre les troupes badoises d'Etuz et les corps français de Cussey. L'adversaire prononçant, de ce dernier village, de fréquents retours offensifs, six compagnies de mousquetaires du 3e régiment (1er, 7e, 8e) entrent successivement en ligne. Le 1er bataillon du 4e après avoir débusqué du bois de Retheu et de Boulot des contingents ennemis forts de deux compagnies à peine, entre en action à son tour sur la hauteur à l'Est d'Etuz. Les autres fractions de la brigade se déployaient aux abords de Montboillon. A 3 heures du soir, des renforts français étant arrivés à Cussey, le combat reprend sur ce point avec une nouvelle vivacité, Mais du côté des Allemands, les trois compagnies de mousquetaires encore disponibles du 3e régiment badois se portent en ligne à l'aile droite, en même temps que les deux batteries canonnent vigoureusement le pont de l'Ognon. Les troupes ennemies qui luttaient sur la rive Nord ne peuvent tenir plus longtemps et repassent le pont à pleine course, l'infanterie badoise les poussant, la baïonnette dans les reins, pénètre derrière elles dans Cussey et y enlève de nombreux prisonniers, tandis que le 1er escadron des dragons du corps continue la poursuite jusqu'à la lisière du bois le plus voisin. A 4 heures, la 2e brigade badoise se trouvait entièrement maîtresse de Cussey...

La perte totale des Allemands dans ces diverses rencontres montait à 120 hommes environ, celle de l'ennemi paraissait s'élever à 150 tués et blessés et à plus de 200 prisonniers...

Supplément LXXXIII page 106, XIVe corps. Division badoise. Régiment des Grenadiers du corps No 1, 3e régiment d'infanterie, 4e régiment d'infanterie, 5e régiment d'infanterie. Régiment des dragons du corps No 1, 2e régiment de dragons (Margrave Maximilien).

4e régiment d'infanterie rhénane no 30, 1 officier tué et 20 hommes tués, 3 officiers et 88 hommes blessés.

20e livraison page 202. Tableau chronologique.

22 octobre. — Combats sur l'Ognon.

Du XIVe corps d'armée : Etat-major général. Division de camp badoise (moins le 2e bataillon et le bataillon de fusiliers du 4 régiment d'infanterie. Prince Guillaume). Le 1er et le 2e bataillon du 6e régiment d'infanterie, le 2e régiment de dragons Margrave-Maximilien, le 3e régiment de dragons Prince Charles, les 2e et 3e batteries lourdes, la 1re et la batterie à cheval du régiment d'artillerie de campagne et la compagnie de Pontonniers, 4e régiment d'infanterie rhénane no 30 (moins les 9e et 12e compagnies), 2e régiment de dragons de réserve.

Note 34

République Française. **Récompense pour belles actions.**
Ministère de l'Intérieur. **Médaille d'Honneur.**

Au nom du peuple Français le ministre secrétaire d'Etat au département de l'Intérieur a décerné une médaille d'honneur en argent de 1re classe à M. le Docteur Frayon, à Etuz (Haute-Saône).

En 1870-71 à Cussey, M. le docteur Frayon a organisé une ambulance sous le feu de l'ennemi.

Belle conduite pendant toute la durée de l'occupation.

M. le docteur Frayon est autorisé à porter cette médaille suspendue à sa boutonnière par un ruban tricolore également divisé.

Ce diplôme a été délivré pour perpétuer dans sa famille et au milieu de ses concitoyens, le souvenir de son honorable et courageuse conduite.

Versailles, le 1er avril 1873

Le chef du bureau du Personnel

(illisible)

Pour le Ministre

Le sous-secrétaire d'Etat

(illisible)

Note 35

Le maire du Val-d'Ajol invite les autorités civiles et militaires, à laissez passer et librement circuler, du Val-d'Ajol à Besançon, le nommé Remy Marie-Ferdinand-Paul, qui se destine au service des ambulances militaires.

Val-d'Ajol, le 14 octobre 1870.

Le Maire : LEMASSON.

Vorzeiger dieses hat Erlaubniss nach Val-d'Ajol zuruckzukehren sobald die franzosichen Verwundeten in Cussey vollstandig versorgen sind.

Cussey, 23/10, 70.

Signé : STABEL.

TRADUCTION

Le porteur de ceci a l'autorisation de retourner au Val-d'Ajol sitôt que les blessés français seront complètement pourvus de tous soins.

Note 36

Nous soussignés, officiers au 3e bataillon de la mobile des Vosges, certifions que Remy Paul s'est trouvé seul, au combat de Cussey du 22 octobre, pour organiser l'ambulance, soigner et ramener à Besançon les blessés.

Ont signé : *Didierlaurent, Germain, Gœury, Grombach, capitaines ; Cornu, lieutenant ; E. Valroff, sous-lieutenant.*

NOTE

Le certificat n'est pas daté. Il a été fait à Besançon, quelques jours après le combat de Cussey. Plusieurs de ces officiers sont décédés depuis longtemps.

Note 37

Le maire de Cussey-sur-l'Ognon ayant vu les hommes morts sur le champ de bataille, certifie que la liste prise par l'instituteur se monte au nombre de vingt-deux.

Le maire : GRANDJOSEPH.

Note 38

Valence, 18 Novembre 1893.

Monsieur REMY,

J'ai lu avec bien de l'intérêt votre résumé sur le combat de Cussey, malgré les pénibles souvenirs qu'il évoque ; personne mieux que vous ne peut parler de ce terrible drame.

En ce qui concerne la sacoche de mon malheureux fils, je n'en ai eu aucune nouvelle, je n'ai reçu qu'un petit carnet renfermant des notes et des photographies ; il avait été remis pour moi par un officier allemand à M. le curé de Dampierre-sur-Salon, avec mission de me dire que mon fils, dans les conditions où il est mort, devait être un brave.

Je ne sais ce que mon enfant avait sur lui à sa mort...

Puissent tout le dévouement de vous tous et le sang de nos malheureuses victimes, faire le bien de notre chère Patrie *mutilée*.

Merci, Monsieur Remy, croyez etc.

Signé : DELANG.

Note 39

Echo de Cussey. — Etuz. — Octobre 1910.
Extrait du registre des sépultures.

A la suite du combat livré le 22 octobre entre les Français et les Allemands j'ai donné la sépulture ecclésiastique dans le *cimetière de Saint-Waast (Cussey)* :

1° A Charles Delang, sous-lieutenant ;

2° A 4 Caporaux de mobiles ;

3° A 19 mobiles dont 4 des Hautes-Alpes.

4° A 5 autres mobiles retrouvés dans l'Ognon.

A Sainte-Anne d'Etuz :

1° A 7 mobiles tués au combat ;

2° A 4 mobiles morts de leurs blessures ;

3° A Anne-Thérèse Bleunet, Veuve Paravez. Elle fut fusillée à 300 mètres d'Etuz dans la soirée du 22, on ne sait pour quel motif.

Nota. — Plusieurs soldats défunts furent exhumés et ramenés dans leur pays ; entre autre le sous-lieutenant Delang, originaire de Remiremont.

Les mobiles enterrés à Saint-Anne furent transportés à Saint-Vaast le 7 mai 1876.

Mort de M. Chauvin. — (*Récit de M. Chatelet, curé*). — Le lundi 24, au départ des derniers soldats ennemis, nous étions devant l'école, quand l'horloge a sonné 9 heures. Un chef croit que c'est le tocsin et, malgré toutes mes observations et mes supplications fait emmener M. Chauvin...

Dans la soirée du lundi j'ai réclamé son corps qui est arrivé le jeudi soir dans un cercueil. Et le lendemain ont eu lieu les funérailles au milieu du deuil et de la consternation générale.

Signé : CHATELET, curé.

A l'ambulance. — Un homme qui, en cette journée du 22 octobre, a bien mérité de la Patrie et de l'humanité, c'est M. le Dr Frayon d'Etuz.

Depuis 8 heures du matin juqu'au soir, il est à la mairie de Cussey transformée en ambulance, occupé à panser nos blessés. M. Frayon a pour aides un jeune volontaire de 18 ans, M. Paul Remy, M. Dangleterre, tailleur, et M. Auguste Ferriot.

Trois femmes du pays apportent courageusement leur concours à l'ambulance. Ce sont Mlle Dumoulin, Mlle Barret, institutrice, et la domestique de M. Pingaud,

Parmi les survivants de cette glorieuse journée, nous saluons : M. l'abbé Barret, curé de Devecey, qui avec un complet mépris de la mort s'en fut à plusieurs reprises relever les blessés sur le champ de bataille. M. Méline, sous-lieutenant à la 2ᵉ compagnie des Tirailleurs. Il fut grièvement atteint à la jambe d'un éclat d'obus, MM. les lieutenants : Blaison, Colle, Méalhie, Pottecher.

Note 40

Commandant Euvrard. La première armée de l'Est, page 224.

Extrait du Journal des Vosges, *Avril 1871.*

Le 17 mai 1871, avait lieu à la faculté de droit de Nancy, une réunion des professeurs et des élèves ; c'était la première fois depuis le mois d'août qu'ils se retrouvaient ensemble, non pas tous pourtant. Parmi les élèves, plusieurs ne répondent pas à l'appel pacifique qui rouvre aujourd'hui les portes de l'école; ce sont ceux qui, obéissant à l'appel de la patrie en danger, ont versé leur sang pour elle.

En des paroles émues et éloquentes, M. le doyen Jalabert rendit hommage à leur mémoire.

Nous extrayons le passage suivant de son allocution. « Le premier nom inscrit sur cette liste funèbre est celui de Charles Delang, étudiant de seconde année, que la faiblesse de sa santé et de sérieuses raisons de famille avaient retenu l'an dernier à Remiremont. Comme élève de première année, il s'était fait remarquer par ses camarades, par la douceur de son caractère et son attachement à ses devoirs. Appelé à faire partie de la garde mobile des Vosges, il y fut nommé sous-lieutenant le 5 août, et pendant deux mois et demi il prit largement sa part de toutes les fatigues et de tous les dangers auxquels son bataillon, toujours en marche fut exposé.

« Il était le 6 octobre à Nompatelize. Le 22 à Cussey, il commandait sa compagnie en l'absence du capitaine et du lieutenant. Chargé de garder le pont de l'Ognon, il maintient ses hommes pendant plus de 5 heures sous le feu de l'ennemi et lorsque les 18 pièces d'artillerie de la brigade Degenfeld eurent rendu la position intenable pour les nôtres, quand il s'agit de couvrir la retraite sous une grêle de balles et d'obus, il montra une énergie et une résolution qui firent l'admiration de tous.

« Le moment est venu de se retirer, lui criait-on « Passez devant, dit-il, je veux rester le dernier ». Et il tint parole, après avoir veillé au salut de ceux qui lui étaient confiés, il fut frappé à la tête d'un éclat d'obus qui l'étendit mort à son poste d'honneur.

« Ses camarades, ses amis se découvraient en passant devant ce corps inanimé ; en voyant ce visage qui avait conservé sa douceur

habituelle, notre cœur débordait de douleur, écrivait le lieutenant Grandjean, qui était là avec le lieutenant Pottecher, deux autres de nos élèves. Quelques jours après, autour de sa dépouille mortelle rapportée à
Remiremont, se pressait une foule émue entourant de ses sympathies le
père et la mère de cet héroïque enfant, rappelant ses attachantes qualités, sa droiture de cœur, sa piété sincère, son dévouement absolu à
la Patrie.

« Ce glorieux martyr du devoir avait vingt ans. »

Note 41

Capitaine Dumas. La guerre sur les communications allemandes, p. 292.

Versailles, le 8 décembre 1870

...Quelques uns des rapports de votre excellence laissent voir que les
mouvements des troupes du XIVe corps ont été gênés non seulement
par les mauvais temps ou par les difficultés naturelles du terrain, mais
encore par l'attitude hostile des populations. Dans ce cas, soit que
l'on ait affaire à une résistance ouverte et à main armée, soit que les
obstacles proviennent d'une destruction malveillante et répétée des
communications, on ne peut que recommander à votre excellence d'user
de la dernière rigueur à l'égard des coupables, sur leurs personnes
comme sur leurs biens, et de rendre les communes collectivement responsables des actes dont les auteurs ne peuvent être découverts... »

Signé : Comte de MOLTKE.

à *S. E. le général d'infanterie von Werder, commandant
le XIVe corps d'armée à Dijon.*

Note 42

Héloïse Remy (Sœur Julie). L'invasion à Stenay.

Monsieur de Bismarck veut ruiner et humilier la France pour 10 ans,
afin qu'elle ne puisse agir de représailles, mais qu'est-ce que cela ! La
haine du nom allemand ne va-t-elle pas germer, s'accroître, se développer, s'enflammer à un moment donné ! Peut-on ne pas sentir son cœur
se révolter quand on entend raconter tant d'atrocités ?

« Vingt-cinq francs-tireurs avaient été surpris par une compagnie prussienne. Celle-ci les a fait prisonniers et l'officer télégraphia à son colonel. « Qu'ils soient fusillés », répondit le colonel. On exécute ses ordres,
mais l'officier a peine à retenir son émotion en voyant le courage de
ces braves. Un d'entre eux se résignant moins facilement à son sort, se
jette à genoux et demande grâce. Mais les soldats, sans pitié, l'attachent
à un arbre, pour mieux s'assurer de leurs coups !

« Une autre fois, 50 francs-tireurs sont retenus prisonniers. On les
dépouille. On les oblige à creuser des fosses. Le travail terminé, on les
fusille immédiatement, sans autre forme de procès et ils sont mis dans
les fosses qu'ils avaient creusées eux-mêmes quelques heures auparavant.

« Hier (20 février 1871), nous avons reçu une dame qui arrive
des Ardennes et raconte encore des choses atroces, qui se sont passées
dans son pays.

« **Des francs-tireurs** ayant attaqué des uhlans, le village fut menacé d'être brûlé ! On prévint les habitants, afin qu'ils puissent sortir. Changeant d'avis, on rappelle les hommes et on les enferme tous dans l'Eglise.

« Après y être restés quelque temps, on leur dit de choisir trois d'entre eux pour être fusillés. Un jeune homme et deux vieillards se dévouent à ce sacrifice et on les conduit au cimetière. Mais, M. le Curé supplie qu'on fasse l'exécution ailleurs (bien que cela soit déjà arrivé dans d'autres localités). Ces trois victimes volontaires sauvèrent le village. Puis d'autres traits encore de ce genre, que la plume se refuse à écrire !

« Et ce sont des hommes ! des hommes civilisés qui agissent ainsi. Non, ce sont des barbares et la Providence saura mettre un terme à de telles infamies, dignes des sauvages. »

Note 43

Héloïse Remy (Sœur Julie). L'invasion à Stenay.

(6 juin 1871). — Parmi les officiers supérieurs du régiment qui vient de séjourner ces jours derniers, un d'entre eux s'est conduit admirablement ! Ils peuvent bien tant dire contre les officiers français ! Logé chez Madame H..., il pouvait à peine gagner sa chambre, où il se hâta de s'enfermer, pour ne pas être vu de son brosseur. Le régiment partit de grand matin. En entrant dans la chambre, le domestique fut suffoqué par l'odeur la plus infecte et trouva l'appartement, le lit, les rideaux mêmes, dans un état de malpropreté qu'on n'ose décrire.

La dame en fut indignée... Il fallut se hâter d'enlever le plus gros, les rideaux et de laver le parquet.

Le parquet était couvert, etc,..

On donne à Mme H. un prince allemand (sa maison est une des plus belles de la ville). Elle s'empresse de le recevoir à la porte de la chambre, s'excusant de le faire entrer dans un appartement, si peu en ordre. Elle lui dit que c'est le colonel parti du matin, qui est rentré ivre hier au soir, laissant la chambre dans un état de malpropreté encore visible. Le prince allemand, fort étonné, tout interdit, demande en grâce de ne pas faire connaître ce fait pour l'honneur de l'armée allemande...

« Moi, Monsieur ! Mais je vais le proclamer. C'est affreux à dire, Monsieur, mais grand nombre de vos officiers sont partis, laissant leurs lits dans cet état de malpropreté !... Il y en a même qui ont osé salir les rideaux damassés de mon salon !... »

Madame H. ne se serait pas tue, si le prince allemand n'avait pris la fuite.

Note 44

Héloïse Remy (Sœur Julie). L'invasion à Stenay.

...On dirait que tout leur appartient. Hélas ! Quelle humiliation pour notre belle patrie. Ces Allemands venaient, disaient-ils, pour nous civiliser ! En voilà des civilisés ! Ils sont d'une malpropreté sans exemple. Ainsi à Metz, le bureau de poste a occupé un magasin de librairie pendant assez longtemps, eh bien, tous les soldats qui y sont restés, sont partis sans enlever la moindre ordure. Ils couchaient là et y faisaient leur cuisine. Quand il leur restait des légumes, de la nourriture, ces messieurs jetaient le tout sur le tas, qu'ils augmentaient chaque jour. Ils n'ont pas balayé une seule fois. Et cependant on voyait constamment des officiers entrer et sortir.

C'est une chose reconnue partout, et prouvée même à Reims, où le roi Guillaume se l'est permis, que ces Messieurs, les officiers eux-mêmes, laissent des ordures dans leur lit.

Aussi Monsieur L..., de Metz, me disait : « La France a été envahie quatre fois, par les Goths, les Visigoths, les Ostrogoths et les Sali-Goths (ce sont les derniers). »

Madame L..., de Stenay, entrant dans la chambre que des Prussiens venaient de quitter, y trouve une bouteille pleine, portant une étiquette de liqueur. Elle appelle la bonne et lui montrant la bouteille. « Voyez-donc, dit-elle, que nos officiers sont aimables ! Ils avaient une caisse de liqueurs, ils ont voulu nous y faire goûter. » La bonne n'a pas l'air d'y croire, mais obéissant à sa maîtresse elle fait sauter le bouchon, Mme L... verse du liquide dans un verre et veut le goûter. Mais en prenant le verre, elle reconnaît que c'est de l'urine !... Elle appelle son mari : « Voilà, dit-il, les actes de ces Messieurs, c'est digne d'eux, de leur délicatesse et de leur propreté... »,

Note 45

Commandant Euvrard. La première armée de l'Est, page 219.

Résumé des marches et opérations du 3ᵉ bataillon des Vosges antérieures au combat de Cussey.

11 août. — De Remiremont à Epinal en chemin de fer.

Nuit du 13 au 14. — D'Epinal à Vesoul en chemin de fer.

15 août. .. De Vesoul à Langres en chemin de fer.

16 au 24 septembre. — Vu le bon esprit et l'ardeur du bataillon, on l'envoie à Raon-l'Etape où il arrive le 24.

24 au 26 septembre. — Construction d'ouvrages de campagne. Grand'-gardes. Alertes continuelles. Reconnaissances de nuit.

26 septembre. — Reconnaissance sur Baccarat.

27 septembre. — Le bataillon va à Saint-Dié, puis revient à Raon.

29 septembre. — Il bat en retraite sur Bruyères ; reçoit contre-ordre en route.

Revient à Raon après une marche des plus fatigantes.

30 septembre-3 octobre. — Alertes et reconnaissances.

4 octobre. — Départ pour la Bourgonce (Le Haut Jacques).

5 octobre. — Bivouac sur cette position (le Haut Jacques).

6 octobre. — Combat de 10 heures du matin à 5 heures du soir. Retraite sur Bruyères.

7 octobre. — Séjour à Bruyères.

8 et 9 octobre. — Bivouac sous bois à la Goule, au dessus de Gerbépal. Le temps devient très mauvais.

10 et 11 octobre. — Installation sur une position de combat sur la rive gauche de la Vologne à Jussarupt.

12 octobre. — Retraite de Jussarupt à Saint-Amé.

13 octobre. — Marche de nuit de Faucogney à Melisey par un orage (de Saint-Amé à Melisey).

14 octobre. — De Melisey à Courchaton, pluie continuelle.

15 octobre. — De Courchaton à Baume-les-Dames, pluie continuelle.

16 octobre. — De Baume à Besançon, où l'on cantonne aux Chaprais.

17 octobre. — Le bataillon reçoit des tentes-abris et quelques effets d'équipement.

18 octobre. — Travaux de terrassement. Ordre de repartir dans les Vosges et contre-ordre.

19 octobre. — Même travail. Ordres divers contremandés de suite.

20 octobre. — A midi, départ du bataillon pour Chalezeule à 5 kilomètres de Besançon pour travailler aux terrassements de Palente. A 8 heures du soir, ordre de partir le lendemain en reconnaissance avec le colonel Perrin et de laisser au cantonnement les hommes malingres ou ayant de mauvais fusils. Le bataillon marchera avec 753 hommes au total, y compris 34 subsistants des 1er et 2 bataillons.

21 octobre. — Le bataillon part à 4 heures du matin pour se rendre au point de rassemblement de la colonne mobile.

Note 46

Gambetta a toujours eu le culte de la Patrie. Toujours il a cru au relèvement de la France par la République, à la réunion de l'Alsace et de la Lorraine à la mère patrie.

Voici quelques extraits de ses discours empruntés aux Publications de la Société Gambetta et à divers recueils.

« Les grandes réparations peuvent sortir du droit, nous ou nos enfants pouvons les espérer, car l'avenir n'est interdit à personne... on a dit quelquefois que nous avons un culte passionné pour l'armée, cette armée qui groupe aujourd'hui toutes les forces nationales, qui est recrutée non plus maintenant parmi ceux dont c'était le métier d'être soldat, mais bien dans le plus pur sang du pays ; on nous reproche de consacrer trop de temps à l'examen de la progression de l'art de la guerre, qui met la patrie à l'abri du danger... Eh bien ! ce n'est pas un esprit belliqueux qui anime et dicte ce culte, c'est la nécessité, quand on a vu la France tomber si bas, de la relever, afin qu'elle reprenne sa place dans le monde.

« Si nos cœurs battent c'est pour ce but, et non pour la recherche d'un idéal sanglant ; c'est pour que ce qui nous reste de la France nous reste entier ; c'est pour que nous puissions compter sur l'avenir et savoir s'il y a dans les choses d'ici-bas une justice immanente, qui vient à son jour et à son heure ! » (Discours de Cherbourg, 9 août 1880).

Précédée de ces premiers mots du discours : « Les grandes réparations peuvent sortir du droit », la dernière phrase a été gravée sur le monument élevé à Gambetta, à Paris, au cœur du Louvre.

Aux délégués d'Alsace venus, en 1872, lui apporter l'hommage d'un reconnaissant souvenir, Gambetta répond : « Quand nous aurons sur tous les chantiers du travail de reconstruction refait pièce à pièce, la France, croyez-vous qu'on ne s'en apercevra pas en Europe ?... Croyez-vous que ce barbare et gothique axiome : La force prime le droit, restera inscrit dans les annales du droit des gens ? Non, non !... »

Il leur disait encore à ces Alsaciens, venus pour lui remettre le groupe représentant l'Alsace et la Lorraine, œuvre de Bartholdi : « Mais, vous avez devant vous, malheureusement, des années d'attente et d'espérance ; écoutez ce que j'ai à vous dire : il est cruel de demander à des frères durement abandonnés l'esprit de sacrifice et de résignation et cependant c'est à eux que nous adressons cette demande suprême de ne pas troubler la patrie dans son travail de reconstruction, et de même que vous avez été le pays où le plus de bras se sont armés pour la défense nationale, de même que vous avez supporté le plus longtemps les balles, le feu, les bombes, les exactions de l'ennemi, de même pendant cette triste époque il faut que vous donniez à la France l'exemple d'une population qui sait conserver ses sentiments sans sortir de la mesure, sans provoquer son intervention ; vous devez à la mère patrie cette suprême consolation de lui faire savoir que bien qu'elle soit impuissante à vous secourir, votre cœur lui est véritablement attaché. »

Convaincu, à juste titre, que la République était le seul gouvernement possible, Gambetta disait : « Il n'y a pas que l'épée pour dénouer les nœuds gordiens, il n'y a pas que la force pour résoudre les problèmes extérieurs ; l'esprit de droit et de justice est bien aussi quelque chose. Et qui donc oserait dire qu'il ne viendra pas un jour de consentement mutuel pour la justice dans cette vieille Europe dont nous sommes les aînés ?

Je ne crois pas dépasser la mesure de la sagesse et de la prudence politiques en désirant que mon gouvernement, que ma République, la République démocratique que vous savez, soit attentive, vigilante, prudente, toujours mêlée avec courtoisie aux affaires qui la touchent dans le monde, mais toujours éloignée de l'esprit de conflagration, de conspiration et d'agression. Et alors, je pense, j'espère que je verrai ce jour où par la majesté du droit, de la vérité, de la justice, nous retrouverons, nous rassemblerons les frères séparés. »

Gambetta disait encore :

« Cet homme (Napoléon III) a voulu la guerre sans le consentement de la nation... Aujourd'hui il faut payer ! avec quoi faut-il payer ? Il faut payer avec les fruits du travail, avec l'épargne...

« La guerre et ses conséquences effroyables, ne sont sorties que d'une chose, d'une chose immonde, qui a été présentée à la France comme une garantie d'ordre et de sécurité, et qui n'était qu'un complot perpétuel, contre la moralité publique, du Plébiscite ! » (Discours de la Ferté-sous-Jouarre, 14 juillet 1872).

« A côté de ce parti de la restauration bonapartiste, il y en a d'autres qui se présentent de nouveau, et qui ont des prétentions exactement semblables. Car, pour moi, je ne distingue pas les monarchies entre elles: elles ont toutes les mêmes résultats, si elles n'ont pas la même origine et les mêmes procédés d'instauration ; elles aboutissent toutes à l'exercice de la volonté d'un seul substituée à la volonté de la majorité et à une politique dirigée dans un intérêt de famille, de caste et de privilège, au détriment de la liberté politique et de l'égalité sociale. Par conséquent, comme ce qui importe en politique, ce sont les effets, les conséquences, les résultats encore plus que les causes, je dis que les trois monarchies, quelle que soit l'enseigne de chacune d'elles, se valent au point de vue des conséquences pour le pays, et que la plus innocente — s'il y en a une — causerait encore l'asservissement et la ruine de la France. Je les repousse donc également toutes avec la même ardeur. » (Discours d'Albertville, 25 septembre 1872).

« Nous assistons à un spectacle tout à fait nouveau dans l'histoire de notre noble et malheureux pays. C'est le spectacle qui nous est offert par les débris des anciennes monarchies, par tout ce qui reste des champions, des représentants du passé, par ceux qui, tous, à toutes les époques, quelle que fut la situation à eux faite par les événements, n'ont jamais eu qu'une passion, qu'un mobile, qu'un effort : dominer pour jouir ». (Firminy, 29 septembre 1872).

« Assez de divisions politiques ! le pays a parlé, qui veut être patriote en France doit être aujourd'hui républicain. « Oui, je ne crains pas de me servir de cette tribune improvisée pour m'adresser à toutes ces femmes qui m'écoutent et pour leur dire d'inviter, demain, toutes leurs sœurs du dehors, à donner à ce langage et à ce discours sa véritable sanction, afin que l'on dise que la France a été, dans le passé, sauvée par une femme et refaite aujourd'hui par les femmes...

« On doit passionnément admirer la figure de la Lorraine qui apparut au XV siècle pour abaisser l'étranger et nous redonner la patrie, et en n.ême temps... on doit acclamer ce nom de Voltaire...

« Et quant à moi, je me sens l'esprit assez libre pour être le dévôt de Jeanne d'Arc et l'admirateur et le disciple de Voltaire (Discours au cirque américain, 24 mai 1878).

« La réaction et les partis coalisés de la monarchie, sous quelque forme qu'elle se présente, se sont mis en garde... On a cherché aussi à alarmer le pays, ce malheureux pays que depuis soixante-quinze ans les partis rétrogrades dominent et exploitent par la peur. Car la peur, Messieurs, c'est la maladie chronique de la France : la peur en politique.

« En effet, autant la France est brave, généreuse, ardente, héroïque, désintéressée sur les champs de bataille, autant elle est timide, hésitante, facile à troubler, à tromper, à affoler, à effrayer dans le domaine politique.

« Et ils le savent bien, ceux qui depuis tantôt quatre-vingts ans nourrissent ce pays de calomnies, de mensonges et d'inventions perfides. Oui, c'est la peur qui est le mal de ce pays, et c'est de la peur qu'ils ont tiré leurs ressources, les réacteurs de 1800, de 1815, de 1831 et de 1849 ! C'est de la peur qu'il a tiré sa première force, le coupe-jarret de 1851. C'est sur la peur qu'ils ont établi leur ascendant pour nous mener après vingt ans dEmpire, à la dégradation, à la mutilation !

« C'est de la peur qu'ils ont fait sortir ce plébiscite fatal qui devait nous entraîner à la guerre ! C'est de la peur qu'est née cette impuissante réaction du 8 février 1871 ! C'est toujours par la peur, avec la peur, en exploitant la peur que la réaction triomphe ! Oh ! débarrassons-nous de la peur politique ! »

(Discours de Grenoble, 28 septembre 1872).

Elu député de l'assemblée de Bordeaux le 1er mars 1871 par neuf départements dont le Bas-Rhin, le Haut-Rhin, la Meurthe, la Moselle, Gambettta qui avait opté pour le Bas-Rhin était l'un des signataires de la déclaration des députés d'Alsace et de Lorraine, lue le 1er mars 1871 par le député Grosjean à l'assemblée nationale qui votait la **Paix** en abandonnant à la Prusse l'Alsace et la Lorraine.

Voici ces paroes mémorables :

« Livrés, au mépris de toute justice et par un abus de la force, à la domination des étrangers, nous avons un dernier devoir à remplir : Nous déclarons encore une fois nul et non avenu un pacte qui dispose de nous sans notre consentement. La revendication de nos droits reste à jamais ouverte à tous et à chacun, en la forme et dans la mesure que notre conscience nous dictera.

« Au moment de quitter cette enceinte où notre dignité ne nous permet plus de siéger et malgré l'amertume de notre douleur, la pensée suprême que nous trouvons au fond de nos cœurs est une pensée de reconnaissance pour ceux qui, pendant six mois, n'ont pas cessé de nous défendre et d'inaltérable attachement à la patrie dont nous sommes violemment arrachés.

« Nous vous suivrons de nos vœux et nous attendrons avec une confiance entière dans l'avenir, que la France régénérée reprenne le cours de ses grandes destinées.

« Vos frères d'Alsace et de Lorraine séparés en ce moment de la patrie commune, conserveront à la France absente de leurs foyers, une affection filiale juqsu'au jour où elle viendra y reprendre sa place. »

« Le lendemain mourait à Bordeaux, le maire de Strasbourg, M. Kuss, à la gare de Bordeaux, d'où partaient pour l'Alsace, les cendres du défunt Gambetta dit :

« La force nous sépare, mais pour un temps seulement, de l'Alsace, berceau traditionnel du patriotisme français. Nos frères de ces contrées malheureuses ont fait dignement leur devoir et eux aussi, ils l'ont fait jusqu'au bout. Eh bien ! qu'ils se consolent en pensant que la France désormais ne saurait avoir d'autre politique que leur délivrance. Pour atteindre ce résultat, il faut que les Républicains, jurant à nouveau une haine implacable aux dynasties et aux Césars qui ont amené tous nos désastres, oublient leurs divisions et s'unissent étroitement dans la pensée patriotique d'une revanche qui sera la protestation du droit et de la justice contre la force et l'infamie. »

Note 47

Lieutenant-Colonel Rousset, VI, page 37.

« Villersexel. La ville était occupée depuis la veille au soir par deux bataillons de mobiles de la Corse et des Vosges et par un escadron du 6° cuirassiers de marche appartenant tous trois au 20° corps. »

Note 48

Copie d'une demande de décoration
faite en 1895 par les anciens mobiles du 3° bataillon des Vosges.

A Monsieur le Préfet du Département des Vosges, à Epinal.

Les soussignés, anciens officiers, sous-officiers et soldats du 3° bataillon des Mobiles des Vosges, arrondissement de Remiremont, ayant fait la campagne de 1870-1871.

Monsieur le Préfet,

« **Nous** avons l'honneur de vous exposer très respectueusement, que M. **Curien** (Gilles-Alphonse), né à Cornimont, le 1er septembre 1841, actuellement directeur d'un des plus importants tissage mécanique de la région est un ancien officier de notre bataillon.

« Nous ne parlerons que pour mémoire de son premier congé ; bien qu'il n'ait pas été accompli sans de sérieux mérites.

« Appelé en 1870 à l'activité comme mobile des Vosges, il assista à la bataille de la Bourgonce, le 6 octobre, où il se distingua tout particulièrement par sa bravoure et son sang-froid ; au combat de Cussey, le 22 même mois et à Valentigney le 18 janvier 1871, où il maintint la réputation acquise dans son bataillon.

« Un état de ses services, annexé à la présente témoigne des mérites vraiment hors ligne de M. Curien, soit comme soldat au feu, soit comme instructeur et comme organisateur éclairé, en toutes circonstances relatives à ses fonctions. Sa belle conduite à Cussey lui valut le **grade** de lieutenant, faisant fonctions d'adjudant-major.

« Il fut l'objet d'une citation à l'ordre du jour pour un acte de rare courage à Valentigney.

« Après la guerre le commandant du bataillon M. Pougney, le proposa pour la décoration, distinction dont il était digne à tous les égards. Mais cette propostion n'eut pas de suite.

« A l'occasion de la prochaine inauguration du monument commémoratif militaire de l'arrondissement, nous tous soussignés, qui connaissons notre camarade Curien, qui avons été témoins de sa conduite exemplaire pendant la guerre, qui affirmons les services remarquables rendus par lui, nous vous prions, Monsieur le Préfet, de faire réparer l'oubli regrettable de la récompense due à ce brave serviteur ; nous vous prions de demander pour lui la décoration de la Légion d'honneur, distinction qu'il mérite sous tous les rapports, qui sera chaleureusement approuvée par **tous** ses concitoyens dont il possède l'estime à juste titre ; et qui enfin sera véritablement une mesure juste et équitable.

« **Dans** le ferme espoir que notre démarche sera couronnée de succès, **nous** sommes, Monsieur le Préfet, vos très humbles et très obéissants **serviteurs.** »

Suivent 92 signatures.

Note 49

« **Indépendance Vosgienne** » de Remiremont.
Une décoration bien méritée (Octobre 1895).

« **Notre** dernier numéro, dans la relation de la cérémonie commémorative du combat de Cussey, disait qu'à l'unanimité M. Curien, directeur de tissage à Cornimont, avait été nommé par ses camarades de guerre, président de la réunion. Nous ajoutons qu'il ne pouvait être fait meilleur choix.

« **Nous** sommes heureux de trouver une confirmation éclatante de notre opinion dans une pétition adressée dernièrement à M. le Préfet des **Vosges** et couverte de plus de cent signatures d'anciens officiers, sous-officiers et soldats du 3ᵉ bataillon des mobiles des Vosges de l'arrondissement de Remiremont, ayant fait la campagne de 1870-1871. Cette pétition a pour but de faire réparer un oubli regrettable en priant M. le Préfet de faire des démarches pour faire accorder à cet honnête homme estimé de tous et qui fut toujours un vaillant et un modeste, la décoration de la Légion d'honneur.

« Voici les renseignements que nous trouvons dans la pétition et dans les états de service qui lui sont annexés :

« M. Curien (Gilles-Alphonse), actuellement directeur d'un des plus importants tissages mécaniques de la région, est né à Cornimont le 1ᵉʳ septembre 1841. Incorporé au 95ᵉ régiment d'infanterie de ligne le 8 septembre 1862, il était libébré comme sergent de grenadiers provisoirement le 1ᵉʳ juillet 1867 et définitivement le 31 décembre 1868.

« Le 20 juillet 1869, Curien engagé volontaire, est nommé sergent major instructeur de la 5ᵉ compagnie du 3ᵉ bataillon de la garde mobile des Vosges. Quand éclate la guerre, il est appelé à l'activité et arrive au corps à Remiremont le 20 août 1870. Il assiste à la bataille de la Bourgonce, le 6 octobre, où il se distingue tout particulièrement par son sang-froid. Au combat de Cussey, le 22 du même mois, et à Valentigney il maintient la réputation qu'il avait acquise dans son bataillon comme soldat vaillant au feu et organisateur éclairé. Sa belle conduite à Cussey, lui vaut le grade de lieutenant. A Valentigney, il fut cité à l'ordre du jour pour un acte d'un rare courage.

« Après la guerre, le commandant du bataillon, M. Pougney, le propose pour la décoration, mais cette proposition n'a pas de suite, malgré les services remarquables de celui qui en était l'objet.

« Aujourd'hui, tous ses anciens camarades, témoins de sa belle conduite pendant la guerre demandent réparation de cet injuste oubli,

« Il serait certes à désirer que la croix de la Légion d'honneur, cette récompense des braves, ne brillat que sur des poitrines aussi dignes de la porter. »

Note 50

**La guerre Franco-Allemande par le grand état-major prussien.
18 janvier, page 1087. Proclamation de l'Empire.**

« Tandis que régnaient dans Paris l'affliction et la discorde, l'unité de la nation allemande sous l'Empereur Guillaume était solennellement proclamée au château de Versailles dans la journée du 18 janvier, date d'impérissable souvenir pour la Prusse. Sa Majesté l'empereur et roi annonçait cet événement par un ordre de l'armée ainsi conçu :

« En ce jour mémorable pour moi et pour ma maison, d'accord avec tous les princes allemands et d'après l'acquiescement unanime de leurs peuples, j'ajoute le titre d'empereur d'Allemagne à celui de roi de Prusse dont j'ai hérité par la grâce de Dieu. La bravoure, la persévérance dont vous avez fait preuve dans cette guerre et pour lesquelles je vous ai exprimé à plusieurs reprises, ma plus complète gratitude, ont hâté l'œuvre de l'unité allemande ; ce résultat glorieux, vous l'avez conquis au prix de votre sang, au prix de votre vie.

« N'oubliez jamais que le sentiment de l'honneur, une loyale cama-
raderie, la valeur et la discipline sont les qualités qui font une armée
forte et victorieuse. Conservez ces vertus ; la patrie pourra comme
aujourd'hui vous regarder toujours avec orgueil, et toujours vous reste-
rez son puissant appui.

Quartier Général de Versailles, le 18 janvier 1871.

Signé : GUILLAUME.

Note 51

M. de Freycinet. La guerre en province, pages 302 et suivantes.

« M. Jules Favre, ministre des Affaires étrangères, à la délégation de
Bordeaux.

« Versailles, 28 janvier 1871. 11 h. 15 du soir

« Nous signons aujourd'hui un traité avec M. le comte de Bismarck.

« Un armistice de 21 jours est convenu.

« Une assemblée convoquée à Bordeaux pour le 15 février.

« Faites connaître cette nouvelle à la France ; faites exécuter armistice et convoquez les électeurs pour le 8 février.

« Un membre du gouvernement va partir pour Bordeaux.

« En exécution de cet ordre, l'administration de la guerre envoya immédiatement à tous les chefs de corps, en vue de faire cesser les hostilités, la dépêche circulaire ci-après :

« Guerre à... chef de corps à... extrême urgence.

« Bordeaux, 29 janvier, 2 heures du soir

« Un armistice de 21 jours vient d'être conclu par le gouvernement
de Paris. Veuillez, en conséquence, suspendre immédiatement les hostilités en vous concertant avec les chefs des forces ennemies, en présence
desquelles vous pouvez vous trouver.

« Vous vous conformerez aux règles pratiques suivies en pareil cas. »

« Mais ces mesures en apparence si simples, rencontrèrent dans l'ap-
plication les difficultés les plus inattendues et en même temps les plus
graves, par suite de deux circonstances capitales que le gouvernement
de Bordeaux ignorait et sur lesquelles les Allemands n'étaient que trop
édifiés :

« 1° La convention d'armistice — dont le texte ne nous avait pas été
communiqué — avait fixé elle-même la ligne de démarcation entre les
armées belligérantes, dans toute la France.

« 2° Une exception était faite pour la région de l'Est, où provisoirement aucune ligne n'était tracée et où les hostilités devaient continuer
jusqu'à une date ultérieure.

« La fixation des lignes de démarcation par la convention d'armistice est un fait qu'on s'explique difficilement. Il est de principe et il
tombe, en effet, sous le sens, qu'une telle fixation doit être faite par ceux
qui connaissent la position des armées en présence. Or ici le négociateur français non seulement ne connaissait pas la position de ces armées,
mais il ne connaissait même pas l'existence de certaines d'entre elles.
Cette ignorance était la conséquence nécessaire du manque de communication de Paris avec la province.

« Le négociateur français... n'a pu... que souscrire à ce que voulait l'ennemi.

« On ne saurait donc voir dans cette convention qu'un odieux abus de la force et de la ruse, où l'une des parties, profitant de l'ignorance et des angoisses de l'autre partie, lui a imposé des stipulations auxquelles manque la première condition d'équité ; la discussion libre et éclairée.

« Ce qui confirme bien douloureusement cette duplicité du négociateur prussien en regard de la confiance du négociateur français, c'est l'exception introduite pour les armées de l'Est. Il est évident que si l'armistice avait de l'intérêt pour une armée, c'était pour celle du général Bourbaki. Or, c'est précisément pour celle-là que l'exception a eu lieu. »

Note 52

Ordre du jour du général Clinchant à l'armée de l'Est.

« Il y a peu d'heures encore, j'avais l'espoir, j'avais même la certitude de vous conserver à la défense nationale. Votre passage jusqu'à Lyon était assuré à travers les montagnes du Jura.

« Une fatale erreur nous a fait une situation dont je ne veux pas vous laisser ignorer la gravité. Tandis que notre croyance en l'armistice, qui nous avait été notifié et confirmé à plusieurs reprises par notre gouvernement, nous recommandait l'immobilité, les colonnes ennemies continuaient leur marche, s'emparaient des défilés déjà en nos mains et coupaient ainsi notre ligne de retraite.

« Il est trop tard aujourd'hui pour accomplir l'œuvre interrompue : nous sommes entourés par des forces supérieures ; mais je ne veux pas livrer à la Prusse, ni un homme ni un canon.

«Nous irons demander à la neutralité suisse l'abri de son pavillon. Mais je compte dans cette retraite vers la frontière, sur un effort suprême de votre part ; défendons pied à pied, les derniers échelons de nos montagnes ; protégeons les défilés de notre artillerie et ne nous retirons sur un sol hospitalier, qu'après avoir sauvé notre matériel, nos munitions et nos convois.

« Soldats, je compte sur votre énergie et sur votre ténacité. Il faut que la Patrie sache bien que nous avons tous fait notre devoir jusqu'au bout et que nous ne déposons les armes que devant la fatalité.

« Pontarlier, 31 janvier 1871. »

Note 53

Lieutenant-Colonel Rousset, pages 64-65 (journée du 14 janvier).

« Malheureusement, tandis que sur la rive gauche de la Lisaine, les Allemands, utilisant fermes et villages, cantonnaient tout le monde, de l'autre côté les malheureux soldats français, passaient au bivouac une nuit glaciale, sur un sol couvert d'un mètre de neige, et, mal protégés, mal vêtus, plus mal nourris, restaient exposés à toutes les rigueurs d'une température descendue à 19° au dessous de zéro !

« Le 15 (janvier) au matin, nombre d'hommes devaient être évacués par suite de congélation...

« Page 92... Nos malheureux soldats, sans autre nourriture qu'un peu de biscuit gelé bivouaquaient sur la neige autour de maigres feux... Le froid était terrible, de 14 à 16°.

Note 54

Lieutenant-Colonel Rousset, VI, page 123.

« Le 18 au matin, il (le général Bourbaki) quitta définitivement les rives de la Lisaine, où venaient se briser les derniers efforts faits par la France pour chasser l'envahisseur.

Page 125 «... Les chevaux d'artillerie tombaient tous les quatre pas, a dit le général Bourbaki, il fallait les relever, ils retombaient, on les relevait, ils retombaient encore et cela durait toute la journée...

(Enq. parlementaire) tome III, page 152.

« ...C'est que l'armée était depuis plus de 50 jours exposée à toutes les rigueurs d'une température insupportable et que les hommes à bout de résistance, anémiés par la faim, à peine protégés du froid par des vêtements en loques et des chaussures dépenaillées, se traînaient plutôt qu'ils ne marchaient dans le désordre et l'indiscipline, maraudant, pillant, brûlant pour se réchauffer tout ce qu'ils trouvaient, même les denrées comestibles (Ch. Beauquier).

Les dernières campagnes dans l'Est, (page 159). Les traînards jonchaient les routes et y mouraient parfois. C'était partout le spectacle hideux et sombre de la déroute, avec son lamentable cortège de souffrances, de révoltes et de désespoirs. »

Note 55

Lieutenant-Colonel Rousset, tome VI, page 182.

Quelques heures avant (la tentative de suicide du général Bourbaki) le 26 à 5 h. 56 du soir Gambetta expédiait à Besançon la dépêche suivante :

« En face de vos hésitations et du manque de confiance que vous manifestez vous-même, je vous prie de remettre votre commandement au général Clinchant... » C'était le jour même où Paris, vaincu par la famine, tirait son dernier coup de canon !

Page 186. — Le 27 au matin le général Clinchant prit le commandement en chef. Dans la soirée du 28, où plus exactement dans la matinée du 29, les différents corps de l'Est étaient rassemblés autour de Pontarlier. Mais leur marche avait été extrêmement pénible. Ils laissaient en arrière plus de 30.000 traînards, le reste se mouvait péniblement, exténué et mourant de froid. Les soldats affamés déjà, éprouvèrent là (à Pontarlier) de nouvelles souffrances, conséquence inévitable d'un désarroi arrivé à des limites qui ne se peuvent imaginer.

Note 56

Lieutenant-Colonel Rousset, tome VI, page 194.

Le 29 au soir, le général Clinchant avait envoyé au général de Manteuffel un parlementaire chargé de s'entendre sur les conditions de la suspension d'armes.

Ce dernier revint à 2 heures du matin le 31, avec une lettre du général allemand faisant connaître qu'entre ses troupes et l'armée de l'Est, il n'existait pas d'armistice. La stupeur du général Clinchant fut d'autant plus grande qu'il venait justement de recevoir une dépêche de Gambetta confirmant celle de M. de Freycinet (reçue le 29 janvier, 5 h. soir). Il dut se borner à garder le statu quo. Pendant ce temps Manteuffel poursuivait sa marche enveloppante.

Note 57

Lieutenant-Colonel Rousset, tome VI, page 201.

« Dans la nuit du 31 janvier au 1ᵉʳ février, une convention fut signée entre le lieutenant colonel Chevals, aide de camp du général Clinchant et le général Herzog, commandant de l'armée suisse sur la frontière, aux termes de laquelle l'armée française était autorisée à entrer en Suisse. Au petit jour, les premières troupes françaises franchissaient la frontière et pénétraient sur cette vieille terre d'honneur et de liberté où les attendait une hospitalité cordiale, dont notre nation, dans la bonne comme dans la mauvaise fortune, gardera un souvenir éternellement reconnaissant.

Note 58

Lieutenant-Colonel Rousset, tome VI, page 210.

Le gouvernement fédéral ne put obtenir que le rapatriement de nos 90.000 hommes fut effectué avant la conclusion définitive de la paix. Le chancelier avait répondu aux ouvertures de la Suisse : «... plus le nombre de soldats à la charge du fisc français serait considérable, plus aussi la France pourrait se voir forcée d'accélérer la conclusion de la paix... Les Suisses auront l'occasion de faire connaissance plus intime avec les Français... »

« La raillerie était malséante, elle fut vigoureusement relevée.

« Le séjour en Suisse de l'armée française, dit en 1872, à l'assemblée fédérale, le président Cerésole, a créé entre la France et nous des sentiments plus étroits de sympathie et de reconnaissance. A ces divers points de vue, nous n'avons qu'à nous féliciter de l'épreuve que nous avons subie. »

« Nous n'oublions pas en France que ces nobles sentiments sont ceux de tous les Suisses ; ils nous vengent suffisamment d'un manque d'égards que d'ordinaire on épargne à des vaincus. »

Note 59

Général Ambert. Gaulois et Germains, page 191.

« Ce sont les combattants, soldats et mobiles, qui seuls ont sauvé l'honneur de la France en 1870-1871...

Des hommes étrangers au métier des armes, presque des enfants, sont jetés tout à coup, sans préparation, dans une sorte de fournaise. Sous une pluie de balles et d'obus, ils combattent des journées entières ; des marches forcées les épuisent ; à peine vêtus, ils dorment dans la neige, sous la pluie, et leur repos est sans cesse interrompu par des attaques subites. Ils sont écrasés par l'artillerie lointaine, invisible et terrible...

On a demandé plus à ces gardes mobiles qu'il n'avait été exigé des soldats en aucun temps et dans aucun pays. »

Note 60

Ch. Beauquier. La guerre de 1870-1871, page 186.

« La retraite de l'armée de l'Est s'effectuait sur Pontarlier avec toutes les apparences d'une véritable débâcle... La plupart de ces hommes, hâves, décharnés, tremblaient de froid ou de fièvre, et tous, à peu près sans exception, étaient en proie à cette toux stridente que les Suisses, quelques jours plus tard, devaient nommer la *toux Bourbaki*... leur présence se trahissait moins par le bruit accoutumé de la foule que par les éclats de cette toux qui leur déchirait la poitrine. »

Note 61

La guerre Franco-Allemande par le grand état-major prussien.
Histoire de la guerre contre la République, 18ᵉ livraison, 15 janvier, pᵉ 1041.

« Toutes les fractions du corps d'armée qui n'étaient pas aux avant-postes allaient s'abriter dans les localités voisines de la ligne de bataille ; quant aux Français, malgré la rigueur du froid, ils bivouaquaient presque sans exception.

« On pouvait admettre en toute probabilité que, dans de telles conditions, une armée en partie composée de levées ramassées à la hâte serait bientôt à bout de forces.

« 17 janvier, page 1.063. — L'armée (Française) avait passé au bivouac ou sous les armes deux nuits du froid le plus rigoureux ; les hommes étaient restés en partie sans nourriture et certains corps avaient éprouvé des pertes sérieuses.

« Page 1.064. — « Les pertes des Français en morts et blessés s'élevaient, pour ces trois jours de lutte, à 8.000 hommes environ. Les Allemands avaient perdu 60 officiers et 1.586 hommes. »

Note 62

La guerre Franco-Allemande par le grand état-major prussien, 19ᵉ livraison.

Traduction capitaine Ch. Kussler, professeur d'allemand à l'Ecole Supérieure de guerre.

Page 1.199, — 29 janvier, 5 heures soir. — « Le général de Manteuffel recevait à Arbois un télégramme venant du grand quartier général. On lui annonçait qu'un armistice était effectivement conclu, mais que tout le territoire des départements de la Côte-d'Or, du Doubs et du Jura avait été expressément excepté de cette convention et que l'armée du Sud devait continuer ses opérations jusqu'à ce qu'un dénouement se fut produit.

Page 1.201. — ... « La source de cette nouvelle d'armistice était un télégramme de Jules Favre, adressé à la délégation du gouvernement et qui était arrivé par Bordeaux aux mains des autorités civiles de Pontarlier. Cette dépêche ne faisait pas mention des dispositions exceptionnelles prises pour les départements de la Côte-d'Or, du Doubs et du Jura. Cette indication manquait également dans la communication officielle expédiée le 29 janvier à 3 heures 30 minutes de l'après-midi par le ministère de la guerre français aux généraux commandant les divisions et subdivisions.

« Le général de Clinchant était en conséquence de bonne foi en demandant aux Allemands de cesser les hostilités et d'entamer des négociations ayant pour objet de fixer une ligne de démarcation.

Supplément CLXVIII, page 553. Lettre du général Clinchant au général de division Thornton, commandant à Chaffois.

« Un armistice de 21 jours a été signé le 27 ; j'en ai eu ce soir la nouvelle officielle. En conséquence, faites cesser le feu et informez l'ennemi, suivant les formes voulues à la guerre que l'armistice existe et que vous êtes chargé de le porter à sa connaissance.

Pontarlier, 29 janvier 1871

« Cette lettre était motivée par les télégrammes suivants :

Bordeaux, 29 janvier 1871, 12 h. 30

« Délégation du gouvernement à Préfet et Sous-Préfets. Circulaire.

« La délégation du gouvernement établie à Bordeaux, qui n'avait jusqu'ici, sur les négociations entamées à Versailles, que des renseignements fournis par la presse étrangère, a reçu cette nuit le télégramme suivant qu'elle porte à la connaissance du pays dans sa teneur intégrale.

Dépêche télégraphique :

Versailles, 28 janvier 1871, 11 h. 15 soir

« Nous signons aujourd'hui un traité avec M. le comte de Bismarck. Un armistice de vingt et un jour est convenu, une assemblée est convoquée à Bordeaux pour le 15 février.

« Faites connaître cette nouvelle à toute la France. Faites exécuter l'armistice et convoquez les électeurs pour le 8 février. Un membre du gouvernement va partir pour Bordeaux.

Jules FAVRE. »

29 janvier 1871, 3 h. 30 soir

Guerre à Généraux commandant divisions et subdivisions.

« Un armistice de 21 jours vient d'être conclu par le gouvernement de Paris.

Veuillez en conséquence suspendre immédiatement les hostilités, en vous concertant avec le chef des forces ennemies, en présence desquelles vous pouvez vous trouver.

C. de FREYCINET. »

48

Note 63

La guerre Franco-Allemande par le grand état-major prussien, p. 1202.

« 30 janvier. — Continuation de la marche de l'armée du Sud vers Pontarlier. Passage de l'armée française sur le territoire suisse, pendant les journées du 30 janvier au 2 février.

« Renseigné plus exactement par Versailles que ne l'était le commandant en chef français par Bordeaux, le général de Manteuffel ordonnait de poursuivre les opérations sans retard...

« Le général de Zastrow supposa que les Français devaient, dans leur propre pays, recevoir les nouvelles plus rapidement que l'armée du Sud...

Page 1.209, 31 janvier. — « Le général Clinchant, supposant que l'armistice s'étendait aussi à l'armée du Jura, avait interrompu la marche de ses troupes pour la journée du 30.

« ...Le commandant en chef commence à avoir des doutes sur la validité de l'armistice.

« Le général Clinchant rassembla le 31 janvier toute son armée autour de Pontarlier et lui fit prendre position pour une dernière résistance sérieuse. Comme dernière issue, on se préoccupa du passage sur le territoire suisse. Dans l'après-midi, arriva de Bordeaux la nouvelle que l'armée de l'Est était en réalité exclue de l'armistice.

« Le général Clinchant convoquait un conseil de guerre.

« Les généraux assemblés déclaraient ne plus pouvoir répondre de leurs troupes. On avait déjà entamé des négociations avec les autorités suisses, le passage devait s'effectuer le lendemain, par les trois routes des Verrières de Joux, des Fourgs et des Hôpitaux.

« Le général Clinchant se rendit le soir aux Verrières pour signer la convention. »

Note 64

La guerre Franco-Allemande par le grand état-major prussien, p. 1225.

Dans la nuit du 2 février, le général de Manteuffel recevait à Pontarlier par la voie de Berlin, la nouvelle qu'une convention concernant le passage de l'armée de l'Est sur le territoire suisse avait été conclue entre le général confédéré Herzog et le général Clinchant. Pendant toute la journée du 1er février, les colonnes françaises avaient passé la frontière.

Note 65

La guerre Franco-Allemande par le grand état-major prussien.

Supplément CLXIX, page 556.

« Entre M. le général Herzog, général en chef de l'armée de la Confédération Suisse et Monsieur le général de division Clinchant, général en chef de la 1re armée française, il a été fait les conventions suivantes :

« 1° l'armée française demandant à passer sur le territoire suisse, déposera en y pénétrant ses armes, équipements et munitions.

« 2° Ces armes, équipements et munitions seront restitués à la France après la paix et après le règlement définitif des dépenses occasionnées à la Suisse par le séjour des troupes françaises.

« 3° Il en sera de même pour le matériel d'artillerie et ses munitions.

« 4° Les chevaux, armes et effets des officiers seront laissés à leur disposition.

« 5° Des dispositions ultérieures seront prises à l'égard des chevaux de troupe.

« 6° Les voitures de vivres et de bagages, après avoir déposé leur contenu retourneront immédiatement en France avec leurs conducteurs et leurs chevaux.

« 7° Les voitures du trésor et des postes seront remises avec tout leur contenu à la confédération helvétique qui en tiendra compte lors du règlement des dépenses.

« 8° L'exécution de ces dispositions aura lieu en présence d'officiers français et suisses désignés à cet effet.

« 9° La confédération se réserve la désignation des lieux d'internement pour les officiers et pour la troupe.

« 10° Il appartient au conseil fédéral d'indiquer les prescriptions de détail destinées à compléter la présente convention.

« Fait en triple expédition aux Verrières, le 1er février 1871.

CLINCHANT, HERZOG. »

Note 66

Rapport du major fédéral Davall sur l'entrée en Suisse de l'armée de l'Est. (Grenest, page 541).

« Le spectacle que présenta l'entrée des troupes françaises de l'armée de l'Est fut saisissant et le cœur était profondément ému à l'aspect de telles souffrances. Jamais notre heureux pays n'avait assisté à un tel désastre, jamais on n'avait vu une accumulation aussi grande de tels maux, de telles misères, d'une prostration plus complète.

« Dès qu'ils ne furent plus soutenus par la crainte du danger continuel qui les suivait depuis des semaines, ni excités par les officiers qui les accompagnaient, dès qu'ils se sentirent sur un sol hospitalier où des mains secourables se tendaient vers eux de toutes parts, les soldats s'affaissèrent complètement et perdirent le peu d'énergie qui leur restait encore. Un très grand nombre d'entre eux marchaient les pieds nus ou enveloppés de misérables chiffons ; leurs chaussures faites avec un cuir spongieux, mal tanné, et la plupart du temps trop étroites, n'avaient pu supporter les marches dans la neige et la boue, et n'ayant pu être remplacées, elles n'avaient pas tardé à faire eau de toutes parts ; les semelles étaient absentes ou dans un état pitoyable ; aussi beaucoup de ces malheureux avaient-ils les pieds gelés ou tout en sang. Les uniformes étaient en lambeaux et les soldats s'étant appropriés tous les vêtements qu'ils avaient trouvés pour remplacer ceux qui étaient détruits, présentaient une bigarrure inimaginable. Plusieurs d'entre eux avaient encore des pantalons de toile reçus à l'entrée de la campagne et grelottaient à faire pitié...

« Les chevaux surtout présentaient le plus piteux aspect : affamés, privés de soins depuis longtemps, mal harnachés souvent, leur corps n'offrait parfois qu'une plaie dégoûtante ; maigres, efflanqués, et pouvant à peine se tenir sur leurs jambes, ils cherchaient à ronger tout ce qui était à leur portée : des jantes de roues, de vieux paniers ; la queue et la crinière de leurs voisins étaient dévorées. De temps à autre, une de ces pauvres bêtes, anéantie et que le fouet était impuissant à faire mouvoir, tombait pour mourir peu après...

« Les premières troupes qui firent leur entrée durent marcher jusqu'au soir, afin d'évacuer les routes et de permettre aux autres troupes d'avancer...

« Une toux stridente et continuelle se faisait entendre de la tête à la queue des colonnes : car tous, à peu près sans exception, en étaient affectés, et ce mal, qui leur déchirait la poitrine, contribuait à augmenter leur affaissement... »

Note 67

L'armée de l'Est en Suisse.

Le Journal des Vosges, 21 mai 1871.

« On sait par quelle suite de revers notre pauvre armée fut rejetée dans le Jura. Le général Clinchant, le commandant en chef de la dernière heure, s'évertuait à amener ses troupes vers Lyon en se glissant le long de la frontière suisse ; mais l'armistice qu'on croyait général « pour toutes les armées de terre et de mer » suspendit fort mal à propos ce mouvement, et, quand on sut l'inexplicable exception qui frappait les départements de l'Est, il était trop tard pour se remettre en marche. L'armée prit le parti « de sauver son matériel et ses armes en venant demander l'hospitalité de la Suisse pour ses soldats épuisés. » Voilà le fait en deux mots, mais les détails sont navrants. Le général Clinchant ne voulant « livrer à l'ennemi ni un homme, ni un canon », annonça sa résolution de demander asile à la neutralité suisse. On peut se figurer l'embarras du général Herzog, qui, pris au dépourvu par cette invasion imminente, n'avait pas assez de forces pour endiguer le torrent. Il courut en toute hâte à Verrières, l'extrême village suisse du côté de Pontarlier, et y arriva dans la nuit du 31, deux ou trois heures avant l'officier envoyé par le général français pour négocier les conditions du passage de l'armée en Suisse ; cet officier, enfiévré d'impatience, suppliait de faire vite, car les Prussiens arrivaient.

La convention fut conclue, écrite à trois exemplaires, signée séance tenante, aux chandelles, vers quatre heures et demie du matin.

Les articles à peine dictés et signés par le général Herzog, aussitôt son aide de camp et l'officier français, sans attendre l'aube, coururent à la partie française du village des Verrières, où les attendait le général Clinchant, dans une petite chambre au rez-de-chaussée d'une pauvre maison.

Deux hommes s'étaient emparés du lit qui meublait cette pièce. D'autres étaient étendus sur le plancher ; à chaque pas, on écrasait un bras ou une jambe. Le général très agité, était assis à une petite table malpropre; derrière lui, son chef d'état-major et quelques officiers ; plus loin, la propriétaire de la chambre, une vieille femme, les mains jointes sous son tablier, et une jeune fille à peine adulte qui regardait avec un air de stupeur. Une lumière vacillante s'efforçait en vain d'éclairer la scène. Là fut signée cette convention qui arracha 85.000 Français des mains de l'ennemi. Aussitôt on cria dans tout le camp : « Le passage est libre ! » et les troupes, qui s'étaient amassées aux extrêmes confins, s'ébranlèrent.

Leur entrée se fit par un chemin frayé entre deux murs de neige ; chaque homme, en entrant, jetait sa cartouchière et ses armes sur le bord de la route où elles formèrent, pendant plusieurs jours un épaulement de deux mètres de haut. Le défilé continua sans interruption pendant quarante-huit heures. « Les premiers qui passèrent, écrit un Suisse, étaient des artilleurs avec pièces et caissons, en bon ordre, à pied, à cheval, ou juchés, jambes pendantes sur les chariots. Beaux hommes, grands et forts, à l'air résolu, au regard doux. A leur poste, à leur rang, les officiers marchaient sérieux et dignes. Tous du regard semblaient dire : Quel malheur, n'est-ce pas ? avec de pareils canons, en être réduits là ! » Et, comme on leur offrait du vin : « Merci, disaient-ils ; c'est assez, gardez pour ceux qui nous suivent. » Le lendemain, d'autres soldats, ceux qui, commandés par le général Billot, avaient vigoureusement soutenu la retraite, entrèrent aussi en bon ordre, marchant d'un pas martial et nerveux, le sac droit, la tente-abri pliée régulièrement ; mais les autres, mais la foule.

Qu'on se figure une masse débandée, s'engouffrant dans tous les passages praticables, non seulement aux Verrières, mais à Jougne, aux Fourgs, aux Brenets, dans toutes les vallées du Jura ; puis les troupes que le général Crémer tâchait de ramener dans le pays de Gex par la Faucille, coupées à Morez par les Prussiens et rejetées dans les montagnes, roulèrent en Suisse par tous les chemins, frayés ou non, qui tombent dans le Val de Joux.

Tous ces régiments disloqués, débandés, n'ayant plus ni drapeau, ni chef couraient au hasard et apparaissaient tout à coup par troupeaux de 10.000, de 20.000 hommes dans telle petite ville, Orbe, par exemple, qui ne les attendait pas. Les chevaux d'abord, faisaient peine à voir ; exténués, traînant le pied, allongeant le cou, tête pendante, glissant à chaque pas, affamés, on les voyait ronger l'écorce des arbres, les cordes, les barrières, les roues des canons, les flasques des affûts, entamés à 3 pouces de profondeur, ou encore ils s'arrachaient l'un à l'autre, avec les dents, les crins de leurs queues et les dévoraient ; quantité de chariots étaient restés plusieurs jours attelés, et les Prussiens avaient pris tout le fourrage. Aux descentes, ces malheureuses bêtes s'affaissaient sous leurs cavaliers ou devant les fourgons ; les canons qui roulaient sur elles, les traînaient ainsi jusqu'en bas : on les prenait alors, et on les jetait sur le bord du chemin, où elles périssaient abandonnées.

Toutes les routes, depuis Héricourt jusqu'au Val de Travers, étaient jonchées de chevaux morts. Non moins malheureux, les hommes rôdaient pêle-mêle entre les roues des milliers de chars qui encombraient la voie, ou roulaient en torrent dans la chaussée du chemin de fer ; ce n'était plus une armée, c'était une cohue ; les officiers ne commandaient plus et marchaient en sabots et pantoufles, au milieu des soldats sans chaussures, qui déchiraient des pans d'habit pour emmailloter leurs pieds gelés, et cette neige implacable, qui était tombée sur eux tout l'hiver, s'amassait maintenant sous leurs pieds en poussière glacée, où ils enfonçaient jusqu'aux genoux.

Ils se traînaient ainsi confondus, dragons, lanciers, spahis, turcos et zouaves, mobiles et francs-tireurs, grands manteaux rouges ou blancs, cabans marrons, pantalons garance, vareuses bleues, toutes les coiffures du monde depuis le fez arabe jusqu'au béret béarnais ; tous les dialectes, les accents de France, depuis le vieil idiome de l'Armorique jusqu'aux cris stridents de l'Atlas et du désert : un tumulte de langues, de couleurs et surtout de misères, car cette multitude en fuite, exténuée par un ou deux jours de jeûne, venait de bivouaquer plusieurs nuits dans la neige par 15 degrés de froid ! Les traînards surtout serraient le cœur : ces pauvres mobiles tout jeunes, des enfants trop frêles pour porter le fusil et jetés tout à coup pendant un pareil hiver dans les montagnes !

Note 68

Lieutenant-colonel Rousset. La guerre Franco-Allemande 1870-1871.

II. — Tallandier.

Conclusion (page 479). — « C'est seulement en reconnaissant les fautes commises qu'on peut se préserver d'une rechute.

« C'est en se pénétrant des enseignements qu'elles portent en elles qu'on s'assure de n'y point retomber. L'école du malheur est, de toutes, la plus salutaire, et peut-être devrions-nous la bénir si nous étions assurés que la France, en gardant les yeux du souvenir toujours fixés sur ses deuils et ses infortunes, y puisera la force nouvelle qui lui permettra de regarder avec confiance l'avenir. »

Note 69

Bulletin des Hautes-Alpes.

« Le 28 janvier au soir les Prussiens entrèrent à Saint-Hippolyte... Nous arrivâmes (à Mouillevillers) à minuit, exténués de fatigue. Là, on nous apprit que les uhlans étaient venus dans la soirée et qu'ils reviendraient. Le lendemain matin, nous nous embuscâmes dans un bois pour les attendre. Notre espoir ne fut pas trompé : vers 10 heures, nous vîmes arriver 8 uhlans que nous laissâmes approcher (une centaine de mètres). Nous tuâmes un homme et blessâmes un autre.

« Le lendemain toutes les compagnies se rallièrent à Maiches et le bataillon (des Hautes-Alpes) prit, à gauche, un sentier longeant le Doubs et la frontière suisse ; la marche devenait de plus en plus difficile, car le sol était couvert de plusieurs pieds de neige.

« Le 30,.. la nouvelle de la prise de Paris nous fut annoncée, et on afficha dans toutes les communes une proclamation du gouvernement de la défense nationale annonçant qu'un armistice était conclu entre les belligérants. A cette nouvelle, M. le lieutenant-colonel Bousson, qui ne nous avait pas quittés depuis Pont-de-Roide, résolut de placer les compagnies dans quelques villages environnants pour passer les 21 jours de l'armistice. A cet effet il fit reprendre le 31 janvier aux 4e et 7e compagnies le chemin de Charquemont... A peine y étaient-elles installées que les uhlans se présentèrent à l'entrée du village... Les uhlans lui dirent (à M. le capitaine Guillemot) qu'ils ne connaissaient aucun armistice, que l'armée de Bourbaki, dans l'intention de l'état-major prussien, devait être faite toute entière prisonnière et que bientôt les troupes de Charquemont allaient être attaquées.

« ...M. Guillemot donna l'ordre de se replier sur le Fournet, où il apporta à M. le lieutenant-colonel Bousson ces tristes nouvelles. M. le colonel prit aussitôt ses mesures pour défendre le hameau de la Chapelle de Blancheroche...

Cependant, avant d'en venir à une lutte, il résolut de faire un dernier appel à la conciliation en envoyant un parlementaire auprès des chefs du corps prussien qui nous poursuivaient, M. Ferrary, lieutenant-adjudant-major. Cet officier... tomba au creux de Chargemont dans un poste de uhlans qui le conduisirent auprès du colonel commandant la colonne. Cet officier lui apprit que l'armistice n'était aucunement applicable à la région de l'Est... il n'y avait plus qu'à se défendre. C'est ce que l'on fit.

« ...Les ennemis marchaient sans ordre... La 5e compagnie hésita à tirer sur des hommes pour ainsi dire désarmés.., peu à peu les rangs se rapprochèrent et un instant amis et ennemis fraternisèrent ensemble. Mais bientôt un officier prussien voulut porter la main sur le sabre de M. le lieutenant Aubry et le désarmer. Cet officier fut aussitôt tué d'une balle à bout portant par le garde Amauric ; à ce coup de feu, l'ennemi se recule et commence un feu de tirailleurs très nourri.

« Cette affaire ne nous causa pas de pertes sensibles... l'ennemi perdit de 20 à 30 hommes.

« ...Nous arrivâmes à Villers à minuit.

« ...à 2 heures du matin (1er février) l'ennemi était signalé au Pissoux à 4 kilomètres.

« Le bataillon rassemblé à grand peine, à cause de la fatigue qui ne permettait plus à beaucoup d'entre nous de se mouvoir, traversa le Doubs et atteignit le hameau des Pargots, situé en partie sur le territoire français et en partie sur le territoire suisse. Nous y fûmes rejoints par une compagnie du bataillon des Vosges (la compagnie Grombach vraisemblablement) et par la compagnie de zouaves de Lavallière.

« Le bataillon se reposa toute la journée aux Pargots et le soir... nous retournâmes prendre position à Villers.

« Nous nous y installâmes... une section de la 6e compagnie commandée par M. Peysson, sous-lieutenant, fut placée en grand garde sur la route de Pissoux, une section de la compagnie des Vosges sur celle de Morteau.

« A une heure du matin (2 février), nous fûmes de nouveau réveillés par la marche du bataillon ; l'ennemi venait de surprendre et d'enlever notre grand garde sur la route de Morteau, et il était également signalé sur celle de Pissoux.

« Enfin le bataillon partit pour les Pargots : au même moment, une colonne prussienne débouchait sur la route de Morteau, à 500 mètres

du village, répondait : « Vosges » au cri de « Qui vive » et commençait
le feu, il lui fut répondu assez vivement pour l'arrêter quelques instants.

« Les Prussiens nous forçaient à passer en Suisse, à 4 heures du matin environ, nous étions 800 dont 600 des Hautes-Alpes.

« Le capitaine Guillemot, commandant la 4ᵉ compagnie et M. Aubry,
sous-lieutenant de la même compagnie, purent longer le Doubs avec 60
hommes environ et arriver en vue du fort de Joux. M. Guillemot, avec
15 hommes, put traverser les lignes prussiennes et arriver heureusement
à Gap. »

Note 70

A. Begel. — Souvenirs.

« ...Les plateaux des montagnes du Doubs possèdent des maisons vas-
tes, sans beaucoup de hauteur. La cuisine est la principale pièce et
se trouve toujours au centre. Une grande cheminée qui a jusqu'à 10 mètres carrés donne le jour au milieu de la cuisine. Cette cheminée est
faite entièrement en planches, une grande marmite se trouve dans l'âtre
et sert à fabriquer le fromage de gruyère. De cette cheminée partent toutes les portes vers l'intérieur de la maison. Elle est quelque fois garnie
d'une grande quantité de viande fumée que les francs-tireurs s'em-
pressaient parfois de décrocher en se faisant la courte échelle.

« Du Russey, nous partons vers Morteau et allons coucher dans un
petit village, Derrière le Mont. Les Prussiens nous pourchassaient, sans
nous laisser de repos...

« Nous gagnons les fermes de la Suisse (notre seule issue). Nous
n'étions plus que 60 à la compagnie (6ᵉ).

« Nous arrivons finalement dans une ferme où un garçon venait de
presser le gruyère. Il nous en offrit, ainsi que du pain. Nous étions beaucoup pour partager les quelques miches ! Heureusement, je possédais
encore quelque argent, 14 francs, je crois. Je laisse mon fusil et mon sac
à la ferme. Dans une maison suisse peu éloignée, je demande des effets
en échange des miens. On me donne des vêtements sordides, cirés et râ-
pés. Mes pieds sortaient des souliers.

« Un camarade était avec moi. Nous sortons ensemble. Sur la route la
troupe suisse passait avec des prisonniers qu'elle faisait dans les fermes. A ce moment je vis mon frère, mais il n'eut pas le temps de quitter
ses effets et dut se cacher sur un grenier en attendant le départ des soldats suisses.

« Nous partons, mon camarade et moi, vers le col des Roches. Il ne
possédait pour toute fortune que deux sous suisses. Il me semblait très
borné et me suivait comme un petit chien.

« Arrivé au chemin de fer, je demande au capitaine suisse qui est à
la gare, l'heure du train pour Delle. Il me toisa et me demanda si j'avais
faim. Je lui répondis négativement. Cela ne lui suffit pas. Il me cher-
cha un gros morceau de pain et de la viande.

« Me toisant encore, il me dit que j'étais franc-tireur. Je répondis que
j'étais du 3ᵉ bataillon de la mobile des Vosges. Il ne me crut pas et
me dit que les Francs-Tireurs avaient le droit de circuler trois jours en

Suisse. Puis il me donna un homme pour passer les tunnels. En repassant la frontière, j'eus beaucoup de joie à voir flotter ensemble les drapeaux français et suisses.

« Dans une maison on me refusa l'hospitalité.

« Le Doubs était gelé, ce qui me permit de passer de l'autre côté.

« Dans une scierie, un ancien soldat m'offrit le gîte. En quittant ce brave homme, je suivis le Doubs. Je gagnai ensuite La Chapelle de Blancheroche, village français. Puis je traversai une première ligne prussienne entre Maiche et le Russey. Dans une belle maison où tous pleuraient leur fils qui était soldat, on nous donna une soupe au lait, mais pas de lit. Nous dûmes accepter un réduit à porcs où les loirs nous empêchaient de dormir. Nous étions obligés de nous couvrir la figure pour ne pas être rongés.

« Le 3ª jour, j'arrivai à Ecot où je fus très bien reçu chez le Maire où j'avais déjà couché. Je trouvai là un bon lit. J'étais minable. La vermine commençait à se loger dans mes vêtements ! La neige ne quittait pas le sol. Les sangliers ravageaient les bois de ces montagnes.

« A Colombier Chatelot, je demandai à passer le Doubs. Le passeur voulait nous faire payer. J'avais beau lui dire que j'étais soldat. Mon camarade, qui avait peur de rester sur la rive, monte le premier, pendant que le passeur détachait la barque, j'y saute également, il y avait une perche pour la diriger. Comme j'en connaissais le maniement, je donnai un coup pour m'éloigner du bord. Quand nous fûmes sur l'autre rive, je criai au passeur : « Puisque vous voulez nous faire payer, nous vous donnons cette barque...

Note 71

Lettre de M. Blaison, juge de paix, ancien capitaine de la 5ᵉ compagnie du 3ᵉ bataillon, décédé depuis longtemps, à Monsieur Curien, directeur à Cornimont, ancien sergent-major à la 5ᵉ compagnie, ancien lieutenant adjudant-major au 3ᵉ bataillon.

La Ferté, 15 mai 1897

« ...Mon rôle d'officier commandant une compagnie, ne m'a été rendu facile que grâce à votre concours, qui ne m'a jamais fait défaut ; je me rappellerai toujours avec émotion, combien vous m'avez été utile personnellement et aux hommes de la 5ᵉ et si notre compagnie a été une des mieux disciplinées, il faut vous en adresser tout le mérite... Ceux qui ont rendu d'immenses services, comme vous, n'ont pas été décorés !... Enfin, passons. »

(Fait prisonnier à Cussey le 22 octobre 1870, Monsieur Blaison raconte sa captivité).

« ...Arrivés à Munich, on nous laissa un peu plus de liberté et nous fûmes logés dans un grand hôtel, avec faculté d'aller en ville, mais peu en profitèrent. Je me rappelle que là plusieurs officiers se cotisèrent pour nous offrir du vin du Rhin que je ne trouvai pas fameux.

« De Munich, toujours en chemin de fer, on nous conduisit à Neubourg. A notre arrivée, on permit aux officiers de choisir une ordonnance et ce fut Prix Febvay, aujourd'hui négociant à Bâmont qui vint s'offrir et que j'acceptai. Les autres soldats prisonniers furent casernés. Febvay qui était tailleur, rendit beaucoup de services, il était très heureux d'avoir un peu plus de liberté que ses camarades. Il venait me voir tous les jours et ce fut lui qui confectionna plusieurs habillements qui nous étaient indispensables, car nous n'avions sur le dos que le strict nécessaire. Pour mon compte il me fit une calotte et il répara et confectionna des habillements pour les autres.

« Depuis Cussey, la pluie n'ayant cessé de tomber, nous étions dans un état lamentable en arrivant à Neubourg, parce que nous n'avions aucun effet de rechange. L'autorité allemande nous fit distribuer de grandes capotes grises de soldat qui nous tombaient sur les talons. J'en conservai une et avec la couverture ramassée à Cussey, je pus me garantir du froid.

« Comme j'avais quelque argent sur moi, j'ai pu rendre quelques services à des camarades et m'acheter une paire de bottes et un pantalon.

« La première nuit fut passée dans un ancien château de Neubourg et je couchai dans un lit. Le lendemain on nous mena dans un hôtel pour y recevoir la pension qui devenait à nos frais. Nous devions recevoir une certaine somme pour cela ; les officiers au-dessus du grade de lieutenant avaient je crois 120 francs, les autres 80 francs. C'est donc avec 80 francs par mois que je devais vivre à Neubourg. Nous devions nous procurer notre chambre et je payais pour cela 12 francs par mois. La pension coûtait 60 francs par mois, vous voyez combien nous avions d'argent de reste après avoir payé le blanchissage et le chauffage ! Sans la provision que j'avais, j'aurais été bien à court.

« Il y avait déjà d'autres prisonniers à Neubourg lors de notre arrivée, mais il n'en est plus venu depuis. Il devait s'y trouver plus de cent officiers et de deux cents soldats. Les habitants de Neubourg ne nous étaient pas hostiles et la surveillance des officiers ne nous blessait pas. Les soldats étaient casernés et ne sortaient pas en ville, à l'exception des ordonnances. Nous avons pu faire différentes excursions dans les environs, de 8 à 10 kilomètres, sans être accompagnés. C'est ainsi que dans une des promenades nous avons pu visiter le monument élevé à la mémoire de La Tour d'Auvergne.

« Dès notre arrivée, chacun de nous s'est empressé d'écrire au pays, mais ce n'est qu'au bout de six semaines que nous avons reçu les premières nouvelles. Entre temps j'avais pu apprendre que nos mobiles étaient internés à Landshut. Je me mis aussitôt en communication avec Oscar Géhin qui me donna la liste des mobiles de la 5ᵉ compagnie qui ont été faits prisonniers et qui se trouvaient avec lui à Landshut.

« J'ai reçu de M. Claude (plus tard sénateur), trois lettres et une lettre de la banque Galtier m'adressant 70 thalers (le thaler vaut 3 fr. 75), montant d'une souscription faite par M. Claude, sur cette somme, j'ai envoyé une fois 50 thalers à Oscar Géhin et une autre 7 thalers, 3 thalers à Perrin (sergent, prisonnier à Ulm).

« Nous avons été assez bien traités par les Allemands pendant la captivité, liberté entière en ville, réunion tous les huit jours pour faire acte de présence. Nous nous arrangions comme nous voulions chez les propriétaires où nous étions logés.

« Je suis resté environ trois mois en pension à l'hôtel à 60 francs par mois, mais comme mon argent s'épuisait, j'ai pris pension où j'étais logé et j'ai pu ainsi faire quelques économies qui m'ont permis de tirer jusqu'à mon départ, mais il était temps que cela finît car j'étais à bout de ressources et c'est mon ordonnance Febvay qui par ses économies et par son travail de tailleur a pu m'avancer 100 francs pour mon retour au pays. En arrivant à Saulxures je n'avais plus que 46 sous !

« J'ai fait ce que je pouvais faire étant donné que je n'avais jamais été soldat ; j'ai eu l'heureuse chance de vous avoir comme sergent-major et instructeur et c'est grâce à vos bons conseils et à votre sage administration que la 5ᵉ a été une des meilleures. Vous vous rappelez que j'allais presque tous les jours visiter la cuisine et goûter la soupe. L'ordinaire était bon et la masse se trouvait quelquefois en boni, ce qui nous a permis de donner plusieurs fois du vin aux soldats. Je n'ai jamais manié l'argent de la solde et jamais il ne m'est arrivé de réclamation. Bref, grâce à votre dévoué concours, nous nous sommes mis à niveau. C'est là le meilleur souvenir que j'ai conservé de cette si triste époque. »

Je me rappelle qu'étant à Neubourg, recevant la visite du commandant Brachet, celui-ci me fit voir le carnet des notes qu'il avait tenues sur les officiers et il me fit remarquer que j'avais les meilleures. Cela m'a fait plaisir naturellemnt, mais je m'empressai de lui dire que c'était à vous, vous sergent-major, que je devais en attribuer le mérite, par vos bons conseils et votre manière de conduire la compagnie. Il me promit de ne pas m'oublier si des récompenses devaient être décernées à notre bataillon. C'est tout ce que j'en ai reçu.

« J'ai conservé longtemps la capote que je portais à Cussey et qui portait les traces des balles qui m'étaient destinées, les trous étaient carrés. La première balle traversa ma capote derrière le dos, pendant que j'étais sur la route derrière un peuplier, à proximité de mes hommes. J'eus froid dans le dos et je me garai de mieux en mieux par mon peuplier. J'entendais bien les balles qui venaient s'y aplatir et le lendemain je constatai qu'il en était criblé. La seconde balle est venue en passant le pont, comme je viens de vous le dire.

« Ce fut à Cussey que le lieutenant Méline fut blessé et conduit par les Allemands à Vesoul ; ce fut là qu'il nous apprit qu'il avait été bien soigné par ces derniers. Depuis il a été décoré et nommé percepteur et je ne sais ce qu'il est devenu. Sa décoration était bien méritée car il se trouvait à son poste dans les lignes des tirailleurs. »

Note 72

Lettres de prisonniers en Allemagne.

Albert Perrin, sergent à la 5ᵉ compagnie, à M. le capitaine Blaison, prisonnier à Neubourg.

«Neu Ulm, 10 janvier 1871

Mon cher Capitaine,

« Je suis très heureux de savoir que vous vous portez bien et surtout de vous savoir une captivité plus douce que la mienne. Pour mon compte et pour vous mettre bien au courant de ma position, je vous dirai que la vermine nous mange. Jugez du reste ! Nous n'avons pas plus de liberté que des prisonniers criminels. Nous ne sortons jamais... »

Du même au même :

10 février 1871

« ...Une lettre de l'ami Marion m'informe que, parti de Besançon les premiers jours de janvier avec Bourbaki, le bataillon s'est dirigé sur Belfort. Après plusieurs rencontres, la dernière a eu lieu à Valentigney, où les sous-lieutenants Humbert et Arnoul ont été tués ainsi que trois sous-officiers et plusieurs hommes, sans que les pertes puissent se comparer à celles de Cussey. Il y avait trois compagnies contre 1.500 hommes et depuis ce moment, retraite sur retraite, si bien qu'étant sur le point de rejoindre Lyon, ils ont été surpris la nuit et par conséquent forcés d'entrer en Suisse où Marion se trouve avec André, François, Colin, Choffel, Aptel et Saint-Dizier, seuls de notre bataillon. Il me prie de lui donner l'adresse des autres amis, dans le cas où ils m'écriraient. Ils doivent être en Suisse, mais tellement la presse était grande, il en est entré par tous les côtés. Ils sont assez bien au collège, avec un bataillon des Hautes-Alpes et quelques zouaves, environ 600 hommes. Marion devait passer sous-lieutenant et Curien, capitaine. Chose que j'oublie de vous dire, c'est qu'ils n'ont pas perdu leurs positions pendant leur dernière affaire.

Maintenant parlons de la situation de notre Patrie. Il me semble que la paix, quoique honteuse, est le seul chemin à prendre pour nous, mais pour notre compte nous avons fait notre devoir... »

Oscar Géhin, sergent à la 5e compagnie, à M. le capitaine Blaison, prisonnier à Neubourg.

Landshut, le 26 novembre 1870

« ...Nous sommes logés ici dans la caserne des cuirassiers, au nombre d'environ 1.100 ; de plus 200 malades sont à l'infirmerie ou à l'hôpital. Un mobile de notre bataillon, Louis Charles, de Gérardmer, est mort ; Perrin Alexandre, le cousin d'Albert, est très malade. Je n'ai aucune nouvelle de ce dernier resté à Ulm.

Il y a une quinzaine de jours on a enterré plusieurs hommes des différents corps par suite de maladies ; environ 300 venant de Metz étaient presque tous malades. Mais bref, sur ces tristes nouvelles.

Les sergents André, Resal, Dolmaire, et moi nous avons un Monsieur de la ville qui nous fait sortir de temps à autre jusqu'à 11 heures et minuit. Il nous conduit dans un cercle de la ville où quelques Messieurs parlent français et nous y passons, comme tu le penses, bien des moments qui me rappellent nos après-midi (de Ventron) un peu prolongées par ce mâtin de Bichtour (jeu de cartes local).

« Sous le rapport de la nourriture, nous sommes assez bien, on a le café avec un petit pain le matin, à midi le bouillon avec des pommes de terre et une portion de bœuf très bon et un pain d'une livre. Cette nourriture ne suffit pas à beaucoup de prisonniers, mais on s'aide l'un l'autre. Nous donnons la moitié de notre pain, car le soir à

6 heures nous sommes dix auxquels la dame du maître sellier des cuirassiers prépare à manger et moyennant 20 kreusers (0 fr. 50) par repas, nous sommes bien. Nous prenons le plus possible de distractions car, enfermés comme nous le sommes, cela n'est pas très amusant et l'on a ses moments d'ennui, comme vous devez les avoir aussi.

Du même au même :

11 décembre 1870

« ...Il y a des mobiles de l'Yonne qui ont reçu demi-solde, 15 sous par jour les hommes, 1 franc les caporaux, 1 fr. 50 les sergents. Si seulement le commandant pouvait obtenir cela pour nos hommes qui sont si mal équipés et il fait bien froid, en ce moment ils ne peuvent sortir de l'écurie, tellement ils sont mal habillés. Quelques personnes charitables de la ville les aident, mais elles n'en peuvent faire assez.

« Notre vie est toujours aussi monotone, nous sommes un peu plus tenus qu'avant parce que trois se sont évadés et l'on est très sévère. On renvoie, paraît-il, tous les blessés incapables de reprendre du service, il y en aura passablement.

« Le bonjour de ma part et celle des hommes de la compagnie à Febvay, en attendant que je lui réponde. Picard, Valroff te donnent bien le bonjour, moi aussi à Colle, à Pottecher et à Pierre.

« C'est le Préfet d'Auxerre qui a envoyé cette solde à ceux de l'yonne ; s'il y avait encore un Préfet dans les Vosges, on pourrait parfaitement obtenir quelque chose en écrivant à Claude. »

(Monsieur Claude, plus tard sénateur des Vosges, a fait le possible pour venir en aide à ses compatriotes. C'est un nom que les Vosgiens ne doivent pas oublier).

Du même au même :

Landshut, 15 décembre 1870

« Mon cher Blaison.

« J'ai reçu ta lettre. Je t'avais demandé de l'argent, mais je suis bien content que tu ne m'en aies pas envoyé ; je viens de recevoir 50 francs que j'ai réclamé à quelqu'un de chez moi.

« Tu me dis que les nouvelles de la guerre sont très inquiétantes, mais ici nous les trouvons très bonnes, les sorties de Paris ont eu un grand succès, nous avons en ce moment grande confiance en l'avenir et nous voyons ici les Bavarois faire une mine très allongée ; on dit même qu'un de leur bataillon, se voyant toujours en avant, aurait fait feu sur les Prussiens à Champigny. Sais-tu que les mobiles des Vosges et les Francs-Tireurs ont remporté une brillante victoire à Nuits en Bourgogne ? C'est Monsieur Mandelert, de Bellelay, en Suisse, le cousin de Gustave Valroff, qui vient de lui écrire et de lui envoyer un journal... »

Du même au même :

Landshut, le 20 décembre 1870

« Mon cher Blaison,

« J'ai reçu ta lettre ce matin, heureusement, elle était un peu brève (je veux dire par là que tu ne me parlais pas de politique) car voici deux jours qu'Ils se sont mis en tête de les décacheter toutes !

« Gustave Valroff vient de prendre les noms et la commune qu'habitent nos mobiles du canton de Saulxures, tous ont besoin d'effets ou d'argent, je ne dis pas qu'ils n'aient des parents dans une position passable, mais en tous cas ils sont très mal mis et ne peuvent sortir. Nous venons à l'instant de faire l'appel, nous deux, le sergent-major Pilet, un très bon garçon, de la garde mobile en général et des civils, mais quel triste appel ! Fleurent, de la 4ᵉ compagnie, je crois, est mort ce matin, beaucoup d'autres, peut-être, 4 sur 30 malades de fièvre, scorbut et plusieurs cas de variole. Comment veux-tu ? Entassés dans une écurie remplie de vermine, plus de place à l'hôpital ni à l'infirmerie ! Il y en a un qui est resté à l'écurie et dont les boutons de variole sont très gros ! Tout cela n'est pas gai ! Heureusement que nous avons cette bonne pension dont je t'ai parlé, nous y sommes toute la journée et le soir je rentre dans l'écurie où nous sommes une trentaine de sergents ; dans l'écurie de la mobile qui est plus grande, ils sont 300 à quatre rangées de paillasse et puis des poux !... Je n'ose y mettre les pieds, comme nous disons dans les Vosges. Il fait ces jours-ci un temps très mauvais et la cour du quartier est comme un vrai lac, ce qui fait qu'on ne peut se promener que dans les couloirs.

« Mes amitiés au capitaine Colle, au lieutenant Pottecher et à Monsieur Grandjean, j'avais oublié que lui aussi était en captivité. Merci mille fois d'avoir pensé aux mobiles du Canton, grâce à Monsieur Claude, j'espère que tes peines ne seront pas infructueuses. »

———

Du même au même :

Landshut, 7 janvier 1870

« Mon cher Blaison,

« J'ai bien reçu ta lettre nᵒ 5 et je vais immédiatement m'inquiéter des hommes auxquels il manque les choses les plus urgentes et lorsque j'aurai reçu l'argent, j'irai voir le médecin et lui demander ce que je pourrais acheter qui soulagerait nos pauvres malades et avancerait leur guérison ».

———

Du même au même :

Landshut, 12 février 1871

« Mon cher Blaison,

« Je reçois à l'instant les 50 thalers, montant de la souscription que Monsieur Claude a bien voulu faire.

« Je viens de réunir les mobiles du canton de Saulxures, tous ont suffisamment d'effets, sauf cinq dont j'ai pris les noms et les besoins. Nous avons, il y a trois jours, reçu une grande quantité de linge en tout genre, venant de France, et du drap rouge de Strasbourg, pour faire des pantalons. On en distribue aux plus pressés. Ils m'ont manifesté le désir, ayant dépensé de leur argent pour se procurer du linge, de toucher de temps à autre quelque peu d'argent, la nourriture leur étant insuffisante (ils ont la soupe et le bœuf une fois par jour à midi et du café noir le matin, c'est tout). Dis-moi donc si cela peut se faire, je donnerai à ceux qui ne touchent point de linge, une dizaine de kreusers chaque 5 ou 10 jours.

« Je regarderai d'abord attentivement si vraiment ils ont tous maintenant au moins 2 chemises, en ayant acheté une lorsqu'ils ont reçu de l'argent. Je leur achèterai selon leurs besoins. Faut-il donner quelque chose à ceux qui reçoivent passablement d'argent de chez eux, comme Perrin Alexandre ?

« Je vais acheter immédiatement une chemise en laine à un des nôtres qui est à l'hôpital et qui n'en a point du tout en sortant. On leur en donne chaque huit jours, étant malades.

« Les nouvelles de France sont désastreuses : Bourbaki recule en Suisse et Faidherbe, dans le nord, acculé en Belgique. »

Du même au même :

Landshut, le 10 février 1871

« Mon cher Blaison,

« J'ai reçu hier ta lettre du 5. J'ai rassemblé les hommes auxquels j'ai donné à chacun un thaler provisoirement ; ils peuvent, avec cela, s'acheter les effets qui leur manquent, à très bon marché, des autres hommes qui vendent ce qu'ils ont de trop. J'aurais pu acheter quelques tricots en ville, mais nous ne pouvons plus sortir qu'en groupe et hors de la ville, à cause de la petite vérole.

« J'oubliais de te dire que les mobiles m'avaient vivement remercié, ils sont tous très contents ; ils ont touché des pantalons aussi ces jours-ci. Ils te remercient infiniment et te prient de remercier Monsieur Claude pour eux, ils lui sont très reconnaissants. Je leur ai bien recommandé de garder cet argent pour manger quelque chose le soir, cela leur évitera bien des maladies qui sont venues au commencement faute de nourriture assez confortable et ce n'était pas avec 4 kreusers qu'ils pouvaient se suffire. Dis-moi si je dois continuer à leur donner de temps à autre quelques thaler tout en achetant ce dont ils auront besoin, mais à présent ils sont mieux et il n'y a plus qu'un malade.

« Je ne sais si tu es comme moi, mais je suis très impatient d'avoir des nouvelles de chez moi. Voilà un mois que je n'ai rien reçu, il me tarde de savoir si nous aurons paix ou guerre, après la justice.

« Il paraît qu'à Vagney, la mère Robert a été rouée de coups par eux et qu'elle en est morte ! Son mari a été battu aussi jusqu'au sang, ils voulaient mettre le feu à la maison, si la population ne s'était pas interposée. Tout cela pour un soufflet que Madame Robert a donné à un officier qui venait l'ennuyer dans sa cuisine.

« A Bussang aussi il s'est passé de semblables scènes ! Ils ont coupé toutes nos communications avec l'Alsace !

« Adieu, mon cher Blaison, merci encore une fois de ton dévouement pour tes compatriotes. Gustave se joint à moi pour te serrer bien cordialement la main.

Ton ami dévoué

Oscar Géhin. »

Du même au même :

Landshut, le 28 février 1871

« Mon cher Blaison,

« Je crois que nous approchons de la fin et ce n'est pas malheureux ; qu'en penses-tu ? Nous allons bientôt tenir une de ces bonnes bouteilles de vin qui nous fera tressaillir, comme si nous sortions du tombeau. Autant de jours passés en Bavière, autant pour nous de joies qui ne comptent pas dans la vie et il faudra donc rattraper cela en rentrant et au plus vite !

« Sais-tu que Claude est nommé de la Constituante ? Je l'ai appris avec grand plaisir, à mon avis c'est celui qui convient le mieux sous tous les rapports.

« Fais bien mes amitiés à Colle le capitaine, à Pierre et à Pottecher et reçois de cœur une bonne poignée de mains en attendant de pouvoir le faire réellement.

Ton ami dévoué
O. Géhin. »

Copie d'une lettre du caporal Emile Fleurot, de la 1re compagnie.

Rastadt, le (je ne sais pas) février 1871. Baraque n° 2, 6e bataillon, 5e compagnie.

« Mes chers parents,

« ...Nous sommes quatre du Val-d'Ajol : Jules Gury, de Clairegoutte, Fleurot, dit Chaput, de Larrière et Alexandre Amand (la Blonde).

« Les bonnes gens de l'Alsace nous ont donné un peu de tout au passage...

« Voici comment nous sommes ici : En partant de Besançon, nous avons suivi l'armée de Bourbaki, toujours en longeant la rive gauche du Doubs, sans nous battre... excepté les quatre dernières compagnies qui ont eu un petit engagement, où nous avons laissé 8 hommes, dont le pauvre Humbert, frère de notre bon abbé Humbert, du Val-d'Ajol. L'armée de Bourbaki ayant battu en retraite, on nous a laissé d'arrière-garde avec notre pauvre bataillon déjà bien décimé, alors nous nous sommes traînés, cernés, traqués, entre Maiche et Morteau, sur la frontière suisse.

« Lorsqu'on nous a dit qu'il y avait un armistice de 21 jours, il faisait nuit ; tous quatre nous nous sommes couchés dans une chambre. L'ennemi n'ayant pas accepté l'armistice, nos compagnies sont parties sans nous, de sorte que nous avons été pris bien facilement... »

Bibliographie et Sources de Renseignements

Ouvrages imprimés :

Commandant Palat. — *Bibliographie générale de la Guerre 1870-71.*

Colonel Stoffel — *Rapports militaires.* (Garnier frères).

Grand Etat-Major Prussien. - *La Guerre Franco-Allemande.*

Capitaine Dumas. — *La Guerre sur les Communications Allemandes.* (Berger-Levrault).

Commandant Euvrard — *La première armée de l'Est.* (Lavauzelle).

Commandant Grenest. — *L'Armée de l'Est.* (Garnier frères).

De Freycinet. — *La Guerre en Province.*

Bouvier. — *Biographies (1889).*

Jouve. — *Dictionnaire biographique des Vosges (1897).*

Commandant Brisac. — *Journal de Marche du 2ᵉ bataillon de la Meurthe.*

Lieutenant Diez. — *Le combat de Nompatelize.* (Lavauzelle).

— *Ce qu'il faut savoir de l'Armée Allemande.* (Lavauzelle).

Thiaucourt. — *Le Livre d'Honneur de l'Arrondissement de Remiremont.* (Mougin).

Secrétan. — *Campagne de l'Est.* (Fischbacher).

Major Dawal. — *Les troupes françaises internées en Suisse.* (Berne-Fala. 1873).

Bardy. - *Saint-Dié pendant la guerre.* (Humbert, Saint-Dié).

Général Ambert. — *Gaulois et Germains.*

Lœhlein. — *L'Armée de Werder.*

Un officier de chasseurs à pied — *Les Vosges en 1870.*

Merlin. - *Souvenirs d'un Volontaire.* (Huguenin, Epinal).

W. Filippi. — *Dépêches télégraphiques du roi de Prusse à la reine Augusta.*

Mégeat. — *Combats de la Bourgonce et de Rambervillers.*

Estignard. — *Notes journalières.*

Ch. Beauquier. - *La Guerre de 1870-71.* (Lemerre).

Abbé Barret. — *Le dernier mot sur le combat de Cussey.*

Droz. — *Notice historique sur la bataille de Cussey.*

Bulletin de la Société d'Etudes des Hautes-Alpes.

Ardouin-Dumazet. — *Le colonel Bourras.* (Berger-Levrault).

Journal *La France.* — *Le Dossier de la Guerre de 1870.* (Garnier frères).

Publications de la Société Gambetta.

Cremer et Poulet. — *Campagne de l'Est.*

Journaux et Revues :

Le Temps, le Messager du Soir, l'Indépendance Vosgienne, l'Industriel Vosgien, le Journal des Vosges, l'Indépendant Rémois, les Droits de l'Homme, les Marches de l'Est, la Révolution dans les Vosges (Epinal), *la Revue de Paris.*

Docteur Wasserfuhr. — *Quatre mois dans un train sanitaire,* traduit par le Dr Morache. (*Annales d'Hygiène et de Médecine légale,* t. 37, 1872).

Manuscrits :

Eugène André. - *Mémoires.*

Héloïse Remy (Sœur Julie). — *Invasion à Stenay.*

Martin, instituteur à Uxegney. — *Notes.*

Notes d'un Mobile de la 3e Compagnie du 3e Bataillon.

Lettres d'un forestier.

A. Bégel. -- *Souvenirs.*

Lettres de divers anciens combattants.

ERRATA

Page 16, 26e ligne, au lieu de : 11 Février 1813, il faut lire : *11 Février 1831.*

Page 21, dernière ligne, au lieu de : 1er Septembre 1848, il faut lire : *1er Septembre 1841.*

Page 95, 9e ligne, au lieu de : Haute-Saône, il faut lire : *Haute-Marne.*

Page 119, 25e ligne, au lieu de : numéro 1, il faut lire : *n° 2.*

Page 161, 14e ligne, au lieu de : Febvey, il faut lire : *Febvay.*

Page 177, 19e ligne, au lieu de : mobiles, il faut lire : *mobilisés.*

Page 189, 7e ligne, au lieu de : note n° 63, il faut lire : *note 65.*

Page 204, dernière ligne, au lieu de : presque, il faut lire : *jusque.*

Page 214, 25e ligne, au lieu de : mérite, il faut lire : *mérité.*

POSTFACE

1914-1915

LA GUERRE AU JOUR LE JOUR

Les dernières épreuves de ce livre étaient corrigées et il allait paraître quand brutalement l'Empereur d'Allemagne a déclaré la guerre à la France.

L'Imprimerie Vosgienne étant fermée, ce n'est qu'après un an que le travail a pu être repris. Mais l'Imprimerie des Arts Graphiques à Nancy, qui devait reproduire des plans, des photographies, des tableaux intéressants, ne pouvant ouvrir ses ateliers qu'après la guerre, je me vois contraint de ne publier que le texte seul, du moins pour le moment.

À ce texte, je joins un résumé des événements qui se sont passés pendant la première année de guerre.

Chacun selon ses forces, ses moyens, doit contribuer à la défense de la Patrie. « Nul, quand la Patrie est en danger, ne peut refuser son service sans être déclaré infâme et traitre à la Patrie. »(DANTON).

C'est travailler pour la France que dire ce qu'elle a fait, ce qu'elle a souffert, ce qu'elle doit faire, ce qu'elle fera ; que relater les crimes allemands afin d'en éviter la continuation, et, plus tard, le renouvellement.

Ces notes sur 1914-1915, écrites à la hâte, au jour le jour, contiennent des lacunes, des erreurs. Le lecteur voudra bien m'excuser.

Ainsi que je l'ai écrit, l'Empereur, le parti militaire et les hobereaux prussiens, le gouvernement allemand attendaient une occasion favorable et cherchaient un prétexte pour nous amener à déclarer la guerre comme en 1870, pour se ruer sur notre pays.

En 1914, la France, à la suite du vote de la loi militaire de 3 ans, réorganisait son armée. La mise en état de notre artillerie n'était pas terminée. Notre service sanitaire, bien que très supérieur à celui de 1870, était à compléter. Notre marine militaire, nos avions de guerre étaient insuffisants. L'Allemagne enfin, bien à tort du reste, croyait les Français affaiblis par des divisions intestines, amollis par les propos enfantins ou mensongers de pacifistes à tout prix, incapables de se défendre, de résister à un brusque envahissement de l'Est et du Nord de la France, à une marche triomphale sur Paris, à la dévastation des pays et des villes occupés. L'Allemagne voulait la ruine, l'anéantissement complet de la France, l'annexion d'une grande partie de son territoire, de toutes ses colonies, un écrasant impôt de guerre, l'annexion de la Belgique, du Luxembourg, de la Hollande, voire de la Suisse, l'affaiblissement de l'Angleterre et de la Russie, l'asservissement de l'Italie, de l'Autriche-Hongrie, de la Turquie, des peuples balkaniques, même de l'Espagne, du Portugal et de leurs colonies, la domination, non seulement sur l'Europe, mais sur le monde : *Deutschland, Deutschland über alles in der velt*. Allemagne, Allemagne au-dessus de tout dans le monde.

Le 28 juin 1914, l'assassinat à Serajevo, capitale de la Bosnie-Herzegovine, pays balkanique annexé contre tout droit à l'Autriche-Hongrie, du prince héritier d'Autriche-Hongrie et de sa femme par Prinzip, jeune homme âgé de 19 ans, est le prétexte dont vont se servir l'Empereur Guillaume II, le prince héritier, le gouvernement allemand, pour déchaîner sur l'Europe une guerre effroyable.

Sachant que la Russie ne pourra abandonner la Serbie, le 23 juillet 1914 le vieil Empereur d'Autriche-Hongrie, François-Joseph, obéissant à Guillaume II, lance au gouvernement serbe un ultimatum menaçant, prétendant que l'assassin de l'archiduc héritier est d'origine serbe et que ce sont les Serbes qui ont provoqué l'assassinat. Devant la menace, la petite Serbie cède. L'Angleterre, la France, la Russie, l'Italie, font tous leurs efforts pour empêcher un conflit. Mais Guillaume II, qui commande à Vienne, veut la guerre. La paix dépend de l'Empereur d'Allemagne. Loin d'empêcher la guerre, Guillaume II fait tout pour la provoquer. Malédiction !

Le 28 juillet au soir, le gouvernement Austro-Hongrois informe les puissances que « son intervention pour aujourd'hui, à l'égard de la Serbie, a un caractère effectif ».

Le président de la République Française, le président du Conseil sont en Russie. Les gouvernements Allemands et Autrichiens espèrent que l'absence des chefs de l'Etat va mettre la France dans l'embarras.

Samedi 1er août 1914. — L'Allemagne déclare la guerre à la Russie.

Le même jour à 4 heures de l'après-midi, l'ordre de mobilisation générale est affiché dans toute la France.

L'Italie proclame sa neutralité.

Dimanche 2 août. — Les troupes allemandes violent la frontière française à Long-la-Ville, à Bertrambois (Meurthe-et-Moselle), à Petit-Croix, à Suarce, à Joncherey, près Belfort, et sur d'autres points du territoire, blessant des Français, en emmenant d'autres en captivité.

Le même jour, les troupes allemandes envahissent le grand duché de Luxembourg, dont la neutralité a été garantie par la Prusse.

Le même jour, à 7 heures du soir, l'Allemagne somme le gouvernement belge, dont la neutralité est également garantie par les grandes puissances, Prusse comprise, de laisser passer ses troupes par le territoire belge.

Lundi 3 août, à 6 h. 45 du soir, le baron de Schoën, ambassadeur d'Allemagne à Paris, remet au président du Conseil la déclaration de guerre de l'Allemagne à la France. L'ambassadeur allemand quitte la France par un train spécial mis à sa disposition. M. Cambon, ambassadeur de France à Berlin, regagne difficilement la France et est l'objet de nombreuses vexations allemandes. L'ambassadeur de Russie à Berlin, le personnel de l'ambassade, des consuls russes et français sont molestés. L'impératrice douairière de Russie, elle-même, est en but aux tracasseries allemandes. Les civils français, anglais, russes, en Allemagne, sont l'objet de vexations de toutes sortes.

La Belgique repousse l'ultimatum allemand. Elle fait appel à l'Angleterre et à la France pour la défense de sa neutralité. Albert Ier, roi des Belges, se met à la tête de ses troupes qu'il ne quittera plus. Le même jour, la Belgique est envahie, une fois de plus Guillaume II a forfait à l'honneur. Les troupes allemandes pénètrent en Belgique par Visé, frontière germano-belge. Dans la nuit du 3 au 4 août, Visé, défendu par le 12e régiment de ligne belge, est détruit par les Allemands qui tirent sur des civières transportant des blessés, fusillent des civils sans défense, pillent et incendient la ville. Les atrocités ne font que commencer. Plus cruels qu'en 1870 les Allemands vont, par ordre, commettre les crimes les plus effroyables : pillages, vols, destruction, incendies, assassinats, viols.

A la Chambre des Communes, M. Edward Grey déclare que l'Angleterre protégera la Belgique.

Mardi 4 août. — Le Parlement français acclame le message du président de la République, proclamant l'Union étroite de tous les Français.

L'Angleterre déclare la guerre à l'Allemagne.

L'Allemagne déclare la guerre à la Belgique le 4 août, à 8 h. 30 du soir.

Mercredi 5 août. — Sous les ordres du général Leman, que les Allemands vont tenter d'assassiner, les Belges défendent Liège avec héroïsme.

Jeudi 6 août. — L'Autriche-Hongrie déclare la guerre à la Russie. Les premiers soldats anglais débarquent sur le continent.

Vendredi 7 août. — Les troupes françaises entrent à Altkirch, Alsace. Après un violent combat, nous nous emparons des cols du Bonhomme et de Sainte-Marie-aux-Mines.

Samedi 8 août. — Nous pénétrons à Mulhouse, pour nous replier en arrière de cette ville le lendemain.

Dimanche 9 août. — Les Allemands pillent, puis incendient le village d'Affléville (Meuse) et assassinent plusieurs civils sans aucun motif. Dans l'Ouest-Africain, nous occupons le Togo allemand.

Les 10 et 11 août, nous remportons des succès à Mangiennes, au nord de Verdun. La présence de troupes autrichiennes est constatée parmi les troupes allemandes qui combattent contre nous.

Mardi 11 août. — Le comte Szecsen, ambassadeur d'Autriche-Hongrie à Paris, reçoit ses passeports.

Mercredi 12 août. — L'Angleterre et la France déclarent la guerre à l'Autriche-Hongrie. L'Allemagne et l'Autriche-Hongrie sont en guerre avec la Serbie, la Russie, la Belgique, l'Angleterre et la France. L'Italie, l'Espagne, la Suisse, la Hollande, les Etats-Unis d'Amérique, les Républiques Sud-Américaines, restent neutres. Le Japon se prépare à soutenir son alliée, l'Angleterre, et à chasser les Allemands d'Extrême-Orient. En France la mobilisation se fait d'une façon méthodique et régulière. L'entrain des troupes est superbe. Leur moral est excellent. Que nous sommes loin de 1870 !

Bombardement de Pont-à-Mousson. Les Belges remportent une victoire à Haelen (Limbourg belge).

Jeudi 13 août. — Victoire russe en Galicie ; victoire serbe en Bosnie.

Vendredi 14 août. — Nous occupons le col de Saales et le Donon (Vosges).

Samedi 15 août. — Nos troupes entrent à Thann. Le *Bulletin des Armées de la République* est fondé. Il est destiné aux combattants. Pendant que les Européens s'entretuent, les Américains célèbrent l'ouverture du canal de Panama, œuvre de géant commencée par la France.

Dimanche 16 août. — Les Français reprennent Blamont, Cirey, Sainte-Marie-aux-Mines, Dannemarie. Ultimatum du Japon à l'Allemagne.

Mercredi 19 août. — Les Français réoccupent Mulhouse. En Belgique les Allemands sont à Louvain et marchent sur Bruxelles. Succès des Russes et des Serbes.

Jeudi 20 août. — Mort du pape Pie X. Atrocités allemandes à Nomeny (Meurthe-et-Moselle).

Vendredi 21 août. — En Lorraine annexée, après la bataille de Morhange, les Français se retirent et couvrent Nancy. Commencement de la bataille de Charleroi entre les armées franco-anglo-belges et les armées allemandes. Occupation de Bruxelles par les Allemands.

Samedi 22 août. — Charleroi, pris et repris, est aux mains des Allemands.

Dimanche 23 août. — Nous évacuons le Donon et le col de Saales ; à Lunéville les Allemands fusillent des habitants inoffensifs et incendient des maisons. Le Japon déclare la guerre à l'Allemagne.

Lundi 24 août. — Dinant et Namur sont pris par les Allemands. L'armée franco-anglaise gagne la frontière française. Les Allemands entrent à Gerbéviller (Meurthe-et-Moselle) incendient des maisons, commettent toutes sortes de crimes.

Mardi 25 août. — Nous évacuons Mulhouse. Les Allemands s'emparent de Sedan et de Raon-l'Etape. Nouveaux crimes. Malines est aux mains des Allemands, après avoir été bombardé, pillé, incendié. Les alliés continuent à se replier tout en combattant.

Mercredi 26 août. — Le ministère est remanié : MM. Viviani, président du Conseil ; Millerand, guerre ; Ribot, finances ; Briand, justice ; Delcassé, affaires étrangères ; Sembat, travaux publics ; Guesde, ministre sans portefeuille. Le général Galliéni est nommé gouverneur-militaire de Paris et commandant de l'armée de Paris. Par ordre l'université et la bibliothèque de Louvain sont détruites par les Allemands. Dans les Vosges, nos troupes se replient sur Saint-Dié qui est bombardé par les Allemands. La bataille est engagée vers Saint-Dié du col du Bonhomme que nous occupons jusque sur les territoires de Taintrux (Rougiville), Saulcy, Saint-Léonard.

Jeudi 27 août. — Nous regagnons du terrain à l'est de Nancy, Longwy capitule. Dans le Nord notre retraite continue.

Vendredi 28 août. — Louvain est incendié, pillé, détruit par les Allemands, des hommes, des femmes, des enfants sont emmenés en captivité, des otages sont fusillés. Nos troupes se replient sur l'Aisne, mais nous progressons en Lorraine. A Londres, paraît un Livre Blanc qui reproduit cette phrase, adressée le 4 août, après 7 heures du soir, à Berlin, à l'ambassadeur d'Angleterre, par le chancelier de l'Empire allemand : « Comment pour un mot, pour le mot *neutralité*, pour un simple morceau de papier, la Grande Bretagne va faire la guerre ! »

Une fois de plus, ce mot « morceau de papier » établit l'effroyable mentalité teutonne. Victoire navale des Anglais devant Héligoland, dans la mer du Nord.

Samedi 29 août. — Combats à Mézières, Laon, La Fère, Signy l'Abbaye.

Dimanche 30 août. — La classe 1914 est appelée. Un taube sur

Paris lance des bombes et fait trois victimes. L'armée française se replie sur l'Oise.

Lundi 31 août. — L'armée française continue la retraite. La bataille reprend à notre aile droite, dans les Vosges et en Lorraine. Deuxième taube sur Paris, dégâts insignifiants. Les Serbes et les Monténégrins tiennent tête aux Autrichiens. Les Russes gagnent du terrain en Galicie où les Austro-Hongrois subissent de grosses pertes, et en Prusse orientale.

Je voudrais pouvoir citer les atrocités allemandes en Alsace, en Lorraine, dans les Vosges, dans le Nord, en Belgique, pendant ce premier mois de guerre, mais il faudrait, non pas un, mais plusieurs énormes volumes. Quelques citations :

Le 8 août, à Bouveilles, un cavalier allemand achève à coups de revolver un chasseur français blessé.

Le 9 août, à Warsage (Belgique), 14 habitants sont emmenés au camp allemand ; cinq d'entre eux sont immédiatement fusillés, un aliéné l'est également ; deux autres habitants sont pendus. (Le *Temps* 14 août). A Velm, près de Saintroud (Belgique), les Allemands incendient les fermes et prennent les paysans comme otages avec l'intention de les placer devant eux si les Belges attaquaient. Ils assassinent un paysan dans sa maison ; cinq ouvriers sont massacrés dans les champs ; deux paysans réquisitionnés comme guides sont fusillés sur place (même journal, même numéro). A Linsneau (Belgique) deux habitants sont passés par les armes ; dans une maison les uhlans égorgent un homme et une femme, incendient la maison et jettent les cadavres dans les flammes ; ils incendient dix fermes, tuent encore deux personnes, pillent les autres maisons ; dix habitants sont attelés aux mitrailleuses, quelques uns ne pouvant suivre sont attachés par les pieds leur tête heurtant le pavé. Dans un village voisin, trois hommes sont fusillés. (Le *Matin* 15 août, d'après l'*Indépendance Belge*).

En Belgique, les Allemands enlèvent les caisses communales, saisissent les fonds des agences de la Banque Nationale, exécutent des militaires prisonniers, tirent des coups de feu contre des ambulanciers (Le *Temps* 15 août). Dès leur arrivée à Bruxelles, les Allemands imposent à la capitale une contribution de guerre de 200 millions. A la bataille de Liège des soldats allemands tuent un médecin belge qui, avec ses deux fils, relevait les blessés, et tirent sur un convoi d'ambulance passant à proximité. Le colonel du 11ᵉ de ligne belge tombe frappé d'une balle à la tête ; les Allemands l'achèvent. (Le *Temps* 17 août). A Andenne, toujours en Belgique, les 19, 20 et 21 août, les Allemands brûlent, pillent, détruisent. Des hommes, des femmes, des enfants sont assassinés, et le 29 août, les brutes organisent une fête : La Paix d'Andenne, obligeant les habitants à prendre part à leurs orgies.

Dès la déclaration de guerre, on évacue le sanatorium de Francfort, occupé notamment par des Russes, dont plusieurs venaient d'être opérés. Une femme, qui venait d'accoucher, est envoyée à Berne où elle arrive mourante. L'enfant est mort en route. (Le *Temps* 15 août).

Le 12 août, le maire d'Igney (Meurthe-et-Moselle) est fusillé par les Allemands, comme toujours sans motif.

Dans la région de Belfort, un grand nombre de blessés sont traités avec la dernière sauvagerie. Les Allemands les ont déshabillés, poussés en avant de leurs lignes en les exposant, presque nus, aux balles françaises.

A Magny, un enfant de 7 ans s'amusant à mettre en joue une patrouille avec son fusil de bois est fusillé sur place.

Un détachement d'infanterie bavaroise s'est livré, dans le bassin de Briey, à des actes de pillage et de violence non seulement contre des citoyens français, mais encore contre des sujets italiens. L'un d'eux a été blessé mortellement. Les habitations ont été pillées, les denrées alimentaires enlevées, l'argenterie dérobée. (Le *Temps* 17 août).

M. et Mme Guillon se trouvaient à Holberg, au bord de la Baltique, les Allemands les arrêtent. A Hanovre, Mme Guillon prononce quelques mots d'anglais, les policiers les traînent au poste. M. Guillon, indigné, crie : « Vive la France ! ». Deux jeunes français qui assistaient à cette scène, indignés eux aussi, poussent le même cri. M. Guillon et ses deux compatriotes sont placés de force contre la devanture d'un magasin et fusillés. La fureur des soldats et des policiers ne connaît plus de bornes, on arrache des bras de sa mère pour le précipiter brutalement sur le sol un enfant de 3 ans, sur le béret duquel se détachait l'inscription « France ». (Le *Matin* 18 août).

A Blamont (Meurthe-et-Moselle), toujours sans aucune raison

et sans avoir été provoqués, les Allemands mettent à mort trois personnes, dont une jeune fille et un vieillard de 86 ans, M. Barthélémy, ancien maire de Blamont. (Le *Temps* 18 août).

En Belgique, des brancardiers amènent des blessés à l'ambulance. Parmi eux un officier français et un officier allemand. Les infirmières de la Croix-Rouge française s'empressent d'abord auprès de l'officier français. Le prussien furieux prend son revolver, tire dans le groupe de femmes et blesse grièvement deux infirmières. (Commandant C. 19 août).

Infirmières de la Croix-Rouge, ne laissez pas entrer à votre ambulance un allemand armé, même d'un canif, surtout un officier prussien.

Dans les cantons de Badonviller, Cirey et Blamont, des femmes, des jeunes filles, des vieillards sont assassinés, sans aucune raison, sans le moindre prétexte : des maisons sont incendiées systématiquement par les troupes allemandes. Ici, dès l'arrivée ; là, au moment de la retraite. A Badonviller, onze personnes sont assassinées, dont la femme du maire ; 78 maisons sont incendiées avec du pétrole ou des cartouches spéciales ; après le pillage de la ville, l'église a été canonnée et démolie. Quinze otages, dont le juge de paix, sont emmenés le 13 août.

A Bréménil, cinq personnes sont assassinées dont un vieillard de 74 ans : un homme, blessé il y a quelques jours, alité, est brûlé dans sa maison avec sa mère, âgée de 74 ans. Le maire a l'épaule traversée d'une balle. Parux n'est plus qu'un monceau de ruines. Presque toutes les maisons sont incendiées, non par les boulets pendant un combat, mais par des soldats, dès leur arrivée, avec des cartouches spéciales. A Blamont, la chocolaterie a été saccagée et pillée. (M. Mirman, préfet de Meurthe-et-Moselle, rapport au ministre de l'Intérieur. Le *Matin* 19 août).

J'arrête pour le moment ces citations par celle-ci du *Temps*, du 20 août : « Le dépouillement des lettres écrites par les soldats allemands a permis d'établir, par de nouvelles preuves absolument irréfutables : 1º que l'incendie des villages a été une mesure générale ; 2º que les mises à mort des habitants ont été également une mesure générale ; 3º que ces atrocités ont été commises dans des localités que défendait l'armée française, c'est-à-dire que les coups de fusils ont été tirés par elle et non par les habitants ; 4º l'ordre d'exécution a été donné par le commandement, colonels, commandants de corps ».

Mardi 1er septembre. — L'ennemi marche sur Paris. Plus d'un million de Parisiens, pris de panique, quittent ou vont quitter la capitale. Pour les femmes et les enfants, c'est bien. Malheureusement pour leur honneur, heureusement pour ceux qui restent, un certain nombre d'hommes fuient devant le danger. Après la guerre les Français sauront reconnaître, éviter, écarter des honneurs et des fonctions électives et publiques, les mauvais français qui n'ont pas fait leur devoir. Paris est calme. Succès de l'armée anglaise près de Compiègne. Un taube survole Paris.

Mercredi 2 septembre. — L'ennemi atteint Compiègne, pille et incendie Senlis, y fusille le maire, M. Odent, et des otages. Trois taubes survolent Paris. Les Autrichiens sont défaits en Galicie. Saint-Pétersbourg prendra le nom russe de Petrograd.

Jeudi 3 septembre. — Le président de la République qui a quitté la veille Paris, arrive à Bordeaux à midi avec les membres du gouvernement. Le général Galliéni adresse une énergique proclamation à l'armée de Paris et aux Parisiens. Il active les travaux de défense. A Rome, le cardinal Della Chiesa est élu Pape sous le nom de Benoît XV. La session parlementaire est close. Les Russes s'emparent de Lemberg. L'armée belge se reforme dans le camp retranché d'Anvers.

Vendredi 4 septembre. — Laissant Paris sur sa droite, l'armée allemande marche vers le sud-est. L'Angleterre, la France et la Russie prennent à Londres l'engagement de ne pas conclure une paix séparée au cours de la présente guerre. C'est un fait d'une importance capitale.

Samedi 5 septembre. — Les troupes avancées du camp retranché de Paris, l'armée du général Maunoury, attaquent sur l'Ourcq l'armée allemande du général von Kluck, qui marche sur Meaux.

Dimanche 6 septembre. — Le généralissime Joffre lance cet ordre du jour : « Au moment où s'engage une bataille d'où dépend le salut du pays, tous les efforts doivent être employés à attaquer et à refouler l'ennemi. Une troupe qui ne peut plus avancer devra, coûte que coûte, garder le terrain conquis et se faire tuer sur place plutôt que de reculer. » Une grande bataille s'engage sur les rives de l'Ourcq et du Grand-Morin. Le *Journal*

Officiel publie un décret ordonnant le recensement de la classe 1915.

Lundi 7 septembre. — Action générale sur une ligne passant par Nanteuil-le-Haudouin, Meaux, Sézanne, Vitry-le-François et s'étendant jusqu'à Verdun. Les Allemands reculent. Ils sont défaits à Montmirail et à La Fère Champenoise. Leurs pertes sont considérables. Capitulation de Maubeuge.

Mardi 8 septembre. — L'armée anglo-française a franchi la Marne. L'ennemi recule de 40 kilomètres. En Belgique il est battu à Termonde. Dans les Vosges, nous reprenons la crête de Mandray.

Mercredi 9 septembre. — L'action continue avec une grande violence vers Vitry-le-François. L'ennemi est en retraite vers l'Aisne et vers l'Oise ; il a reculé de 60 à 75 kilomètres en quatre jours. Ces quatre jours de lutte terrible forment ce qui s'appellera la bataille de la Marne. La victoire reste aux alliés. C'est un des plus grands événements de la présente guerre. Les pertes sont énormes. Pour un français hors de combat il faut compter cinq allemands. Paris, où le kaiser espérait faire une triomphale entrée, est délivré. Paris, que les hordes allemandes, sous la direction de leurs chefs, espéraient piller, puis détruire, est définitivement dégagé ! La France ne sera plus abattue. La civilisation l'emportera sur la barbarie.

Jeudi 10 septembre. — La retraite allemande continue. Dans l'Est Nancy est sauvé de l'invasion. Les Allemands reculent.

Vendredi 11 septembre. — Les Allemands évacuent Saint-Dié dans la nuit du 10 au 11 septembre.

Samedi 12 septembre. — Les Allemands qui s'étaient avancés non loin du camp retranché d'Epinal, battent en retraite, après des luttes opiniâtres et meurtrières, notamment au Col de la Chipotte. Comme en 1870, la Bourgonce et Nompatelize ont été incendiées. Taintrux, Saulcy, Saint-Dié, d'autres localités vosgiennes le sont également.

10, 11, 12, 13, 14 septembre. — Les Allemands continuent de battre en retraite devant nos troupes victorieuses sur la Marne. Ils ont évacué Amiens, Compiègne, Sainte-Menehould, Vitry-le-François, Reims, Nomeny, Pont-à-Mousson, Lunéville, Raon-l'Etape, Baccarat.

Mardi 15 septembre. — L'ennemi organise la résistance au

nord de l'Aisne, au nord de Reims et de Châlons. Il va se fortifier puissamment sur un vaste front jalonné par la région de Noyon, les plateaux au nord de Vic-sur-Aisne et de Soissons, le massif de Laon, les hauteurs au nord et à l'ouest de Reims, et une ligne qui aboutit à l'ouest de l'Argonne et atteint la Meuse au nord de Verdun.

16, 17, 18, 19, 20 septembre. — Les Allemands restent sur la défensive et continuent à se retrancher.

Vendredi 18 septembre, à 5 h. 45 du soir. — Les Allemands bombardent Reims et plus particulièrement la cathédrale, où ils ont laissé des blessés allemands.

Samedi 19 septembre, vers 4 heures du soir. — La cathédrale est en feu. De courageux français sauvent les blessés au péril de leur vie. Pendant plusieurs jours, sans intérêt au point de vue militaire, sans motif, pour détruire, le bombardement continue. La cathédrale n'est plus qu'un monceau de ruines. La sous-préfecture, le lycée, l'archevêché, l'hôtel de ville, le palais de justice, le musée, des ambulances, nombre de maisons anciennes et modernes, des quartiers entiers sont détruits. La presse, le monde entier protestent. Le *Daily Telegraph* a trouvé le mot juste : « C'est un crime allemand ».

Après la bataille de la Marne, à partir du 14 septembre, grande bataille de l'Aisne et de l'Oise à la Meuse.

Samedi 19 septembre. — Le général de Castelnau, commandant l'armée de Lorraine, reçoit un télégramme de félicitations du généralissime Joffre : « Vous avez réussi à vous maintenir sur les hauteurs du Grand Couronné, à repousser les attaques furieuses lancées contre vous et à empêcher l'ennemi de pénétrer dans Nancy ».

Dimanche 20 septembre. — Retour d'Alsace, le ...·· de ligne (Gérardmer), attaque, avec impétuosité, l'ennemi retranché au Spitzemberg, montagne abrupte à l'est de Saint-Dié. La crète est enlevée, mais le régiment perd ... hommes, Vosgiens, Parisiens et Berrichons, dont un de nos jeunes et vaillants amis, Auguste Antoine, sous-officier, commandant une section à l'assaut.

Parmi les braves, qui ont si bien défendu Nancy et la Lorraine, nous comptons également le fils, mort glorieusement pour la

France, d'un ami, qui toujours a lutté avec ardeur pour la grandeur de la Patrie.

Lundi 21 septembre. — Les Allemands attaquent Saint-Dié.

Du 20 au 30 septembre. — La bataille de l'Aisne se développe acharnée de part et d'autre, surtout défensive du côté des allemands, fortement retranchés, appuyés par une puissante artillerie lourde, offensive du côté de l'armée anglo-français qui ne perd pas de terrain mais en gagne peu.

Dimanche 27 septembre. — Des avions allemands survolent Paris et lancent des bombes qui font deux victimes.

Sur le front oriental, les Russes, les Serbes et les Monténégrins progressent.

Pendant ce mois de septembre, la barbarie des germains n'a fait qu'augmenter dans des proportions effrayantes. Les chefs donnent l'exemple de la cruauté. Le Kronprinz pille le château de Baye, près de Champaubert ; il vole les armes, les bijoux uniques, les médailles, les vases précieux, les coupes d'or ciselé, les présents du tzar, d'admirables icones, des tapisseries, des miniatures, des souvenirs. Il fait emballer les meubles et les tableaux les plus rares.

Du 1er au 10 octobre. — La bataille continue sur notre aile gauche. C'est maintenant la bataille du Nord. Dans la région d'Arras, l'action est d'une violence extrême. Vers Armentières d'abord, puis jusqu'à la mer du Nord, de grandes masses de cavalerie sont aux prises. Au centre, à notre aile droite, la lutte est moins vive. Pas de changement en Lorraine et en Alsace.

Vendredi 9 octobre. — Reddition d'Anvers que les troupes belges évacuent. Le gouvernement belge se retire à Ostende.

Sur le front Oriental les Russes entrent à Augustovo (3 octobre), pénètrent de nouveau en Prusse Orientale.

Samedi 10 octobre. — Mort, à Sinaia, du roi de Roumanie, Charles Ier. Il est remplacé par son neveu, Ferdinand de Hohenzollern. Jusqu'au 9 octobre, on s'est battu dans la région de Saint-Dié que les Allemands évacuent ensuite.

Dimanche 11 octobre. — Cinq taubes sur Paris, quatre morts, quinze blessés, légers dégâts à la toiture de Notre-Dame de Paris.

Lundi 12 octobre. — Un taube sur Paris, dégâts insignifiants. La population est calme.

L'armée allemande occupe la Belgique, à l'exception d'une petite région sur la mer du Nord, près la frontière française, Le gouvernement belge s'installe au Havre (14 octobre).

Du 11 au 20 octobre, la bataille du Nord continue. Nous maintenons nos positions de la mer du Nord aux Vosges.

Mercredi 21 octobre. — Bombardement d'Arras par les Allemands.

Dimanche 25 octobre. — A Sengern, près Guebwiller, Alsace, les Wurtembergeois, sous les ordres d'un oberleutnant, incendient le village, pillent l'église, fusillent un soldat catholique qui avait refusé de se joindre à ses camarades.

Au 31 octobre, la bataille du Nord continue acharnée de part et d'autre. Elle est particulièrement violente en Belgique, à notre extrême gauche, dans la région de Nieuport, vers la mer du Nord. L'armée belge inonde la vallée inférieure de l'Yser obligeant l'armée allemande à se replier. La flotte anglo-française prend part aux opérations le long de la côte et bombarde la droite allemande. Peu de changements de la mer du Nord aux Vosges. Les Grecs occupent l'Epire. Les Italiens débarquent à l'île de Saveno, à l'entrée de la rade de Valona, port Albanais sur l'Adriatique. L'offensive russe s'accentue tant en Galicie que dans la Prusse Orientale. Sans déclaration de guerre des vaisseaux turcs et allemands, sous la direction d'officiers allemands, pénètrent dans la mer Noire et bombardent des villes russes ouvertes. (Jeudi 29 octobre).

Dimanche 1er novembre. — L'ambassadeur de France quitte Constantinople. Les ambassadeurs de Russie et d'Angleterre sont partis le 31 octobre.

Mardi 3 novembre. — Bombardement des Dardanelles par l'escadre anglo-française.

Dimanche 8 novembre. — Les Japonais s'emparent en Chine de la ville allemande de Tsing-Tao.

L'armée allemande, renforcée en vue de la marche sur Dunkerque et Calais, continue, dans la région d'Ypres, ses violentes attaques. Elles sont repoussées.

De nouveau les Allemands bombardent Arras et Reims.

Au 10 novembre, progrès lent des alliés de la mer du Nord aux Vosges.

Mardi 10 novembre.— Dans le Pacifique, sur les côtes du Chili, la flotte allemande coule deux vaisseaux de guerre anglais. Le vaisseau pirate allemand, Emden, est coulé dans l'Océan indien par un croiseur anglais.

Fin novembre, la situation, de la mer du Nord aux Vosges, a peu changé. Les attaques allemandes sont repoussées. L'ennemi s'obstine à bombarder, sans utilité militaire, Pont-à-Mousson, Reims, Soissons, Arras, Ypres.

Sur le front russe, nos alliés progressent et remportent près de Lotz une grande victoire.

Mardi 30 novembre. — Le ministère des Affaires Etrangères publie le Livre jaune, recueil de documents relatifs à la guerre européenne.

Edité par la maison Hachette, le Livre jaune est à lire et à relire avec attention. Il établit, il faut le répéter, la mauvaise foi germanique, la volonté de l'empereur et du gouvernement allemand de provoquer une effroyable guerre européenne, d'anéantir la France, de lui prendre ses colonies, de lui imposer une énorme rançon, d'abaisser l'Angleterre, d'humilier la Russie, d'établir son hégémonie sur le monde.

Mardi 1er décembre. — A Berlin, le Reichstag vote 6 milliards 250 millions de crédits militaires. Une seule voix d'opposition : celle du socialiste Liebknecht. Le président de la République, le roi Georges, d'Angleterre, et le roi Albert, de Belgique, se rencontrent dans le Nord, sur le front.

Jeudi 3 décembre. — Les Autrichiens, après quatre mois de siège, entrent à Belgrade évacuée par les Serbes. Le gouvernement français ordonne le recensement de la classe 1916.

Vendredi 4 décembre. — Bombardement de Reims. Près d'Ypres, les alliés occupent « La Maison du Passeur », prise et reprise depuis plus d'un mois.

Dimanche 6 décembre. — Les ministres rentrent à Paris, à l'exception du ministre de la Guerre et du ministre des Affaires Etrangères.

Mardi 8 décembre. — Aux îles Falkland, dans l'Atlantique, bataille navale. Les Anglais coulent quatre vaisseaux allemands sur cinq.

Mercredi 9 décembre. — Retour à Paris du président de la République et des ministres de la Guerre et des Affaires Etrangères.

Du 1er au 10 décembre. — La situation a peu changé. Les alliés prennent l'offensive et font des progrès en Belgique, dans la Somme, dans l'Aisne, en Champagne, où notre nouvelle artillerie lourde maîtrise l'artillerie allemande, et dans l'Argonne.

En Alsace nous gagnons du terrain et nous nous établissons fortement aux environs de Thann.

En Pologne, les Russes entrent à Lotz que les Austro-Allemands reprennent peu après. Les Russes ont pénétré en Hongrie. Divers engagements entre l'armée russe du Caucase et l'armée turque.

Vendredi 11 décembre. — Bombardement de Thann par les Allemands. Premières classes en français dans les vallées de Massevaux et de Saint-Amarin.

Dimanche 13 décembre. — Les Serbes entrent à Belgrade ; il n'y a plus d'Autrichiens en Serbie.

Vendredi 18 décembre. — En Egypte, déchéance du khédive Abbas II, gagné à la cause turque ; il est remplacé par son oncle Hussein-Kamel, en qualité de sultan d'Egypte. L'Egypte, indépendante de la Turquie, est placée sous le protectorat de l'Angleterre. La France reconnaît ce protectorat, de même que l'Angleterre reconnait celui de la France sur le Maroc.

Samedi 19 décembre. — La classe 1915 est appelée.

Mardi 22 décembre. — Le Parlement français se réunit.

Vendredi 25 décembre. — Les Italiens débarquent à Valona, port Albanais, sur l'Adriatique. La flotte allemande est attaquée près de Cuxhaven par des avions anglais, escortés par des croiseurs et des sous-marins. C'est la première bataille de ce genre.

Fin décembre. — Combats d'artillerie sur tout le front. Partout nous prenons l'offensive, mais notre progression est lente. Notre artillerie domine l'artillerie allemande.

De la Prusse orientale aux Carpathes, la bataille continue entre les Russes et les Austro-Allemands.

Au Caucase, combats sans importance.

En résumé, au 31 décembre 1914, 152e jour de la mobilisation, l'ennemi occupe la Belgique presque entière, en tout ou partie plusieurs de nos départements du Nord et de l'Est. Par ordre, ces **territoires envahis ont été ravagés, pillés, incendiés par les hordes teutonnes. Les femmes, les jeunes filles ont été violées, mutilées ; les enfants, les femmes, les vieillards, assassinés, mutilés ; les** blessés, laissés sans soins, achevés, mutilés ; les prisonniers civils et militaires maltraités, mal nourris, mal logés, toujours par ordre supérieur.

Vendredi 1er janvier 1915. — Un sous-marin allemand coule dans la Manche le cuirassé anglais *Formidable*. Une partie de l'équipage a péri.

Mardi 5 janvier. — Le cardinal Mercier, prélat de Belgique, est consigné dans son palais de Malines par les Allemands. Compte-rendu officiel belge des atrocités allemandes.

Mercredi 6 janvier. — L'hôpital de Thann (Haute-Alsace) est bombardé par les Allemands.

Jeudi 7 janvier. — Heureuse offensive française en Alsace, aux environs de Thann. La vente de l'absinthe est interdite en France.

Vendredi 8 janvier. — Le *Journal Officiel* publie le rapport français sur les atrocités allemandes.

Samedi 9 janvier. — Nouveau rapport belge sur les atrocités allemandes.

11, 12, 13 janvier. — Bataille de Soissons. La crue de l'Aisne emporte nos ponts, nous oblige à nous replier sur la rive gauche.

Mardi 12 janvier. — Le Parlement français se réunit.

Lundi 18 janvier. — Le 18 janvier 1871, à Versailles, les princes allemands proclamaient Guillaume Ier, empereur d'Allemagne. Douloureux anniversaire pour notre pays. De ce jour commence la domination de la Prusse sur l'Allemagne asservie.

Mardi 19 janvier. — A Paris, par ordre, obscurité complète de 6 à 7 heures. Pas de zeppelins.

Mercredi 20 janvier. — Des zeppelins laissent tomber des bombes sur des villes ouvertes d'Angleterre, font quelques victimes, causent des dégâts matériels. Les Anglais ne s'émeuvent pas.

Dimanche 24 janvier. — Une escadre anglaise poursuit dans la mer du Nord des navires allemands. L'un d'eux, le *Blucher* est coulé.

Mercredi 27 janvier. — Anniversaire de la naissance de Guillaume II. Attaques allemandes sur tous les fronts.

Jeudi 28 janvier. — Continuation des attaques. Partout les Allemands sont repoussés.

Samedi 30 janvier. — Deux navires de commerce anglais sont torpillés par un sous-marin allemand.

En résumé, pendant ce mois de janvier, de la mer du Nord aux Vosges, il s'est surtout livré de violents combats d'artillerie. Pas de changements notables. La lutte est vive en Alsace, vers Cernay.

Combats continuels en Prusse orientale, en Galicie, au Caucase. Les Russes menacent la Hongrie. Les Turcs éprouvent des pertes considérables au Caucase

Le rapport français sur les atrocités allemandes est à lire avec attention au *Journal Officiel* du 8 janvier 1915. Beaucoup de crimes resteront inconnus. Nombre de femmes violentées se refuseront à parler. Il en était déjà ainsi en 1870. Je voudrais reproduire ce rapport en entier, ce n'est pas possible, je me contente de donner quelques extraits :

« Le pillage, le viol, l'incendie et le meurtre sont de pratique courante chez nos ennemis : et les faits révélés, accusent dans la mentalité allemande, depuis 1870, une étonnante régression. Les attentats contre les femmes et les jeunes filles ont été d'une fréquence inouïe. Nous en avons établi un grand nombre, qui ne représente qu'une quantité infime, auprès de ceux que nous aurions pu révéler.....

» Dans la plupart des endroits où nous avons fait une enquête, nous avons pu nous rendre compte que l'armée allemande a, d'une façon constante, le mépris le plus complet de la vie humaine, que ses soldats et même ses chefs, ne se font pas faute d'achever les blessés, qu'ils tuent sans pitié les habitants inoffensifs des territoires qu'ils envahissent et qu'ils n'épargnent, dans leur rage homicide, ni les femmes, ni les vieillards, ni les enfants. Les fusillades de Lunéville, de Gerbéviller, de Nomeny et de Senlis en sont des exemples terrifiants.. ,.

» L'esprit se refuse à croire que toutes ces tueries aient eu lieu sans raison. Il en est pourtant ainsi.....

» Plus encore que le meurtre, l'incendie est un des procédés usuels de nos adversaires. Il est couramment employé par eux, soit comme élément de dévastation systématique, soit comme moyen d'intimidation. L'armée allemande, pour y pourvoir, possède un véritable matériel..... Sa fureur incendiaire s'affirme principalement contre les églises et contre les monuments qui présentent un intérêt d'art ou de souvenir.....

» En ce qui concerne le vol, nos constatations ont été incessantes et nous n'hésitons pas à dire que, partout où une troupe ennemie a passé, elle s'est livrée en présence de ses chefs, et souvent même avec leur participation, à un pillage méthodiquement organisé..... » (page 118).

La commission, pour Seine-et-Marne, cite, en outre du pillage général, surtout à Coulommiers, Rebais, Sablonnières : incendies à Chaucoin, Congis, Penchard, Barcy, Douy-la-Ramée, Courtacon ; assassinats à May-en-Multien, Vareddes, Mary-sur-Marne, Sancy-les-Provins, Guérard, Mauperthuis, Vouioles, la Ferté-Gaucher ; viols à Coulommiers, Sancy-les-Provins, Beton-Bazoches, Rebais, Saint-Denis-les-Rebuis, Marais, la Ferté-Gaucher ; blessés achevés à Rebais.

« Dans le département de la Marne, écrit la commission (page 120), comme partout d'ailleurs, les troupes allemandes se sont livrées à un pillage général, effectué toujours dans des conditions identiques, avec la complicité des chefs. A ce point de vue les communes d'Heiltz-le-Maurupt, de Suippes, de Marfaux, de Fromentières et d'Esternay ont particulièrement souffert..... Un grand nombre de villages ainsi que des bourgs importants ont été incendiés sans motif..... par ordre. Dans quelques villages, les Allemands, avant de mettre le feu, faisaient tirer un coup de fusil par un de leurs soldats, pour pouvoir prétendre ensuite que la population civile les avait attaqués, prétexte d'autant plus absurde.....» Pour la Marne, la commission cite : incendies à Lépine, Marfaux, Le Gault-la-Forêt, Glannes, Somme-Tourbe, Auve, Etrepy, Huiron, Sermaize-les-Bains, Bignicourt-sur-Saulx, Suippes ; otages emmenés à Bignicourt-sur-Saulx, Champuis, Corfélix, Sermaize, etc. ; assassinats à Bignicourt-sur-Saulx, Champuis, Vert-la-Gravelle, Sermaize, Le Gault-la-Forêt, Champguyon, Montmirail, Esternay, Suippes, Vitry-en-Perthois, etc. ; viols à Montmirail, Vitry-en-Perthois, Jussecourt, Minecourt, La Fère-Champenoise. Dans la Meuse, incendies « en dehors de toute nécessité d'ordre militaire et sans que les populations eussent aucunement provoqué par leur attitude de semblables atrocités», à Revigny, Sommeilles, Triaucourt, Bulainville, Clermont-en-Argonne, Villers-aux-Vents,

Vaubecourt, Vassincourt, Brabant-le-Roi ; pillages notamment à Revigny, Clermont-en-Argonne ; otages un peu partout ; assassinats à Sommeiller, Triaucourt, Clermont-en-Argonne ; scènes atroces à Triaucourt et Clermont-en-Argonne (13e corps à Clermont-en-Argonne, général von Durach, uhlans, prince de Wittenstein), Lisle-en-Barrois, Saint-André ; viols, tentatives de viols « actes d'immoralité et de brutalité révoltants » à Louppy-le-Château, Triaucourt. Meurthe-et-Moselle : « Nous avons éprouvé une véritable impression d'horreur quand nous nous sommes trouvés en présence des ruines lamentables de Nomeny, écrit la commission, page 123. Le 20 août, ils se livraient aux plus abominables excès, pillant, incendiant et massacrant tout sur leur passage ». C'est horrible. Il faut lire ce récit, il faut lire également celui des atrocités commises à Lunéville, à Chanteheux (ce sont les Bavarois) ; Gerbéviller (encore les Bavarois) : à Crévic, où les brutes s'acharnèrent sur la propriété du général Liautey « sous la conduite d'un officier en réclamant à grands cris *Madame et Mademoiselle Liautey, pour leur couper le cou* », à Deuxville, à Maixe. « Dans ce même village, page 127, la demoiselle X..., âgée de 23 ans, a été violée par neuf allemands pendant la nuit du 23 au 24 août, sans qu'un officier... jugeat à propos d'intervenir ». A Baccarat, « pillage général après avoir, pour pouvoir opérer plus tranquillement, donné l'ordre à la population de se rassembler à la gare. Ce pillage a été dirigé par les officiers » (page 127). Puis incendie, puis pillage des caves. « Le général Fabricius, commandant l'artillerie du XIVe corps badois dit : je ne croyais pas qu'il y ait autant de vins fins à Baccarat. Nous en avons pris plus de 100,000 bouteilles ». Ensuite vient le récit des pillages, incendies, meurtres, commis à Jolivet, Bonviller, Einville, Sommerviller, Rehainviller, Lamath, Fraimbois Mont, Hériménil, Magnières, Croismare, Réméréville, Drouville, Courbesseaux, Erbéviller (un capitaine saxon y extorque 1,000 francs *pour pénitence d'être suspect d'avoir tiré sur des sentinelles*), Emberménil, Domèvre-sur-Vezouze, Audun-le-Rouman, Arracourt. Enfin les viols : une fillette de 12 ans, deux religieuses notamment.

Dans l'Oise, pillages, incendies, assassinats, à Monchy-Humières, Ravenel, Méry, Senlis, Creil, Nogent-sur-Oise, Liancourt, Crépy-en-Valois, Baron, Mesnil-sur-Bulles, Nourard-le-Franc, Choisyau-Bac, Compiègne, Trumilly, Marquéglice, (assassinat par un officier supérieur, sans motif, de quatre civils, page 131), à Méry (page 129) les Allemands placent entre eux et les cavaliers français qui les fusillaient, 25 civils, hommes, femmes, enfants.

Le même fait se renouvelle à Senlis le 2 septembre. Sans motif, le maire, M. Odent, est traité d'une façon abominable avant d'être fusillé. D'autres habitants sont fusillés. Le récit de la commission est à lire entièrement (pages 129-130). A Villers-Saint-Frambourg une femme est violée, une autre à Baron.

« Dans les communes du département de l'Aisne que nous avons pu visiter, écrit la commission (page 131), nous avons relevé surtout des actes de pillage et de nombreux attentats contre les femmes », à Connigis, Bezu-Saint-Germain, Chateau-Thierry, Verdilly ; assassinats, pillages, incendies à Connigis, Brumetz, Chierry, Jaulgonne, au Charmel, à Coiney, Crézancy, Château-Thierry, Hartennes-et-Taux.

Le rapport se termine par le récit de faits d'ordre militaire. « Les faits (page 132) commis en violation des droits de la guerre, à l'égard des combattants : meurtres des blessés ou des prisonniers, ruses interdites par les conventions internationales, attaques contre les médecins et les brancardiers, ont été innombrables dans tous les endroits où des combats ont été engagés. » Puis viennent des citations.

Quantités d'autres crimes non indiqués aux rapports officiels français et belges, ont été commis par les hordes germaniques. J'en indiquerai quelques-uns. Les Français oublient trop vite, les uns, les pacifistes à outrance, de parti pris : les autres, par indolence, par veulerie. Si nous n'avions pas oublié la leçon de 1870, les atrocités teutonnes de 1870, nous n'aurions pas enrichi l'Allemagne, nous ne l'aurions pas aidé à s'armer d'une façon formidable, nous nous serions mieux préparés nous mêmes et nous n'aurions pas eu la guerre actuelle. Non seulement il faut lire et faire lire les rapports français et belges sur les cruautés allemandes, mais il faut lire les commentaires et les récits des historiens et des journalistes français, belges, neutres. Il faut faire connaître les crimes allemands. Dès que l'Allemagne sera en mesure de se ruer sur nous, sur nos voisins, elle le fera, dans 5 ans, dans 10 ans, si elle le peut. Cette fois la Suisse, les Vosges, la Lorraine, la

Franche-Comté, la Bourgogne seront ravagés. Les Germains seront encore plus barbares qu'en 1914-1915. Français, n'oubliez pas, et vous surtout habitants de l'Est, qui êtes plus menacés. Ne faiblissons pas. Luttons jusqu'à la victoire complète, définitive.

La Belgique a particulièrement souffert. Ont été dévastés, pillés, incendiés, détruits en tout ou en partie, les villes et villages d'Aerschoot, Louvain, Malines, Liège, Termonde, Dinant, Namur, Bouvines, Villers-en-Fagne, Le Try, Charleroi, Roselies, Le Camp, Le Roton, Le Wamage, Tamines, Anseremme, Marchienne, Monceau.

Dans les localités pillées, les œuvres d'art, les meubles, l'argenterie, le linge, les vêtements, les marchandises, les produits manufacturés, les matières premières, les machines, sont expédiés en Allemagne. Il en est de même en France, à Roubaix notamment.

En Belgique, des notables, des paysans, des ouvriers, des femmes, des enfants, des vieillards sont fusillés, à Visé, Wartage, Holstadt, Sempstadt, Heyst-on-den-Berg, Linsneau, Aerschot, Dinant, Lesognes, Bouvines, Villers-en-Fagne, Anderlues, Roselies, Farciennes, Arlon, Ethe, Verneau, Handzaerne, Marchienne, Monceau et ailleurs.

D'autres belges sont brûlés vifs ou jetés morts dans leurs maisons incendiées par les brutes teutonnes.

Des femmes, des jeunes filles sont violées dans la région de Varemme, Corbeck-Loo, Woerseel et ailleurs.

Des soldats belges blessés sont achevés. Des milliers de Belges, hommes, femmes, enfants, sont emmenés en captivité.

En Belgique, des soldats, des civils, des femmes, des enfants, sont placés devant la ligne de feu : à Stade, près de Roulers, 70 habitants sont forcés de marcher devant les Allemands pendant un combat. Il en est de même à Monceau.

Encore une citation pour la Belgique et je m'arrête :

Dans le petit village de......, près Liège, quatre officiers allemands entrent dans une ferme et y demandent à boire et à manger. La fermière les sert, puis sort, laissant son mari avec eux. Les officiers, après un certain temps, sortent à leur tour. L'un d'eux demande ce qui était dû. « Rien », répond la fermière. « Merci, dit l'allemand, nous vous laissons un souvenir ». Les bandits avaient assassiné le fermier et placé dans un plat sur la table sa tête sanglante alors que le corps gisait à terre dans un ruisseau de sang. (*Petit Parisien*). Sans commentaire.

« Il n'y a pas de crime, fut-ce le plus abominable, le plus monstrueux, qui n'ait été commis en Belgique. » (Le *Temps*, 22 septembre).

Pour la France, en outre des villes et villages dévastés, pillés, incendiés par les Allemands, en outre des crimes commis sur les personnes, que cite le rapport officiel, il en est beaucoup d'autres. La nomenclature en serait trop longue, quelques faits seulement :

Dans la Somme, une compagnie d'infanterie n'ose tirer sur des Allemands qui ont placé devant eux des femmes nues..... A Saint-Dié, les Allemands ont placé entre eux et les Français de notables habitants. Il en a été de même à Maucourt.

Des femmes et des jeunes filles ont été violées en de nombreuses localités. A la Fère-Champenoise, une jeune fille l'a été en présence de ses parents, attachés par les sauvages sur des chaises ; à..... cinq officiers allemands demandent à une jeune femme seule, dont le mari est mobilisé, de leur préparer à diner. Le repas prêt, ils l'obligent à les servir nue puis ils la violent.

Une jeune belge, Mlle B..., 18 ans, violentée dans son pays par un Allemand, et réfugiée à Paris, se trouvant enceinte, est placée dans un asile pour femmes enceintes.

Près de Signy-l'Abbaye, le 11 septembre, on découvre les cadavres nus, aux seins coupés, empalés sur des baïonnettes allemandes, de trois jeunes femmes violées par les brutes teutonnes qui, dans toute cette région, s'étaient livrées à de gigantesques orgies. (Le *Temps*, 14 janvier).

Un officier français va voir sa mère malade. Elle a eu les seins coupés par les Allemands. Est-ce tout ? il ne le demande pas.

Dans une cave, à A..., on trouve une femme violée, un sein coupé, à côté d'elle un enfant, un pied coupé.

A Lunéville, une infirmière est remerciée d'un coup de sabre par l'officier allemand qu'elle soigne. (Le *Temps*, 28 septembre).

Le 24 août 1914, en pénétrant dans le village de..... (Meuse), évacué par les Allemands, nos soldats trouvent d'abord le cadavre d'une femme, le ventre ouvert, un enfant mort à côté d'elle, plus loin les cadavres de six jeunes filles nues, violées, enfin celui d'un jeune garçon de 15 ans les deux mains coupées, (un grand blessé, hôpital de.....). Horrible !

Il faudrait encore citer des centaines d'autres villes et villages qui ont souffert, sans raison militaire, de la brutalité germanique, des milliers d'autres victimes innocentes de la barbarie teutonne. Je m'arrête.

Février 1915. — Le Pape ordonne des prières pour la paix. La paix après la victoire, répondent les Français.

Mercredi 3 février. — En Alsace, à Kolschlag, combats entre skieurs français et allemands. Les Anglais repoussent une attaque turque contre le canal de Suez.

Jeudi 4 février. — La Chambre des Députés crée la Croix de Guerre. Les civils français internés en Allemagne commencent à rentrer en France par la Suisse. Ils racontent les vexations, les insultes, les brutalités dont ils ont été victimes. Des blessés ont été achevés, des prisonniers ont été exécutés. C'est atroce. Des médecins, des infirmiers, en violation de la convention de Genève, sont retenus prisonniers en Allemagne, où ils ont été mal nourris, mal logés, parfois malmenés. Passons. Mais n'oublions jamais que les Suisses se sont dévoués, comme en 1870-1871, pour soigner, consoler, nourrir, vêtir nos malheureux compatriotes retour d'Allemagne.

Dimanche 7 février. — Les Russes reculent en Bukovine. 10° rapport belge sur les atrocités allemandes.

Jeudi 11 février. — 34 avions et hydravions anglais bombardent la région d'Ostende et de Bruges.

Jeudi 18 février. — A la Chambre des Députés, le président du Conseil déclare : « Le gouvernement continuera la lutte jusqu'au bout avec ses alliés ; il la continuera jusqu'à la libération morale de l'Europe, jusqu'à la libération matérielle de la Belgique, jusqu'à la reprise de l'Alsace-Lorraine. »

Vendredi 19 février. — A 8 heures du matin la flotte anglaise et française, sous les ordres de l'amiral anglais Carden, bombardent les forts qui défendent l'entrée des Dardanelles. Le général Joffre adresse aux armées de la République un ordre du jour supprimant les distinctions entre les divisions, brigades, régiments et bataillons de réserve et de l'active. Il n'y a plus que de l'active.

Dimanche 21 février. — Les Russes évacuent la Prusse Orientale.

Mercredi 24 et *Jeudi 25 février*. — Continuation du bombardement des Dardanelles.

Pendant le mois de février, la lutte d'artillerie continue sur tout le front, particulièrement vive dans le Nord, sur l'Aisne, en Champagne, dans l'Argonne. Les attaques allemandes de nos tranchées sont repoussées du Nord aux Vosges. Nous gagnons quelque terrain.

Les Russes tiennent dans les Carpathes. La bataille est vive en Galicie, sur la Vistule. Combats de peu d'importance au Caucase.

Lundi 1ᵉʳ mars. Aux Dardanelles, bombardement des forts. Débarquement des alliés à Koum-Kaleh et Sebd-ul-Bahr.

Mardi 2 mars. — En Argonne, vers Vauquois, vif engagement à notre avantage. Dardanelles, dans le golfe de Saros, la division de l'amiral français Guépratte attaque Boulaïr. Entre la France et l'Allemagne premiers échanges de grands blessés par la Suisse.

Mercredi 3 mars. — Aux Dardanelles, les vaisseaux français bombardent les forts Sultan et Napoléon.

Jeudi 4 mars. — En Argonne, nous progressons à Vauquois et au Four de Paris : en Champagne, au nord-ouest de Perthes.

Vendredi 5 mars. — Les Français occupent le village de Vauquois. Aux Dardanelles, bombardement des forts Medjidieh et Nagara.

3, 4 et 5 mars. — Bombardement acharné de Reims par les Allemands et particulièrement de la Cathédrale.

Samedi 6 mars. — Le bombardement des Dardanelles continue. A Athènes, démission du cabinet Venizelos : M. Venizelos était partisan de l'intervention de la Grèce aux Dardanelles aux côtés des anglo-français. Le roi de Grèce, Constantin XII, a épousé la sœur de Guillaume II.

Dimanche 7 mars. — Aux Dardanelles, le bombardement continue.

Lundi 8 mars. — Nouveau rapport de la commission française sur les atrocités allemandes.

Mardi 9 mars. — Bombardement de forts turcs par la flotte russe de la mer Noire. Bombardement des Dardanelles.

Vendredi 12 mars. — Bombardement de la ville de Tcharnak aux Dardanelles.

Samedi 13 mars. — La Chambre des Députés interdit de commercer avec les Austro-Allemands.

Dimanche 14 mars. — Les Belges progressent sur l'Yser. Succès anglais à Neuve-Chapelle. Succès français en Argonne entre le Four de Paris et Bolante ; sur les Hauts-de-Meuse, aux Eparges. Les Allemands bombardent la cathédrale de Soissons.

Jeudi 18 mars. — Un zeppelin bombarde la gare de Calais. Sept victimes.

Vendredi 19 mars. — Le cuirassé français *Bouvet*, les cuirassés anglais *Irrésistible* et *Océan* sont coulés par des mines aux Dardanelles.

Samedi 20 mars. — Deux zeppelins survolent Paris, lançant des bombes qui font neuf victimes et des dégâts matériels dans la banlieue et le XVIIe arrondissement.

Dimanche 21 mars. — Bombardement de la cathédrale de Soissons

Lundi 22 mars. — Les Russes entrent à Przemysl où ils font prisonniers 120,000 autrichiens. Une tentative de zeppelins sur Paris échoue. Bombardement par les Allemands de l'hôpital civil d'Albert (Somme).

Mardi 23 mars. — A Vauquois, les Allemands aspergent une tranchée française avec un liquide enflammé.

Vendredi 26 mars. — Même procédé barbare en Alsace, au Reichackerkopf.

Samedi 25 mars. — Bombardement d'Arras par les Allemands. Nous nous emparons en Alsace du sommet de l'Hartmannswillerkopf et le fortifions.

En mars, malgré de violentes tempêtes de pluie et de neige, nous maintenons nos positions de la Belgique à l'Alsace et gagnons du terrain. Lutte d'artillerie. Attaques de tranchées de part et d'autre.

La lutte continue sur la Vistule, dans les Carpathes, en Galicie, au Caucase, aux Dardanelles, sur le front Serbe.

Je donne, pour finir le mois, quelques extraits du rapport du 8 mars, présenté par la Commission instituée en vue de constater les actes commis par l'ennemi en violation du droit des gens.

« Nous nous sommes transportés dans les départements de l'Isère, de la Savoie et de la Haute-Savoie, à l'effet d'y recueillir auprès des prisonniers civils, récemment rapatriés, des renseignements sur les circonstances qui ont précédé et accompagné leur arrestation, ainsi que sur le traitement auquel ils ont été soumis pendant leur séjour en Allemagne.

» Dix mille environ de nos compatriotes.... ont été renvoyés en France antérieurement au 28 février. Ce sont des femmes, des enfants, des jeunes gens de moins de dix-sept ans et des vieillards de plus de soixante.

» ..... Les Allemands ont réduit en captivité un très grand nombre de vieillards, d'enfants et de femmes dont quelques-unes même étaient enceintes.

» Ce qu'il y a de particulièrement révoltant, c'est que l'autorité militaire allemande, ne se faisait aucun scrupule de séparer les membres d'une même famille et de les envoyer dans des camps différents. De jeunes enfants ont été compris dans d'autres convois que leurs mères, et des femmes ignorent encore ce que sont devenus leurs maris. Ainsi, à Lubeck, on a obligé un jour tous les hommes à descendre du train qui les avait amenés jusque là avec leurs femmes et on leur a fait prendre aux uns et aux autres des directions différentes. Ainsi encore, à Thiaucourt, le 3 septembre, des soldats qui étaient venus chercher chez elle la dame André, l'empêchèrent de prendre avec elle ses enfants.....

» Tous les prisonniers étaient d'abord astreints à effectuer à pied un trajet plus ou moins long et plus ou moins pénible, puis on les faisait monter dans des wagons à bestiaux. Pendant le voyage, ils ne recevaient généralement aucune nourriture. La plupart d'entre eux ont du rester ainsi plusieurs jours sans boire ni manger.....

» Le départ de ces pauvres gens a été marqué d'incidents cruels. Les habitants de la commune de Montblainville (Meuse), quand on les a emmenés, ont été accablés de mauvais traitements. Des prisonniers de Roubaix et des environs, après avoir été également maltraités, ont été entassés au nombre de 60 à 85 par voiture dans des fourgons où il leur était impossible de s'asseoir, et où, durant 72 heures, on ne leur a accordé que deux fois de la nourriture...

» Dans notre rapport du 17 décembre, nous avons rendu compte de l'enlèvement de 18 habitants de Vareddes (Seine-et-Marne). C'est les 5, 6, 7 et 8 septembre que 19 hommes, et non 18, ont été arrêtés..... Jourdain, 73 ans, a été tué à Coulombes ; Liévin, 61 ans, a été entraîné dans le cimetière de Chouy (Aisne), où il a été fusillé ; Ménil, 67 ans, a été assommé à coups de crosse sur le territoire de la même commune ; Milliardet, 78 ans, a été fusillé à Chézy-en-Orxois. Ce ne sont probablement pas les seuls qui ont été assassinés ; il est vraisemblable que le curé Tassin a subi le même sort. MM. Terré et Vapoille auraient été également mis à mort ; on n'a d'eux aucune nouvelle, non plus que de M. Croix.

» En quatre jours, les survivants n'ont pris que deux repas, l'un à Soissons, qui leur a été apporté par les dames de la Croix-Rouge française, l'autre à Chauny, qui leur a été fourni par les habitants. C'est de cette dernière commune qu'ils ont été embarqués pour l'Allemagne avec d'autres prisonniers, dans des wagons à bestiaux où ils ont dû se tenir debout ou accroupis faute de bancs. Pendant les quatre journées qu'a duré le trajet en chemin de fer, on ne leur a donné qu'une seule fois à manger, et ils ont été violemment frappés à coups de bâton, de poing et de manche de couteau. Un soldat est monté jusqu'à trois fois dans un fourgon pour s'y livrer, sans aucun motif, à des actes de brutalité.

» Le 23 septembre, MM. Woimbé, 61 ans, et Fortin, 65 ans, tous deux cultivateurs à Lavignéville (Meuse), ont été arrêtés, chez eux, sous le prétexte qu'ils étaient francs-tireurs : or, Woimbé, avait eu un pied cassé deux mois auparavant, et Fortin, atteint de rhumatismes chroniques, était depuis longtemps dans l'impossibilité de marcher sans le secours d'un bâton. Fortin, qui ne pouvait avancer, fut attaché avec une corde, dont deux cavaliers tinrent les extrémités, et il dut, malgré son infirmité, suivre le pas des chevaux. Comme il tombait à chaque instant, on le frappait avec des lances pour l'obliger à se relever. Le malheureux, couvert de sang, suppliait en grâce qu'on le tuât. Woimbé finit par obtenir l'autorisation de le porter jusqu'au village de Saint-Maurice-sous-les-Côtes, avec l'aide de plusieurs de nos soldats (également prisonniers).....

» 189 habitants de Sinceny (Aisne), envoyés à Erfurt, y sont arrivés après un voyage de 84 heures pendant lequel chacun d'eux n'a reçu qu'un seul morceau de pain d'environ 100 grammes.....

» Le 10 octobre, une colonne composée d'environ 2,000 hommes, qui devaient passer devant un conseil de révision, se rendait à Gravelines, quand, dans la matinée, elle fut attaquée près du

Ménil (Nord), par des forces allemandes qui ouvrirent sur elle un feu de mitrailleuses à moins de 500 mètres. Le tir eut lieu à deux reprises pendant une heure et demie, faisant de nombreuses victimes..... Entre le Ménil et Beaucamps, les hussards avaient contraint leurs captifs à prendre le pas gymnastique et tué à coups de carabine ceux qui n'avaient pas pu suivre. Ils avaient également fusillé un conseiller municipal de Fournes parce qu'il demandait la raison de son arrestation, et un lieutenant blessé qui avait été pris dans un convoi du 8ᵉ territorial.

» Le 22 septembre, à 7 heures du matin, tous les habitants de la commune de Combres (Meuse), furent arrêtés et conduits sur le flanc d'une colline, où on les fit stationner dans un endroit découvert exposé au feu de notre artillerie et à celui des tirailleurs français....., l'artillerie ne tarda pas à se taire et l'infanterie ne tira pas..... ; à huit heures on les enferma dans l'église, puis le lendemain, à 4 heures du matin, on les en fit sortir pour les exposer de nouveau aux obus sur le même coteau que la veille..... Tandis que les hommes de Combres partaient pour l'Allemagne, leurs femmes et leurs enfants étaient consignés dans l'église du village. Ils y furent maintenus pendant un mois. La dysenterie et le croup sévissaient parmi eux et les femmes n'étaient autorisées à porter les déjections que tout à proximité des portes, dans le cimetière. »

Puis vient la description des camps de concentration allemands : baraquements en planches de sapin mal jointes, couchage sur de la paille recouvrant le sol, nourriture insuffisante et malpropre, pas de soins médicaux. « Une telle organisation, page 1283 du rapport, devait naturellement avoir des résultats déplorables au point de vue de la propreté et de l'hygiène. On a vu un jour un interné dont le torse était tellement couvert de poux qu'ils y formaient une véritable couche vivante..... A Landau, cependant, ils (les gardiens) ont tenté d'en débarrasser (des insectes) la veuve Minaux, de Seney (Meuse), âgée de 87 ans. Pour cela ils n'ont rien trouvé de mieux que de l'inonder de pétrole après l'avoir déshabillée. A la suite de cette opération, la pauvre vieille est tombée gravement malade et elle est morte le 20 janvier. »

« La plupart des prisonniers défaillaient presque d'inanition (page 1284)..... Dans plusieurs camps, les prisonniers étaient l'objet de sévices..... A Parchim, deux civils ont été si brutalement frappés à coups de crosse qu'ils ont succombé à leurs blessures.....

» Dans la plupart des camps, l'état sanitaire était fort mauvais et la mortalité considérable..... A Holzminden, on voyait des hommes tomber d'épuisement. Une vieille femme de Saint-Sauveur (Meurthe-et-Moselle), Mme Thirion, y est restée malade, étendue sur sa paillasse pendant trois semaines, sans pouvoir obtenir, malgré ses demandes réitérées, qu'on lui amenât le médecin. Celui-ci est venu seulement le jour où elle est morte.....»

Je m'arrête sur cette dernière citation, page 1285 : « Il nous est impossible de taire la tristesse et l'indignation que nous avons ressenties, en voyant l'état affligeant dans lequel les Allemands nous ont rendu les otages qu'ils avaient enlevés de notre territoire, au mépris de tout droit des gens. »

Lecteurs, lisez le rapport.

Jeudi 1er avril. — Centième anniversaire de la naissance de Bismarck. Les Français, les Européens, ne doivent pas oublier cette date. Bismarck, c'est le Prussien par excellence. Par le mensonge, la ruse, la fourberie, la cruauté, la force brutale, Bismarck a placé Guillaume Ier à la tête de l'Allemagne, annexé le Schleswig, l'Alsace, la Lorraine, sans protestation de l'Europe, qui paye lourdement sa faute.

Aujourd'hui, l'Allemagne prussiannisée, conduite par le barbare héritier des cruels Hohenzollern, Guillaume II, ravage la Belgique, la France, la Pologne, la Serbie, pille, vol, viole, assassine, mutile, détruit, cherche à dominer le monde.

Par la volonté de Guillaume II on se bat en Europe, sur un front de 3,000 kilomètres. Environ 30 millions de soldats, sur près de 400 millions de belligérants, ont été mobilisés, dont moitié à peu près pour les alliés, l'autre moitié pour les Austro-Germano-Turcs. Plus du quart est hors de combat. Les pertes sont élevées d'abord chez les Autrichiens, puis chez les Allemands, ensuite chez les Russes, enfin chez les Français.

Bismarck serait heureux d'assister à ces scènes de carnage qui dépassent en horreur tout ce qu'il aurait pu imaginer et souhaiter.

Du 1er au 8 avril. — Combats d'artillerie, lutte de mines dans la Somme, dans l'Aisne, jusqu'aux Vosges.

Vendredi 9 avril. — Après huit jours de lutte acharnée, nous

nous emparons de l'importante position des Eparges, qui domine la plaine de Woëvre.

Du 10 au 20 avril. — Actions d'artillerie en Belgique, sur l'Aisne, en Champagne. Entre Meuse et Moselle nous progressons au bois de Mortmare, an bois Le Prêtre. De même en Alsace. Les attaques allemandes sont repoussées à Notre-Dame-de-Lorette, aux Eparges.

Vendredi 23 avril. — Au nord d'Ypres, les Allemands se servent de gaz asphyxiants. Surpris, les alliés reculent d'abord puis reprennent une partie du terrain perdu.

25 et 26 avril. — Nouvel emploi de gaz asphyxiants au nord d'Ypres. Les alliés progressent néanmoins.

Lundi 26 avril. — Aux Dardanelles, débarquement franco-anglais sur les deux rives des détroits. En Alsace l'ennemi s'empare du sommet de l'Hartmannswillerkopf, il est repris par nous le lendemain.

Mercredi 28 avril. — Combats acharnés sur le front belge. Le croiseur-cuirassé français *Léon-Gambetta* a été coulé à l'entrée du canal d'Otrante, torpillé par un sous-marin autrichien. Les marins italiens sauvent 136 hommes sur 711.

Jeudi 29 avril. — Aux Dardanelles, les alliés s'installent à la pointe de la presqu'île de Gallipoli.

Vendredi 30 avril. — Les alliés progressent au nord d'Ypres. Reims reçoit 500 obus allemands, dont beaucoup d'incendiaires ; nombreux civils tués. De Belgique, un canon allemand à longue portée lance sur Dunkerque 19 obus de gros calibre : 90 victimes. Bombes incendiaires sur la côte anglaise par un zeppelin et un taube.

En résumé, pendant le mois d'avril, de la Belgique à l'Alsace, combats d'artillerie, lutte de mines, attaques et contre-attaques de positions fortifiées et de tranchées. La lutte se poursuit sur le front oriental.

Samedi 1er mai. — Nouvelle tentative, sans résultat, des Turcs sur le canal de Suez. Obus allemands de 380 sur Dunkerque.

Dimanche 2 mai. — A Maucourt, au sud de Chaulnes, les Allemands attaquent en vain les tranchées françaises, armés de cisailles, de couteaux, de brownings et de grenades. Dans la vallée de l'Aisne, à Tracy-le-Mont, les Allemands lancent des tubes de verre qui, en se brisant, dégagent de l'éther ; entre Reims et Argonne, ils lancent des bombes de matières enflammées et de gaz verdâtres suffocants. Il sont repoussés. Bombardement du camp retranché de Metz par un canon de marine. Patrouilles allemandes à Libau, port russe de la Baltique.

Lundi 3 mai. — De nouveau les Allemands attaquent sans succès, avec des gaz asphyxiants, vers Ypres.

Mardi 4 mai. — A Genève, conférence sur le sac de Louvain, par un Suisse courageux, M. Fuglister, qui a été témoin des scènes odieuses qui se sont déroulées dans la malheureuse ville belge. L'Italie dénonce le traité d'alliance avec l'Autriche-Hongrie.

Mercredi 5 mai. — En Italie, à Quarto, près Gênes, le grand poète italien Gabriel d'Annunzio prononce, pour la commémoration des « mille », un discours enflammé à la fête anniversaire de l'expédition des Garibaldiens, les « mille », en Sicile le 5 mai 1865. Cette journée marquera une date dans l'histoire de l'Italie.

Vendredi 7 mai. — En violation du droit des gens, le paquebot anglais *Lusitania*, venant de New-York, torpillé à 2 h. 33 du soir, par un sous-marin allemand, est coulé sans avertissement à 8 milles des côtes d'Irlande ; 700 sauvés, 1,500 manquants dont le milliardaire américain Vanderbilt. Le navire ne transportait ni munitions ni belligérants. Nouveau crime allemand prémédité.

Samedi 8 mai. — L'armée allemande avance en Galicie. Dans le sud de la presqu'île de Gallipoli, les forces franco-anglaises s'emparent de plusieurs lignes de tranchées turques et s'y établissent.

Dimanche 9 mai. — Bombardement du port de Libau par des torpilleurs allemands.

Lundi 10 mai. — Les Allemands occupent Libau.

Du 4 au 11 mai. — Les attaques allemandes sont partout repoussées de la mer du Nord aux Vosges.

Mardi 11 mai. — Prise par nos troupes du grand fortin sud et de la Chapelle de Notre-Dame-de-Lorette. Nous occupons une partie du village de Carency, et à Neuville-Saint-Vaast le cimetière et la partie sud-est du village.

Mercredi 12 mai. — Nous enlevons les défenses allemandes au **Bois-le-Prêtre** près de Pont-à-Mousson.

Du 12 au 16 mai. — **La lutte est extrêmement violente dans la**

région d'Arras. Nous sommes victorieux et continuons à progresser à Neuville-Saint-Vaast, à Carency, à Ablain-Saint-Nazaire.

Dimanche 16 mai. — A Rome, le peuple italien partisan de l'intervention et de la rupture avec l'Allemagne, acclame le ministère Salandra reconstitué, le grand poète d'Annunzio, le roi et la famille royale. En Champagne, sérieux échec allemand au nord de Ville-sur-Tourbe. La lutte continue en Argonne et en Alsace.

Lundi 17 mai. — Succès des alliés en Belgique.

Mardi 18 mai. — Contre-attaques allemandes repoussées autour de Notre-Dame-de-Lorrette.

Jeudi 20 mai. — Centième bombardement de Pont-à-Mousson. A Rome, M. Salandra, président du Conseil, demande à la Chambre des Députés des crédits pour faire face à une éventuelle guerre nationale. Il est acclamé.

Samedi 22 mai. — A Rome, le roi signe le décret ordonnant la mobilisation générale.

Dimanche 23 mai. — L'ambassadeur d'Italie à Vienne déclare au ministre des Affaires Etrangères Austro-Hongrois qu'à partir du lendemain l'Italie est en état de guerre avec l'Autriche-Hongrie. L'ambassadeur d'Allemagne à Rome reçoit l'ordre de quitter l'Italie en même temps que l'ambassadeur d'Autriche-Hongrie.

Du 21 au 25 mai. — De furieuses attaques allemandes sont repoussées à Notre-Dame-de-Lorette, à Neuville-Saint-Vaast, à Ablain-Saint-Nazaire.

Lundi 24 mai. — Des torpilleurs autrichiens bombardent des villes italiennes. Des avions ennemis lancent des bombes sur Venise.

Mardi 25 mai. — Invasion du territoire autrichien par les Italiens. L'Italie annonce qu'elle adhère à la convention de Londres par laquelle les alliés s'engagent à ne pas rechercher et à ne pas accepter une paix séparée.

Mercredi 26 mai. — Offensive des Italiens sur toute la frontière. *Le ministère anglais est remanié.*

Jeudi 27 mai. — Aux Dardanelles, le cuirassé anglais *Majestic* est coulé.

Du 27 au 31 mai. — La lutte continue avec une extrême violence en Belgique, dans la région d'Arras, à Ablain-Saint-Nazaire, à Neuville-Saint-Vaast, à Notre-Dame-de-Lorrette. Les attaques allemandes sont repoussées. La victoire d'Ablain-Saint-Nazaire, 28, 29 mai, est un beau fait d'armes qui fait honneur aux troupes françaises engagées.

Fin mai. — Au Caucase, sur les fronts serbes et monténégrins combats sans importance. Sur le front russe, la bataille est violente autour de Przemysl.

En Alsace, les Allemands inscrivent sur des « Listes Noires », espionnent, traquent, poursuivent les Alsaciens et prononcent contre nombre d'entre eux, sans motif, de sévères condamnations, par exemple pour port de décorations françaises et surtout de la médaille de 1870-1871.

Mardi 1er juin. — Un zeppelin lance des bombes sur les environs de Londres. « La prise de la sucrerie de Souchez (31 mai-1er juin) fait honneur aux soldats qui ont mené à bien cette opération. Ce sont ceux qui depuis le 9 mai ont conquis Carency et Ablain, ils sont de l'Est » (*Journal Officiel*, 6 juin). Comme son aïeul, Victor Emmanuel III, roi d'Italie, est nommé caporal à la 1re escouade de la 1re compagnie du 1er bataillon du 3e zouaves.

Jeudi 3 juin. — L'escadre italienne bombarde Monfalcone. Aux Dardanelles, le contre-torpilleur français *Casabianca* heurte une mine et coule dans la mer Egée. Les alliés gagnent du terrain.

Vendredi 4 juin. — Les Russes évacuent Przemysl. Les Allemands progressent au-delà du Dniester. Sur le front italien, violent combat sur l'Isonzo. Aux Dardanelles les alliés attaquent avec le concours de la flotte.

Samedi 5 juin. — Raid de zeppelins sur les côtes d'Angleterre.

Dimanche 6 juin. — Nous attaquons avec succès dans l'Aisne, à l'est de Tracy-le-Mont. Aux Dardanelles, violent combat, les alliés progressent.

Lundi 7 juin. — Au nord de l'Aisne, près de Moulin-sous-Touvent, nous repoussons des attaques allemandes. La lutte est violente.

Du 1er au 7 juin. — Les Français occupent la sucrerie de Souchez, gagnent du terrain dans la région de Lorette, de Neuville-Saint-Vaast, du Labyrinthe (sud-est de Neuville), du cabaret Rouge (près Souchez), du fond de Buval, d'Ablain.

Jeudi 10 juin. — Aux Eparges, duel d'artillerie. Les Italiens s'emparent de Monfalcone

Du 8 au 11 juin. — Attaques allemandes repoussées au plateau de Lorette sous une pluie d'obus. Nous avançons au nord de Souchez, à Neuville-Saint-Vaast, au Labyrinthe, au sud d'Hébuterne, à la ferme Touvent.

Samedi 12 juin. — Combats d'artillerie autour d'Aix-Noulette, d'Ecurie (secteur d'Arras), de Reims, de Perthes et de Beauséjour.

Dimanche 13 juin. — Nous nous emparons de la station de chemin de fer de Souchez. La canonnade ne cesse pas au nord d'Arras.

Lundi 14 juin. — Succès belge sur l'Yser. Nous progressons à l'est de Lorette, au sud-est du Labyrinthe, mais nous perdons du terrain au nord de la sucrerie de Souchez. Nous en gagnons autour de la ferme Quennevières (est de Tracy-le-Mont) et en Lorraine.

Mercredi 16 juin. — Les Anglais progressent au nord d'Ypres. En Alsace nous avançons sur la Fecht. Sur le front italien, les Autrichiens sont chassés de Monte-Vero.

Jeudi 17 juin. — Violents combats dans la région d'Arras, vers Souchez, sur la route Aix-Noulette-Souchez, Neuville-Saint-Vaast, Notre-Dame-de-Lorette. Nous progressons en Alsace ; nous atteignons, après une lutte acharnée, Metzeral que les Allemands incendient en se retirant. A Metzeral, un jeune officier, parent et compatriote, est grièvement blessé pour la troisième fois. Il perd un pied. Quand même il retournera sur le front. Les Italiens avancent dans le Trentin et sur l'Isonzo.

Vendredi 18 juin. — Des navires autrichiens bombardent Pesaro et Rimini, villes ouvertes sur l'Adriatique.

Samedi 19 juin. — Nous sommes maîtres du Labyrinthe après une lutte héroïque qui a duré du 30 mai au 19 juin. Succès vers Lorette. En Lorraine, attaque allemande repoussée au Bois-le-Prêtre et à Emberménil. En Alsace, progrès vers Munster, après une lutte acharnée. Les Russes reculent au-delà de la rivière Taneff. Sur le front italien, destruction de la forteresse de Malborghetto par les Italiens. Violents combats vers Plava.

Dimanche 20 juin. — Nous avançons vers Souchez, à l'est du Fond-de-Buval enlevé aux Allemands. En Argonne, attaque allemande repoussée. En Lorraine, nous gagnons du terrain à Reillon.

Lundi 21 juin. — Nouveaux progrès vers Souchez, sur les Hauts-de-Meuse, à la Tranchée-de-Calonne. En Alsace, nous atteignons le Bonhomme et dépassons Metzeral. Front russe : les Allemands progressent sur le Dniester. Le journal *La Liberté* reproduit une conversation de Benoit XV avec M. Louis Latapie. Le Pape, influencé par les Allemands et les Autrichiens, met en doute les atrocités commises par nos ennemis en France et en Belgique. Sa Sainteté « aime également tous ses enfants ». L'émotion est profonde dans le monde catholique. Il est juste de proclamer qu'en France et en Belgique le clergé catholique remplit tout son devoir patriotique.

Mercredi 23 juin. — Nous gagnons du terrain en Woëvre, en Lorraine, en Alsace. Les Austro-Allemands entrent à Lemberg.

Vendredi 25 juin. — Sur les Hauts-de-Meuse, à la Tranchée-de-Calonne, les Allemands attaquent avec une grande violence, avec jet de bombes asphyxiantes et de liquides enflammés. Ils sont repoussés.

Dimanche 27 juin. — Ils sont également repoussés en Argonne, à Bagatelle, ainsi qu'en Lorraine, à Arracourt.

Fin juin. — La canonnade, la lutte continuent dans la région d'Arras, en Argonne, dans les Vosges. Les Allemands bombardent, sans effet militaire, Dunkerque, Arras, Reims. Les opérations progressent normalement aux Dardanelles. Les Monténégrins occupent Scutari d'Albanie. Les Russes se replient sur le Bug. Situation stationnaire en Pologne.

Jeudi 1er juillet. — Canonnade autour d'Arras et sur l'Aisne. L'attaque commencée la veille en Argonne entre la route de Binarville et le Four-de-Paris, en vue de percer nos lignes, continue avec une extrême vigueur. L'ennemi est arrêté.

Vendredi 2 juillet. — Canonnade sur tout le front. Attaques violentes en Argonne, au Bois-le-Prêtre, en Alsace. Dans la Baltique, au large de l'île Gotland, combat naval. Les navires allemands s'enfuient. Un cuirassé est coulé par un sous-marin anglais. Dans les Dardanelles, tranchées turques enlevées par les Français.

Samedi 3 juillet. — La canonnade et la lutte continuent sur les Hauts-de-Meuse, à la Tranchée-de-Calonne, dans les Vosges, à la Fontenelle, en Alsace, à l'Hartmannswillerkopf et autour de Metzeral. Sur le front russe, les Allemands progressent autour de Lublin, vers le Nord. Tentative d'assassinat, par un Allemand, en Amérique, sur le richissime banquier Pierpont Morgan. Pourquoi?

Parce que Pierpont Morgan facilite aux alliés leur œuvre humanitaire contre l'Allemagne dévastatrice.

Dimanche 4 juillet. — Attaques allemandes repoussées au nord d'Arras. Les Serbes occupent Durazzo (Albanie).

Lundi 5 juillet. — Attaques allemandes au nord d'Arras et sur la Moselle. Il y a quelques jours, à Amiens, l'huissier Derbecq est enfermé, sans motif, avec sa fille, dans sa maison que les bandits allemands incendient. Les malheureux sont brûlés vifs. En Alsace, condamnations sévères, sans motifs, contre des Alsaciens. Exemple : trois mois de prison à Mlle Anna Muller parce qu'elle a écrit à un soldat français blessé qu'elle avait vu dans un lazaret (hôpital). En Belgique, huit Liégeois ont été fusillés, sans motif, par les Allemands (7 juin). Le général belge retraité Fivé, d'abord condamné à mort, est emprisonné avec des criminels pour avoir facilité à de jeunes belges leur passage en Hollande pour rejoindre l'armée belge.

Mardi 6 juillet. — Nous nous emparons de la gare de Souchez. Canonnade autour d'Arras, en Argonne, sur les Hauts-de-Meuse, sur la Moselle.

Mercredi 7 juillet. — Canonnade autour d'Arras. Attaques allemandes repoussées à Souchez, au Bois-le-Prêtre. Offensive générale des Allemands sur la Meuse, dans la forêt d'Apremont. Ils pénètrent dans nos tranchées à la Vaux-Féry. Aux Dardanelles, attaques turques repoussées.

Jeudi 8 juillet. — En Belgique, les Anglais repoussent les Allemands près de Pilken. L'action continue dans la région d'Arras, sur la Meuse, au Bois-le-Prêtre, dans les Vosges, à la Fontenelle nous nous emparons de tranchées allemandes. Le croiseur italien *Amalfi* est coulé dans l'Adriatique.

Vendredi 9 juillet. — Dans les Vosges, succès marqué à la Fontenelle, où nous avons fait 900 prisonniers (les 8 et 9 juillet).

Samedi 10 juillet. — Les Belges repoussent une attaque allemande sur l'Yser, en face la Maison du Passeur : il en est de même par nous dans la région d'Arras.

Dimanche 11 juillet. — Sur tout le front canonnade.

Lundi 12 juillet. — Violentes attaques allemandes repoussées sur tout le front.

Mardi 13 juillet. — En Argonne, en employant des asphyxiants, l'armée du Kronprinz, dans le but d'arriver à l'investissement de Verdun, reprend furieusement l'offensive, sans succès. Raid d'avions français sur la gare stratégique de Vigneules.

Mercredi 14 juillet. — Les Allemands bombardent, en Belgique, Furnes et Oost-Dunkerque ; Arras, Soissons. Nous attaquons avec succès en Argonne. A Paris, translation des cendres de Rouget de L'Isle aux Invalides. Nos avions bombardent la gare de Libercourt, entre Lille et Douai.

Jeudi 15 juillet. — En Argonne, l'ennemi reprend le bois Beaurain. A Paris, le conseil national socialiste « affirme sa confiance inébranlable en la cause des alliés et de la France républicaine ».

Vendredi 16 juillet. — Bombardement sans succès par les Allemands au nord d'Arras, sur l'Aisne, entre Meuse et Moselle, en Lorraine. Nos avions bombardent la gare de Chauny. Front russe : combats acharnés sur le Dniester. Front italien : attaque autrichienne repoussée au Val Camonica.

Samedi 17 juillet. — Autour d'Arras, canonnade. Attaques des Allemands repoussées en Argonne. Sur les Hauts-de-Meuse, ils reprennent un élément de leurs anciennes tranchées au ravin de Sonvaux. En Lorraine, ils échouent dans la forêt de Parroy, au Ban-de-Sapt (Vosges), aux fermes Tournies (nord du Bonhomme). Les Italiens progressent en Cadore.

Dimanche 18 juillet. — Nous reprenons le ravin de Sonvaux.

Lundi 19 juillet. — Vaines attaques sur ce point par les Allemands.

Mardi 20 juillet. — L'ennemi bombarde Souchez, Neuville-Saint-Vaast, Soissons, Reims, il est repoussé au Bois-le-Prêtre, à la Tranchée-de-Calonne, aux Éparges. Le Kronprinz n'a pas réussi dans son entreprise sur Verdun. Ses pertes sont énormes. 31 avions français bombardent la gare de Conflans-Jarny.

Mercredi 21 juillet. — Canonnade de Souchez et de Neuville-Saint-Vaast. En Argonne, l'ennemi s'empare d'une tranchée. Il lance des obus sur Saint-Dié. Au nord de Munster, progrès français vers la crête du Linge. Sur la mer Noire, 69 voiliers turcs coulés par les Russes.

Jeudi 22 juillet. — En Alsace, vers Munster, les Français occupent la crête du Linge, les carrières de Schratzmaennele, les bois de Barrenkopf, après une lutte acharnée.

Vendredi 23 juillet. — L'ennemi bombarde Reims, Soissons, Pont-à-Mousson.

Samedi 24 juillet. — Attaques ennemies repoussées autour de Metzeral.

Dimanche 25 juillet. — Succès français au Ban-de-Sapt, dans les Vosges. Front russe : les Allemands avancent dans le gouvernement de Kovno.

Lundi 26 juillet. — Bombardement par les Allemands d'Arras, de Pont-à-Mousson du Ban-de-Sapt, de l'Hartmannswillerkopf.

Mardi 27 juillet. — Bombardement allemand en **Belgique de** Furnes et d'Oost-Dunkerque ; dans les Vosges, du col de la Schlucht.

Mercredi 28 juillet. — Bombardement par les Allemands de Soissons, de Souchez. Ils attaquent sans succès à Souchez, en Argonne. Nous prenons en Alsace deux fortins ennemis à l'est de la Tête-du-Linge.

Jeudi 29 juillet. - Bombardement par les Allemands d'Arras, de Soissons, de Marie-Thérèse (Argonne), de Fay-en-Haye (Lorraine), de Saint-Dié (Vosges), de Thann (Alsace). Au Ban-de-Sapt nous gagnons du terrain. Front russe : l'ennemi avance vers Varsovie. Front italien : les Italiens progressent en Cordevole.

Vendredi 30 juillet. — Canonnade sur tout le front.

Samedi 31 juillet. — Lutte à coups de grenades, de pétards, explosions de mines. Raids d'avions français.

J'aurais voulu reproduire en entier le nouveau rapport sur les atrocités allemandes : ce serait trop long. Je renvoie le lecteur à l'*Officiel* du 3 août 1915. Ce rapport porte surtout : « sur les actes de déloyauté ou de barbarie dont les combattants ainsi que le personnel médical attaché à nos armées ont été victimes de la part de l'ennemi ». Je tiens cependant à en donner quelques extraits :

« A de nombreuses reprises, les Allemands se sont servis de prisonniers militaires ou de civils comme de boucliers pour se protéger contre le feu des troupes françaises..... » (Le rapport cite et nous avons déjà cité plusieurs faits de ce genre).

» Nous considérons comme surabondamment établi que les soldats allemands se servent fréquemment, dans les combats, de balles munies d'un dispositif destiné à rendre les blessures qu'elles font plus cruelles et plus dangereuses..... Nous vous signalons aussi

qu'un certain nombre de militaires allemands sont armés de baïonnettes dont le dos est garni d'encoches en dents de scie..... Il est
incontestable que les soldats les utilisent pour combattre et qu'elles
sont de nature à causer des blessures horribles, « Un de leurs
chefs, le général Stenger, commandant de la 58e brigade, n'a pas
eu honte, dans un ordre....., de prescrire à ses soldats le massacre
d'adversaires déjà mis dans l'impossibilité de se défendre. Par cet
ordre, donné le 26 août 1914, vers quatre heures du soir, notamment par le lieutenant Stoy, du 112e régiment d'infanterie, à
Thiaville, à l'entrée du bois de Sainte-Barbe, il a été prescrit qu'à
dater de ce jour, il ne fut plus fait de prisonniers ; que les blessés,
armés ou sans défense, fussent exécutés, et que les prisonniers
même en grandes formations compactes, fussent passés par les
armes. Aucun homme vivant ne devait rester derrière la troupe. »
« Puis le rapport cite des faits nombreux. J'en donne un que
je résume : A Gomery (Luxembourg belge), le 23 août 1914, dans
une ambulance française, des soldats allemands du 47e d'infanterie,
commandés par un sous-officier, assassinent M. Deschars, Charles,
ancien attaché commercial français à Berlin, officier interprète
blessé, des médecins, des infirmiers, plus de 100 blessés et mettent
le feu aux habitations où se trouvaient les blessés, « ils vociféraient
des menaces, ne cessaient de crier : *Es ist der Krieg des Tods*
(c'est la guerre de la mort) ; *Kugel in Kopf* (une balle dans la
tête) ; *Noch ein ! Noch ein !* (encore un ! encore un ! » Le rapport
est à lire, à relire, à méditer, je ne saurais trop le répéter.

Je me contente de résumer encore un fait (page 5332) :

Le 31 août 1914, à Fossé (Ardennes), les troupes françaises se
repliant, l'aide-major Bender est désigné pour rester et passe la
nuit à soigner environ 200 blessés. Le lendemain matin, malgré la
Croix de Genève, une batterie allemande tire sur l'ambulance. Le
docteur demande du secours à un officier de uhlans. « Je m'en
fous » lui répond l'officier. Le médecin va au devant des troupes
allemandes. A 150 mètres, comme il montrait son brassard et son
fanion, on lui fait signe d'approcher, les bras en l'air, et, à vingt
mètres, les Allemands tirent sur lui et le blessent à la jambe droite.
Attaché à un arbre pour être fusillé, un officier supérieur insulte le
malheureux médecin. Un capitaine lui vole son portefeuille contenant 400 francs. Puis il est abandonné, des coups de feu ayant

été tirés non loin de là. Le docteur Bender croit que ces soldats appartenaient au 67ᵉ d'infanterie, en tout cas à l'armée du kronprinz. Le docteur Bender se détache et rentre à Fossé. Le lendemain un grand nombre de blessés sont emmenés à la caserne d'artillerie de Stenay avec le docteur Bender. « Le médecin demanda vainement un peu de secours pour installer les blessés qui étaient venus avec lui, ainsi que cent quatre-vingt autres qui lui avaient été amenés dans un état effroyable et, bien que souffrant des blessures qu'il avait reçues, il dut procéder à cette opération sans autre aide que celle de deux infirmiers qui l'avaient accompagné depuis son départ de Fossé. Pendant plusieurs jours nos soldats ne reçurent de l'ennemi aucune nourriture ; ils hurlaient de faim et seraient sûrement morts d'inanition sans le dévouement admirable d'une jeune fille, Mlle Huon, qui, au péril de sa vie, parvint à les ravitailler un peu..... Presque tous (les grands blessés) sont décédés faute de soins. Un soldat français, pourtant, fut amputé. Bien qu'il n'eut reçu au pied qu'une blessure sans gravité, un major ennemi lui coupa la cuisse et, comme M. Bender, indigné, demandait des explications au sujet de cette opération que rien ne justifiait, le médecin allemand se borna à lui répondre : *« Ce sera un soldat de moins contre nous dans la guerre future »*.

« Pendant ce temps, les blessés qu'on avait laissés à Fossé étaient abandonnés sans soins et mouraient de faim et d'infection. Prévenu de cette situation, M. Bender fit une démarche pour rappeler la parole qui lui avait été donnée de les bien soigner ; mais, quand il rentra à la caserne il fut roué de coups de crosse. Dans les journées qui suivirent, mis deux fois au mur sous les prétextes les plus vains, il faillit être fusillé. »

Puis le rapport cite d'autres faits. Il termine en rappelant : « que l'armée allemande tire continuellement sur nos ambulances comme sur nos convois sanitaires, qu'elle le fait en toute connaissance de cause ».

Le rapport, pour terminer, dit : « à côté de ces faits, d'un caractère général, il en est d'autres plus spéciaux, qui démontrent bien les sentiments de haine implacable dont sont animés nos adversaires. Ce sont les agressions commises par les blessés allemands envers les Français qui les secouraient..... »

Pour clore ces récits de barbarie germanique, je veux donner un extrait de la déclaration de Mlle Huon, dont il vient d'être parlé :

« Les habitants étaient partis, j'étais restée seule à l'hôtel Martin, à Stenay, pour soigner un blessé français, le lieutenant Laffargue. Quand le bombardement a commencé, je suis allée chercher un brancard à l'hôpital pour descendre l'officier à la cave. Voyant venir les Allemands, j'ai couru, abandonnant mon brancard, prévenir une compagnie du 9° chasseurs à pied qui passait le pont de la Meuse, attendant les Allemands du côté opposé. Les Allemands ont tiré dans ma direction.

Le 29 août 1914, vers 3 heures, il est arrivé à Stenay environ 50 blessés allemands. Un officier allemand m'a obligée de les conduire à la caserne d'artillerie. Je les ai installés, comme j'ai pu, dans des locaux libres. J'étais seule de femme. J'ai du aider à les porter sur un brancard avec un homme et les soigner. Je suis restée là, seule, avec des soldats allemands jusqu'au 2 septembre. A l'artillerie on voulait me faire soigner les blessés et l'on me refusait et la nourriture et les objets de pansement. Un lieutenant d'artillerie m'a menacée de mort sous prétexte que je refusais de soigner les blessés.

« Le 2 septembre, vers 2 heures du soir, le docteur Bender est arrivé avec 200 blessés français, accompagnés de deux infirmiers français de la 5° section, De Chargnat et Julien Dupont. On les a installés au premier. J'ai aidé à les porter. Les Allemands refusaient toute nourriture et tous soins aux blessés, au médecin, aux infirmiers et à moi-même.

« Dans un magasin pillé, j'ai trouvé de la flanelle, j'ai fait des bandes, et c'est avec cela que nous avons du panser nos blessés. Nous devions d'abord soigner les Allemands avant les nôtres.

» Le 3 septembre, ayant faim, je me suis hasardée à passer par dessus le mur pour aller chercher de la nourriture. Deux fois j'ai pu passer ; la troisième fois, quand je suis rentrée avec mon panier, la sentinelle m'a mis la baïonnette sur la poitrine ponr m'empêcher de rentrer. Je suis rentrée quand même, mais sur un rapport fait au médecin chef allemand, ce dernier m'a fait appeler à l'hôpital et m'a dit en français que si je persistais à ravitailler nos soldats, j'aurais douze balles dans la peau. Malgré cela, j'ai continué à sauter le mur et à chercher de la nourriture et du lait pour nos soldats. En rentrant une autre fois j'ai été arrêtée par une sentinelle qui, avec d'autres soldats, m'ont placée contre un mur et mise en joue. Heureusement, un officier allemand, plus humain, leur a ordonné de ne pas tirer.

« Toujours sous les menaces, jusqu'au 10 septembre, jour du départ du docteur Bender, j'ai continué mon ravitaillement, seule de femme, parmi tous ces hommes.

» Il était resté à Fossé, avec les infirmiers Guillard et Sevin, 100 à 150 blessés français, qui sont arrivés petit à petit à l'artillerie. Les pansements provisoires avaient été faits le jour de la bataille. Dix jours après ces pansements n'avaient pas été renouvelés et les plaies étaient pleines de vers, ils s'amassaient en boule sur les plaies et avec mes mains je les faisais tomber, d'où un soulagement immédiat pour les blessés ».

Mlle Huon, 18 ans, est une vaillante. Elle est de condition modeste. J'ai demandé pour elle la Croix de Guerre. Elle la mérite.

En résumé, et pour terminer, la situation au commencement d'août 1915 est la suivante :

Depuis près d'un an, nous administrons en Alsace les vallées de Massevaux et de St-Amarin. Nous tenons les sommets vosgiens sauf vers Senones et Wissembach. Nous tenons en outre quelques points des Vosges Alsaciennes, vers Munster, Orbey, Le Bonhomme.

Les Allemands occupent la Belgique, sauf près de notre frontière et de la mer du Nord, une parcelle de territoire sur laquelle le roi Albert et sa vaillante armée se défendent héroïquement.

En France, les Allemands se sont fortement retranchés sur une ligne allant de la mer du Nord aux Vosges. Ils occupent, dans les Vosges, quelques communes de l'arrondissement de Saint-Dié près la frontière provisoire de 1870 ; le département des Ardennes en entier ; plusieurs communes de Meurthe-et-Moselle, notamment l'arrondissement minier de Briey ; enfin une étendue de terrain plus ou moins importante des départements de la Meuse, de la Marne, de l'Aisne, du Nord, du Pas-de-Calais, de la Somme et de l'Oise.

Par contre, de toutes ses possessions d'outre mer, il ne reste plus à l'Allemagne qu'une partie de ses établissements de l'Afrique Orientale et pas pour longtemps Ses colonies de Chine ont été conquises par les Japonais ; celles d'Océanie par les Australiens Anglais ; celles d'Afrique par les troupes belges, anglaises et françaises, notamment les territoires du Congo que nous avions dû céder après Agadir.

Manquant de munitions, les Russes ont dû évacuer la Pologne, puis Varsovie. Ils reculent lentement en bon ordre, tout en combattant. Les Allemands vont-ils s'avancer vers le centre de la Russie et s'exposer aux dangers d'une campagne d'hiver ? L'avenir nous l'apprendra. Guillaume II ne réussira pas là où le plus grand général des temps modernes, Napoléon Ier, a échoué.

Les Italiens avancent avec méthode. Ils occupent et surveillent les sommets et les routes d'où l'ennemi pouvait envahir les plaines italiennes de la Lombardie et de la Vénétie.

Aux Dardanelles, au Caucase, les alliés progressent lentement. Les Turcs s'affaiblissent. S'ils ne sont pas soutenus par les Allemands, aidés des Bulgares, dont le souverain, encore un prince allemand, Ferdinand de Saxe-Cobourg-Gotha, petit-fils de Louis Philippe, dernier roi de France (1830-1848), les Turcs succomberont prochainement.

La situation est calme sur le front Serbe et sur le front Monténégrin.

Après un an de guerre nous sommes plus forts que nous n'avons jamais été. Nous avons de fortes réserves. Notre armée sur le front est puissante, bien commandée, pleine d'entrain et de vaillance. Les officiers sont instruits et déterminés. Les hommes ont confiance en leurs chefs et veulent vaincre. Notre artillerie domine l'artillerie allemande. Nos approvisionnements en munitions sont considérables. Le service sanitaire fonctionne admirablement. L'intendance est bien organisée. Les civils « tiennent » et tiendront. Ils contribuent à la défense de la Patrie, dans la mesure de leurs forces, chacun selon ses moyens.

Les Français n'ont et ne doivent avoir qu'un but : Le Triomphe de la juste cause des alliés, l'abaissement de la redoutable puissance militaire allemande, l'évacuation et le relèvement de la France, la réunion de l'Alsace et de la Lorraine à la France unie, fière, libre et forte, l'émancipation et l'indépendance des peuples européens, groupés selon leurs aspirations et leurs affinités.

Tous les efforts tendent et doivent tendre :

— Vers la Paix européenne et mondiale par la victoire pleine et entière des alliés.

Août 1915.   *P. REMY.*

TABLE DES MATIÈRES

Troisième partie (Besançon).

Quatrième partie. (Notes).

www.ingramcontent.com/pod-product-compliance
Lightning Source LLC
LaVergne TN
LVHW021120050726
842519LV00002B/299